Hans-Christian Kossak

Lernen leicht gemacht
Gut vorbereitet und ohne Prüfungsangst zum Erfolg

2006

Über alle Rechte der deutschen Ausgabe verfügt Carl-Auer-Systeme
Verlag und Verlagsbuchhandlung GmbH Heidelberg
Fotomechanische Wiedergabe nur mit Genehmigung des Verlages
Satz: Verlagsservice Hegele, Heiligkreuzsteinach
Umschlaggestaltung: Goebel/Riemer
Printed in Germany
Druck und Bindung: Freiburger Graphische Betriebe, www.fgb.de

ISBN 13: 978-3-89670-523-5
ISBN 10: 3-89670-523-7
Erste Auflage, 2006
© 2006 Carl-Auer-Systeme, Heidelberg

Bibliographische Informationen Der Deutschen Bibliothek
Die Deutsche Bibliothek verzeichnet diese Publikation
in der Deutschen Nationalbibliografie; detaillierte bibliografische
Daten sind im Internet über http://dnb.ddb.de abrufbar.

Informationen zu unserem gesamten Programm, unseren Autoren
und zum Verlag finden sie unter: **www.carl-auer.de.**

Wenn Sie unseren Newsletter zu aktuellen Neuerscheinungen
und anderen Neuigkeiten abonnieren möchten, schicken Sie
einfach eine leere E-Mail an: **carl-auer-info-on@carl-auer.de.**

Carl-Auer Verlag
Häusserstraße 14
69115 Heidelberg
Tel. 0 62 21-64 38 0
Fax 0 62 21-64 38 22
E-Mail: info@carl-auer.de

Inhalt

Kursteil 3
Methoden und Techniken zum besseren Lernen und Behalten __ 97

Kursteil 4
Übungen zur Selbsthypnose und zum mentalen Training:
Neue Methoden zur Verbesserung von Lernen, Behalten und
Arbeitsmotivation _____ 150

Kursteil 5

Vorwort

In unserer Leistungsgesellschaft bestehen vielgestaltige Anforderungen an Bildung, Lernen und Fortbildung, so dass man sogar von einer gegenwärtigen »Bildungsgesellschaft« spricht. Bildung und Lernen sind dabei nicht allein zum Zweck einer Ausbildung oder persönlichen Bereicherung zu verstehen. An Lernen, Ausbildung, Weiterbildungen und Umschulungen werden sehr hohe Erwartungen gerichtet, da von deren erfolgreichem Abschluss sehr viel abhängt, etwa der Einstieg in eine Ausbildung, in die Berufswelt oder ein Wiedereinstieg.

Für Schüler und Studenten kann der Lernalltag sehr qualvoll sein, und Ängste vor Klassenarbeiten, Ausarbeitungen und Prüfungen bauen sich auf, wenn sie als Lernende nicht über gute Lern- und Arbeitstechniken verfügen, die ihnen ihren Alltag erleichtern. Dementsprechend berichten viele Lernende unterschiedlichen Alters und unterschiedlicher Zielrichtung von Leistungsdruck und Lernstress.

Hier liegt auch die Motivation dafür, dieses Buch zu schreiben und anzubieten. Viele Menschen, die im Lernprozess stehen, erhalten damit umfangreiche und vielgestaltige Ratschläge, mit denen sie ihr Lernen verbessern und ökonomisieren können.

Das Buch spricht nicht nur Schüler und Studenten an, sondern auch Umschüler oder zum Beispiel Seniorbürger, die nach längerer praktischer Tätigkeit wieder lernen wollen. Ihnen fällt der Einstieg besonders schwer. Sie alle werden ihre Lernkompetenzen mit Unterstützung dieses Buches zunehmend verbessern.

Auch Lernen und geistige Arbeit erfordern Anleitung, Training, Unterstützung und Routine. Der Buchtitel »Lernen leicht gemacht« soll nicht nur motivieren, sondern entspricht auch dem Anliegen und der Überzeugung des Autors, den Leserinnen und Lesern durch die Ratschläge und die leicht zu bewältigenden Übungen zu einem besseren und leichteren Lernen zu verhelfen.

Viel Freude und viel Erfolg dabei!

Danksagung

Das Schreiben eines Buches ist oft mit Einsamkeit am Schreibtisch verbunden. Dennoch bedarf der Autor zahlreicher Menschen, die ihm Impulse und Bereicherungen geben. Bei all diesen bedanke ich mich.

Am Anfang steht die große Gruppe meiner Klienten oder Patienten, die sich im Laufe vieler Jahrzehnte bei mir Rat, Hilfe oder Psychotherapie erbaten, wenn sie unter anderem Probleme und Fragestellungen im Lern-, Arbeits- und Leistungsbereich hatten. Von ihnen konnte ich ebenfalls lernen, so zum Beispiel meine Ratschläge zu verbessern und Methoden für die Praxis zu verfeinern oder zu vereinfachen. Dies trug dann letztlich dazu bei, das vorliegende Buch zu schreiben.

Herrn Prof. Dr. H.-V. Ulmer (Universität Mainz) danke ich für den dynamischen Dialog mit mir und die sehr wertvollen Impulse bei der Erörterung der Leistungsfähigkeit während des Tagesverlaufes.

Besonders bedanke ich mich bei Herrn Dr. Ralf Holtzmann, Lektor, und seinem Team. Sie haben mich und das Manuskript bei den einzelnen Schritten bis zur optisch ansprechenden Gesamtgestaltung sicher begleitet. Seinem Kollegen Uli Wetz sei Dank für seine konsequenten Korrekturarbeiten, durch die ich die Stolpersteine der Rechtscheibreform(en) und eigener Formulierungen ausräumen konnte. Meinen Dank auch an Herrn Klaus Müller, Verlagsleiter, für seine klare, unbürokratisch und kollegial geführte Gesamtorganisation. Natürlich gilt auch Frau Beate Ch. Ulrich, Geschäftsführerin, mein Dank für ihre Planungsarbeiten und für ihre zahlreichen Ideen zur grafischen Gestaltung und deren Realisierung.

Wie immer am Ende und damit an besonders hervorgehobener Stelle bedanke ich mich bei meiner Frau Silke, die mich mal wieder durch ihre Akzeptanz der Defizite gemeinsamer Freizeit während meiner Autorentätigkeit und durch ihre Geduld unterstützte.

Bochum im August 2006
Hans-Christian Kossak

Einleitung

Allgemeines

Die Gattung Mensch hat sich innerhalb von vier Millionen Jahren zum intelligenten Kulturwesen entwickelt. Die ersten Lernerfahrungen waren für dieses Wesen existenziell bedeutsam und sorgten bei dem – im Vergleich mit anderen Wirbeltieren – körperlich recht kärglich ausgestatteten Homo sapiens für die Erhaltung seiner Art. Dass er überhaupt überleben konnte, verdankte er seiner zunehmenden Intelligenz. Cleverness siegte also über Kraft und Schnelligkeit.

In ihrer geistigen Weiterentwicklung konnten sich die frühen Menschen über die Absicherung ihrer täglichen Existenz erheben und verschafften sich Entfaltungsräume, die schließlich in Wissenschaft und Kultur mündeten. Es gelang ihnen immer besser, über sich selbst und über die Natur nachzudenken. So dachten sie über die kleinsten unteilbaren Teilchen nach, nannten das Ergebnis zunächst Atom, kamen zur Relativitätstheorie und zu Quarks, den nach heutigem Stand der Wissenschaft kleinsten Bausteinen der Materie.

Die Betrachtung der Geschichte zeigt jedoch, dass sich der Mensch mit dem Lernen erst seit wenigen Jahrzehnten auseinander setzt. Lediglich die ihm bekannten Informationsträger wie Bild und Schrift wurden geringfügig technisch verbessert. Wahrscheinlich nimmt man Lernen und geistiges Arbeiten als optimale Intelligenzleistung an. Es wurde über das Gehirn nachgedacht, aber erst seit wenigen Jahren können wir wissenschaftlich einigermaßen genau feststellen, wie das Gehirn arbeitet – und wie es optimal für das Lernen und geistige Arbeiten genutzt werden kann.

Es gibt in Deutschland ca. 1,6 Millionen Studenten, die sich täglich mit Lernen befassen, die Millionen Schüler der verschiedenen Schulformen gar nicht mitgezählt. In der Industrie ist es üblich und Gewinn bringend, Untersuchungen zur Arbeits- und Produktionsoptimierung durchzuführen. Forschungen zum alltäglichen Lernen von Schülern, Studenten, Schülerinnen und Studentinnen gibt es kaum. Erst seit wenigen Jahren befassen sich fortschrittliche Schulen damit, Schüler das Lernen zu lehren.

Personen wie Schüler, Studenten – allgemein Lernende –, die stets ohne Anstrengung erfolgreich lernen und geistig arbeiten können, sind selten, ebenso Lernende, die nie kleinere oder sogar große Lern- oder Leistungsprobleme hatten. Dennoch können sich nur wenige Personen daran erinnern oder sich vorstellen, wie bedrückt und verzweifelt man in solchen Phasen war beziehungsweise sein kann. Manche negieren diese Zeit ihres Lebens.

Als Psychotherapeut habe ich in den zurückliegenden Jahrzehnten umfangreiche und intensive Erfahrungen mit Lern- und Leistungsstörungen von Lernenden aller Altergruppen gesammelt. Das führte mich dazu, Methoden und Techniken zur Lernoptimierung zu finden und an Lernende weiterzugeben. Die hier vorgestellten Methoden basieren somit auf zahlreichen Ergebnissen der Hirn-, Gedächtnis- und Lernforschung, die umfassend in der Praxis erprobt sind.

> Dieses Buch soll all jene Personen ansprechen, die ihr Lern- und Arbeitsverhalten verbessern und ökonomisieren wollen, damit sie die bisher unangenehmen Lernphasen mit geeigneten Methoden überwinden und den Weg zu einem entspannten, aber sehr effektiven Lernen finden und nutzen können.

Wie Sie dieses Buch benutzen sollten

Grundannahme im gesamten Buch ist, dass Lernen eine teilweise mühselige Arbeit sein kann, aber nicht so mühselig sein muss. Wie alle Arbeitsprozesse kann angemessenes Lernen erklärt, erlernt, eingeübt und dann selbstverständlich automatisch praktiziert werden – ohne dass wir dann noch viel davon üben müssen. Damit ist bereits ein Ziel des Buches genannt.

Bei jedem Arbeitsprozess gibt es kräftesparende und -optimierende Techniken und Methoden, also auch beim Lernen und geistigen Arbeiten. Ebenso können hier Störungen auftreten, angefangen beim zu langsamen Lernen bis hin zu Leistungs- und Examensängsten. Auch dagegen gibt es geeignete Maßnahmen der Fehleranalyse und der Problemlösung. Sie werden hier aufgezeigt.

Das Buch ist eine Anleitung zur Verwaltung des eigenen Arbeitsplatzes und des eigenen Lernverhaltens. Das gesamte Buch ist als selbst verwalteter Kurs zu verstehen, der dazu führen soll, angemessener, stressfreier und ökonomischer zu lernen, also geistigen Kenntniserwerb vorzunehmen.

Das vorliegende Buch ist ein Kursprogramm

Sie erhalten in diesem Buch einen Kurs, durch den Sie lernen können, sicherer und leichter zu lernen und auch mit Prüfungsängsten besser umzugehen.

Im *ersten Kursteil* werden Sie in drei Kapiteln in die Grundlagen des Buches und die Vorteile der Hypnose beim Lernen eingeführt.

Im *zweiten Kursteil* lernen Sie in 16 Kapiteln sehr unterschiedliche und sich ergänzende Arbeitstechniken kennen. Sie reichen vom Verstärken und Aufräumen bis hin zu Korrekturtricks für Ausarbeitungen. Insgesamt ist das Prinzip dabei: Weniger büffeln, aber mehr und besser wissen!

Im *dritten Kursteil* werden Sie in 17 Kapiteln mit den psychologischen Lerngesetzen bekannt gemacht. Diese Gesetze sind sofort zu verstehen und auch sofort in die Praxis umzusetzen.

Im *vierten Kursteil* werden Sie in 21 Übungen die gezielte Anwendung von Autohypnose und Autosuggestion lernen und damit Ihr Lernverhalten noch gewinnbringender gestalten. Dieser Kursteil wird Ihnen wahrscheinlich am besten gefallen.

Im *fünften Kursteil* bekommen Sie in sieben Kapiteln noch zahlreiche Hilfen dafür, Ihre Prüfungsvorbereitungen zu verbessern. Sie werden durch die gezielten Hypnoseübungen Prüfungsängste besser abbauen können. Am Schluss erkennen Sie, dass Sie alles prima gekonnt haben, weil Sie die Prüfungen erfolgreich bestanden haben.

Beachten Sie bitte genau die einzelnen Schritte. Besonders die Übungen zur Autosuggestion sollten sehr regelmäßig angewandt werden und sind dann sicherlich hilfreich. Die Kapitel sind möglichst kurz und prägnant gehalten, sodass nur wesentliche Hinweise und Ratschläge angeführt sind. Es wird aber auch aufgezeigt, welche Fehler sich einschleichen könnten. Die einzelnen Kapitel sind zwar in sich weitgehend abgeschlossen, sollten aber dennoch nacheinander durchgearbeitet werden. Es soll ein Arbeitssystem vermittelt werden, das Sie auch bei Lern- und Examensproblemen zufrieden stellend anwenden können.

Besondere Lernhinweise sind durch einen grauen Kasten hervorgehoben.
Bei späteren Wiederholungen kann man sich dann allein auf diese Hervorhebungen konzentrieren.

Wie Sie später merken werden, wird im Buch durchaus auch auf lang bekannte Gesetzmäßigkeiten zurückgegriffen; diese haben sich einerseits in der Vergangenheit in der Praxisanwendung sehr gut bewährt; andererseits wurden manche alten Befunde durch die neuere Hirnforschung bestätigt und dadurch wieder supermodern.

Wer sein Lernen oder geistiges Arbeiten verbessern will, wird durch dieses Buch nicht unnötig mit Theorien oder Fachdiskussionen zur Lernverbesserung voll gestopft. Das ist in der Lernsituation unnötiger Ballast, da Sie Ihr spezifisches Lernen optimieren und nicht über Lerntheorien belehrt werden wollen. Deswegen werden im laufenden Text keine ablenkenden Quellenangaben oder Literaturhinweise gegeben. Sie bekommen stets nur prägnante Informationen, die Sie sofort produktiv umsetzen können.

Grundprinzipien des Buches sind unter anderem:
- *Wissenschaftliche Basis:* Alle hier dargestellten Empfehlungen sind wissenschaftlich und seriös abgesichert.
- *Moderne Forschungsergebnisse:* Nutzung der neuen Wissenschaftserkenntnisse der Lerntherapie, Verhaltenstherapie, Hypnose und Neuropsychologie.
- *Hoher Praxisbezug:* Die Empfehlungen sind über Jahrzehnte hinweg in den zahlreichen Lernbereichen von Schule, Studium und Ausbildung in der Praxis erprobt – sogar bei extremen Störungen beim Lernen und Arbeiten und ebenfalls bei starken Prüfungsängsten und Prüfungsproblemen.
- *Arbeitsökonomie:* Die empfohlenen Methoden können sie *ohne zusätzlichen Übungsaufwand* sofort anwenden. Generell können Sie durch die vermittelten Vorgehensweisen Ihre eigene Energie sinnvoll und möglichst effektiv einsetzen. Die Kosten-Nutzen-Bilanz wird dadurch positiv.
- *Motivation und Autonomie:* Sie können eigene Fortschritte sofort erkennen und dadurch die Eigensteuerung des Lernens übernehmen.
- *Learning by Doing:* Die einzelnen Methoden zur Lern- oder Arbeitsverbesserung können Sie sofort verstehen und in Ihre Lernpraxis umsetzen.
- *Wiederholungen:* Einige Lerninhalte oder Methoden werden in der Kursabfolge wiederholt, um sie dadurch zu festigen.
- *Transparenz:* Alle Methoden oder Vorschläge sind sehr schnell nachvollziehbar und dadurch leicht zu akzeptieren und in den Lernalltag zu übernehmen.

Sinnvoll ist es, täglich mindestens eine neue Lerntechnik zu erarbeiten und in die Alltagspraxis umzusetzen. Zu viele neue Methoden sollten jedoch nicht gleichzeitig erlernt werden, da man sie sonst zu schnell oberflächlich behandelt.

Wie Sie mit der Zeit merken werden, wird im vorliegenden Kursprogramm versucht, die dargelegten Lerngesetze zu praktizieren:

- Die einzelnen Lernelemente sind aufeinander aufgebaut.
- Es werden vorwiegend motivierende und hilfreiche positive Formulierungen verwandt.
- In den Kursteilen sind jeweils maximal sieben Lernelemente angeboten, da dies eine optimale Einheit ist.
- Die hier angewandte Sprache ist weitgehend kurz, praktisch orientiert und als Instruktion formuliert.
- Mitunter sind Wiederholungen unvermeidbar, da der sehr komplexe Stoff in zahlreichen Elementen miteinander verknüpft ist.

Bewusst wurden auch in kurzen Passagen Wiederholungen eingeflochten, um mögliche vergessene Arbeitsmethoden oder -techniken wieder in Erinnerung zu rufen.

Alle Kapitel bzw. Übungen sind mit einem Zeitaufwand von wenigen Minuten zu lesen. Die Übungen zur Selbsthypnose dauern ca. 15 Minuten.

> Im Anhang finden sie nochmals die wichtigsten Anweisungen und Pläne zur Zeitplanung und Selbstkontrolle.

Zu Ihrer eigenen Lernkontrolle sollten Sie in Wochenabständen überprüfen, wie gut Sie die einzelnen bislang erarbeiteten Techniken beherrschen. Benutzen Sie dazu in Anhang A die *Checkliste zur Lernkontrolle*.

Wenn es möglich ist, sollten Sie das gesamte Kursprogramm gemeinsam mit einem Partner oder einer Partnerin realisieren. Es ist dann nicht nur schöner, sondern Sie können sich dann leichter gegenseitig zur Arbeitskonsequenz anhalten.

Nun wünsche ich Ihnen beim Lernen und geistigen Arbeiten viel Erfolg.

> Sie werden merken, dass es eigentlich recht leicht werden wird, mit dem Lernen erfolgreich zu sein.

Kursteil 1

Einführung zur Lernverbesserung mit Hypnose

Seit seinem Anbeginn muss der Mensch lernen. Die Lerninhalte wurden immer komplexer und abstrakter, sodass bei der Aneignung des Lernstoffes Probleme auftreten können. Schon seit Beginn der Lerngeschichte des Menschen wurden ihm unzählige gut gemeinte Ratschläge gegeben, womit er sich seine Lernarbeit erleichtern könnte. Dabei wird viel angepriesen, jedoch nur wenig kann auf eine wissenschaftliche Überprüfung zurückgreifen.

In diesem Kursteil werden die Leserinnen und Leser kurz über das breite Hilfsangebot informiert. Dabei stelle ich Ihnen als der Autor dieses Buches die Methode der Hypnose vor, die in besonderem Maße in Kombination mit der wissenschaftlich begründeten Verhaltenstherapie und der Lerntherapie bei der Behebung von Lern- und Arbeitsproblemen hilfreich ist, aber auch schon im Bereich des Lernens, Behaltens und der Motivation.

Im Verlauf der danach folgenden Kursteile werden Sie portionsweise immer mehr und vertieft über die Möglichkeiten der Hypnose zu Lern- und Leistungsverbesserung erfahren.

1.1 Gibt es Zauberformeln für Lernverbesserung?

Speziell im Mittelalter entstand bei den Alchimisten der Wunsch, nicht nur Gold (mithilfe des »Steins der Weisen«) herzustellen, sondern auch Wissen so zuzubereiten, dass es schnell und sicher vermittelt werden könne. In dem 1545 erschienenen Buch *Deutsche Arithmetika* von Michael Stifels wird der Nürnberger Trichter erwähnt. Es ist ein Fantasiegerät, mit dem man Wissen in den Kopf schütten kann. Davon träumen wir alle! – Ach, wenn es nur so einfach wäre!

Da wir leider nicht über diesen Trichter verfügen, müssen wir uns mit der Lernarbeit befassen. Dass es sich hier tatsächlich um schwere Arbeit handeln kann, drücken die unterschiedlichen Synonyme aus: *büffeln, pauken, bimsen, einhämmern, einprägen …* Wir in unserer angeblich so modernen Zeit versuchen nun, bessere Methoden anzuwenden, um damit hoffentlich bessere Lernergebnisse zu erzielen. Einige dieser modernen Zauberverheißungen zur Lernverbesserung seien hier kurz erwähnt.

Schnelllesekurse

In Seminaren oder Büchern werden Schnelllesemethoden vermittelt. Sie erfordern meist ein intensives Training. Wenn man fleißig war, ist zwar die Leseleistung erhöht, aber die Lern- und Behaltensrate dadurch nicht automatisch verbessert. Lediglich die Aufnahmegeschwindigkeit ist gesteigert. Bei einfachen Texten wie in Zeitungs- und Illustriertenberichten und Romanen mag dies ein Zeitgewinn sein. Für das Erarbeiten von wissenschaftlichen Texten wird das Schnelllesen jedoch weniger effektiv sein, da auch Analysen und Vergleiche während des Lesens erforderlich sind.

Superlearning

Die Methode des Superlearnings wird auf Toncassetten oder CDs vermittelt. Vorwiegend handelt es sich um das Erlernen von Fremdsprachen. Die theoretischen Konzepte sind kaum verstehbar. Manche Aspekte wirken wahrscheinlich nur, weil man daran glaubt – was ja zulässig ist.

Böse Zungen behaupten, dass ein dem Kurspreis entsprechender mehrtätiger Auslandsaufenthalt die gleiche Sprecheffektivität bewirke, dazu aber noch mehr Spaß mache. (Ein seriöser Warentest gab sogar diese Empfehlung.)

Subliminals

Bei dieser Methode werden auf Toncassetten oder CDs angeblich unterschwellige Lerninformationen *(= subliminals)* suggeriert. Der Lernende höre danach bewusst nur Allgemeininstruktionen, bekomme aber unterhalb seiner Hörschwelle eine zusätzliche akustische Information. Aufgrund der Unterschwelligkeit würden angeblich willentliche und unbewusste Lernhindernisse umgangen. Lernen erfolge also gewissermaßen durch die Hintertür. Es gibt hier ein breit gefächertes Marktangebot von der Raucherentwöhnung über Esskontrolle bis hin zur Lernbeeinflussung. Die von den steigenden Absatzzahlen profitierenden Produzenten sind bislang den wissenschaftlich kontrollierbaren Nachweis einer Lernverbesserung schuldig geblieben.

Elektronische Analysen der Tonträger ergaben, dass auf den Tonspuren, auf denen sich angeblich Unterschwelliges befinde, keine messbaren Magnetsignale aufzufinden sind … So unterschwellig kann es zugehen.

Alphadetektoren und Mind Machines

Mithilfe von speziellen Geräten wird über Ton- und Lichtimpulse in die Elektroaktivität des Gehirns eingegriffen. Dadurch sollen gezielt verschiedene Bewusstseinszustände angeregt werden, die u. a. zur Entspannung, Konzentrationssteigerung und zum beschleunigten Lernen führen sollen. Der Einfluss auf die Lernleistung ist jedoch bislang durch keine wissenschaftlich abgesicherte Studie belegt worden.

Medikamente

In unterschiedlichsten Reklamebroschüren werden Medikamente als Lern- und Konzentrationshelfer angepriesen. Bei körperlicher Erschöpfung oder Erkrankung sind wir natürlich beeinträchtigt. Dann helfen auch Pillen. Ob aber tatsächlich eine verbesserte Hirndurchblutung und eine Leistungsverbesserung für Schüler, Studenten und andere Lernende erzielt wird, wurde meines Wissens noch nicht wissenschaftlich haltbar bewiesen.

Zu leicht entwickelt man gern eine Pillen- oder Spritzenmentalität, indem man sich wünscht, dass die passive Einnahme »dreimal täglich« uns der langen Lernmühen entbindet.

Autogenes Training

Das Entspannungsverfahren des autogenen Trainings ist von der Hypnose abgeleitet. Aufgrund seiner Ruhewirkung ist es besonders bei Stress und psychosomatischen Beschwerden sinnvoll, wurde wissenschaftlich bewiesen und erprobt eingesetzt. Lernen wird durch die Stress reduzierende Wirkung des autogenen Trainings indirekt positiv beeinflusst. Eine direkte Lernverbesserung wird nicht erzielt, wenn das autogene Training nicht mit sinnvollen Übungen und Methoden zur Lernverbesserung kombiniert wird.

Schlussfolgerung

Wie wir sehen, wird viel versprochen und nur wenig davon prüfbar gehalten. Der Traum vom Nürnberger Trichter wird hier weitergeträumt.

> Da Lernen ein aktiver Aufnahme- und Verarbeitungsprozess ist, kann es also nur mit aktiven Methoden verbessert werden.
> Als Kursteilnehmerin oder Kursteilnehmer dieses Buches müssen Sie sich also aktiv für sich selbst einsetzen – aber dafür wissen Sie stets, was mit Ihnen geschieht. Sie behalten stets die Kontrolle über Ihre Fortschritte und Erfolge.

Ganz wesentlich ist dabei, dass Sie Ihre Erfolge dann auch stets für sich verbuchen und auf sich stolz sein können – und nicht auf die Wirkung einer anonymen Droge oder Apparatur.

1.2 Hypnose zur Lern- und Leistungsverbesserung

Für viele erscheint Hypnose als etwas Unheimliches, durch das man manipuliert werden könne. Sie werden jedoch bald erfahren, dass Hypnose eine sehr bodenständige Behandlungsform ist. Leider wird sie zu oft für Showzwecke missbraucht und erhält dadurch bei manchen Personen einen unangenehmen Beigeschmack.

Warum ausgerechnet Hypnose?

Gerade Hypnose ist in den letzten Jahren interessant und bekannter geworden. Immer mehr Psychologen, Psychotherapeuten, Ärzte und Zahnärzte wenden Hypnose an.

> Hypnose ist eine wissenschaftlich erprobte Methode, kein esoterisches Verfahren.

Bereits vor über 30 Jahren setzte ich Hypnose bei der Behandlung von Lern- und Studienproblemen ein und hatte damit durchgängig gute Erfolge. Lernende unterschiedlichen Alters sind stets erneut über die positiven Auswirkungen dieser neuen Methode verblüfft, ganz unabhängig von ihren Lerninhalten und Studienrichtungen. Wesentlich ist dabei, dass Hypnose nie isoliert angewandt werden sollte – und das wird oft falsch verstanden. Hypnose wird stets in einem übergeordneten Kontext integriert, also eingebettet in eine spezielle Therapiemethode, angewandt. Unseriöse Hypnose-»Therapeuten« versprechen eine Lernverbesserung nach wenigen Hypnosesitzungen. Die dann angewandten Methoden sind meist plump, unwissenschaftlich, showähnlich und unqualifiziert. Das Preis-Leistungs-Verhältnis stimmt dabei selten, da der versprochene Lerngewinn (erwartungsgemäß) ausbleibt.

> Mit seriös und fachlich kompetent angewandter Hypnose und entsprechenden Suggestionen lassen sich Lernbereitschaft, Lernen und geistiges Arbeiten nachgewiesen verbessern.

Fachlich kompetent sind z. B. Diplompsychologen oder Ärzte mit Ausbildung und Praxiserfahrung in Psychotherapie und einer anerkannten Zusatzausbildung in Hypnose. Diese Fachleute sind im Lande noch sehr dünn gestreut, die Wartezeit bei ihnen ist oft sehr lang. Da sie natürlich Honorare nehmen müssen, wird sich kaum ein Oberstufenschüler oder eine Studentin an sie wenden.

Psychotherapie enthüllt Lernblockaden

In meiner langjährigen Tätigkeit als Leiter einer großen Beratungsstelle für Erziehungs- und Familienfragen hatte ich u. a. mit zahlreichen Lern- und Leistungsstörungen von Kindern, Jugendlichen und Studenten zu tun. Von den vielen tausend Rat Suchenden meiner Beratungsstelle hatten mindestens 30 Prozent diese Probleme; typisch ist, dass Lern- und Leistungsprobleme mit Ängsten, Unsicherheiten, Motivationsschwierigkeiten und unangemessenen Lerntechniken verbunden sind. Als übergeordnete Verursachungen liegen z. B. Geschwisterrivalität, Ablehnung durch die Eltern, Eheprobleme etc. vor. Sie müssen entsprechend behandelt werden. Unabhängig davon müssen fast immer umfassende Programme zum Erwerb von Lerntechniken angewandt werden. Als äußerst erfolgreich hat sich hier in der Praxis die Kombination mit Hypnose, besonders Selbsthypnose, erwiesen. Auf diese Weise erlangen Schüler oder Studenten, natürlich auch Schülerinnen oder Studentinnen ihre Eigenständigkeit und

Selbstbestimmung wieder. Sie fühlen sich dann nicht mehr so abhängig und von den eigenen Problemen absorbiert, sondern können Letztere immer öfter selbst lösen.

Deshalb ist in diesem Buch eine wesentlich günstigere Lösung erarbeitet und vorgestellt: die Kombination von Lerntechniken und Verhaltenstherapie mit Hypnose!

Ergebnisse der Hypnoseforschung zum Lernen

Die nachfolgend erwähnten Forschungsergebnisse fließen in zahlreiche der Übungen und Lernvorschläge dieses Kursprogramms mit ein.

In Hypnose erfolgen Verarbeitungsstrategien auf mehreren Verarbeitungskanälen (über Sehen, Hören, Fühlen etc.). Da Lernen möglichst über mehrere Kanäle stattfinden sollte, kann die multidimensionale Gehirnarbeit in Hypnose genutzt werden.

In Hypnose und auch bei intensiven Vorstellungsübungen ist in der Lern- und in der Abrufphase eine vermehrte Aktivierung des Sehzentrums nachweisbar. Also sollten die Lerninhalte möglichst auch über visuelle Impulse erfolgen. Konkret bedeutet dies, sich abstrakte Inhalte durch Abbildungen, Grafiken etc. zu veranschaulichen. Da in Hypnose das erlernte Material Gehirn intensiv bildhaft repräsentiert wird, kann es besser erinnert und wiedergegeben werden. Die Lernverbesserung mithilfe von Hypnose ist auch durch die angestrebte Entspannung zu erklären, die das Lernen erleichtert und gefühlsbedingte Denkblockaden reduziert.

In Hypnose kann eine Bündelung der Aufmerksamkeitsausrichtung erfolgen. Dadurch können wir uns besser von Außenreizen abschirmen und beim Reproduzieren (= Erinnern) wie mit einem Suchscheinwerfer das abgespeicherte Lernmaterial durchsuchen.

Autohypnose für den Lernalltag

Für unsere Zwecke ist die Selbsthypnose (= Autohypnose) der Bestandteil eines umfassenden Lern- und Arbeitskonzeptes.

Im Verlauf des hier angebotenen Kursprogramms werden gezielte Lern- und Arbeitstechniken eingeübt. Damit verbunden, werden dann in kleinen Stufen die einzelnen Schritte der Autohypnose vermittelt. Gleichzeitig werden verschiedene Selbstsuggestionen vorgestellt, die Sie bei unterschiedlichen Problemstellungen anwenden können.

Vorteile des angebotenen Kursprogramms

- Durch regelmäßiges Anwenden der einzelnen Schritte des Kurses können Sie immer mehr Sicherheit im Lernen gewinnen.
- Sie werden wesentlich ökonomischer lernen und arbeiten, wenn Sie diese Arbeitstechniken erlernen und später mit geeigneten Selbstsuggestionen der Hypnose kombinieren.
- Bei aller intensiven Unterstützung durch die Methoden dieses Buches müssen Sie weiterhin Ihren Lernstoff angehen und noch einige Hindernisse überwinden. Auch dabei soll Ihnen der Kurs helfen.
- Gerade für die Prüfungsvorbereitungen werden Ihnen zahlreiche Hilfen gegeben, mit denen Sie sich gut vorbereiten und ruhiger in Prüfungen gehen können.

1.3 Was Hypnose beim Lernen, vor und in der Prüfung bewirken soll und kann

Das hier vorgestellte und über Jahrzehnte erprobte Lernprogramm dient zur Verbesserung der Arbeitsmethoden mit Hypnose. Es war bislang bei Schülern unterschiedlichen Alters, bei Studenten und Studentinnen unterschiedlicher Fachrichtungen und bei sehr unterschiedlichen Lernanforderungen erfolgreich. Auch Lernende im Bereich der Weiterbildung oder Umschulung erlebten schnell die Vorteile der Methode. (Ich bin recht stolz darauf, dass bislang alle damit behandelten Personen ihre Lern- und Prüfungsziele geschafft haben – sogar besser als je von ihnen erhofft.)

Mit dem Hypnoselernprogramm können bei richtiger Anwendung erreicht werden:

- bessere Lernaufnahme
- Zunahme des Leistungsvertrauens
- Verbesserung der Arbeitsmotivation
- Verbesserung der Arbeitsökonomie
- Steigerung des Behaltens
- tiefe Entspannung, dadurch Erholung
- Verbesserung der Abrufbarkeit des Gelernten
- Ultrakurzentspannung, besonders für Prüfungen
- Reduktion von Prüfungsstress
- Abbau von Lern- und Leistungsstörungen
- Abbau von Prüfungsängsten.

Praxisbeispiele zur Verdeutlichung

Als Student hatte ich mitten in den Examensvorbereitungen einen Leistungseinbruch, wahrscheinlich durch zu viel Lernen bedingt.

Im Stundenabstand wandte ich damals eine ca. viertelstündige Entspannung an, und bereits nach wenigen Tagen kehrte meine alte Energie zurück, ja nahm sogar zu. Nach dieser Entspannung war ich stets ausgeruht, voller Tatendurst und konnte mit Leichtigkeit lernen und behalten, nun sogar beneidet von den Freunden.

Auch in den späteren Jahren bei den zahlreichen anstrengenden Zusatzausbildungen, die parallel zum Beruf erfolgten, konnte ich so meine Lernkapazität optimieren. Ebenfalls habe ich viele der hier empfohlenen Methoden beim Ausarbeiten von Fachartikeln oder Büchern angewandt, das anstrengend war und viel an Konzerntration und Disziplin erforderte. Das soll als Ausschnitt aus meiner Biografie reichen. Als auf dieser Ebene Betroffener kann ich authentisch das aus erster Quelle schildern und nachempfinden, was mir die vielen Schüler und Studenten immer wieder berichteten:

Der Medizinstudent, der sein Physikum nicht schaffte. Einerseits arbeitet er über zehn Stunden täglich und ist über seinen minimalen Lernzuwachs verzweifelt; andererseits vertrödelt er viele Tage, vermeidet frustriert das Arbeiten. Bereits nach wenigen Sitzungen kann er die hier vorgestellte Methode anwenden und lernt nun effektiv. Mit Gelassenheit erwartet er die Prüfung. Nach der Prüfung berichtet er, noch nie so ruhig und gelassen und zuversichtlich in einer solchen Stresssituation gewesen zu sein. Bei späteren Prüfungen wendet er die Methode eigenständig an und ist weiterhin sehr erfolgreich – bis hin zu seiner späteren fachlich sehr gut anerkannten Arztpraxis.

Die beiden Studenten der Ingenieurwissenschaften möchten sich ca. zehn Wochen vor der Endprüfung absichern. Mit dem hier dargestellten Programm können sie ihre Leistungsfähigkeit steigern. Nach dem Examen sind sie begeistert darüber, mit welcher Selbstverständlichkeit sie bei besten Zensuren ihr Examen absolvierten.

Die hilflose Oberstufenschülerin mit starken Leistungseinbrüchen durchläuft nach dem Programm eine erfolgreiche Schulzeit, ihr Abitur ist gesichert und wird erfolgreich gemeistert.

Diese wenigen Fälle stellen keine »geschönte« Auswahl dar, sondern repräsentieren den Normalfall. *Ausnahmen? Sicherlich gibt es die!*

Die ängstliche Studentin, die bereits zweimal durchgefallen war, erscheint zwei Wochen vor der Prüfung und bittet um Hilfe. Eine Schnell- und Kompaktform des Programms erbringt hier natürlich keine Traumzensuren, sie kann jedoch das Studium erfolgreich abschließen.

Der elf Wochen vor seinem Abitur stehende Schüler will zwar vordergründig Hilfe, ist jedoch nicht bereit, mehr als eine halbe Stunde pro Tag für die Schule zu arbeiten, da ihm andere Tätigkeiten wichtiger sind. Die vorgeschlagenen Übungen werden von ihm nicht angewandt. In den therapeutischen Gesprächen lässt er nicht an sich herankommen – und fällt konsequenterweise durch.

Ein anderer Schüler mit nahezu identischer Problematik schafft bei minimalem Einsatz gerade noch das Abitur. Er ist danach so froh, dass seine Arbeitsmotivation nun zunimmt und er eine Berufsausbildung mit gutem Erfolg absolviert.

Diese Beispiele sind glücklicherweise die Ausnahme.

Kursteil 2

Grundlagen des Lernens und des geistigen Arbeitens

In diesem Kurteil werden Sie anfangs etwas mit Ihrem Gehirn vertraut gemacht. Keine Angst; das soll kein Biologieunterricht sein, sondern etwas Aufklärung über das Organ, das beim Lernen und geistigen Arbeiten am meisten leisten muss.

Dann fahren wir mit der positiven Perspektive der Belohnung und Verstärkung fort, die unseren gesamten Motor der Motivation laufen lässt, so auch, um das häufig beim Lernen gezeigte Vermeidungsverhalten abzubauen.

Nun wird es leider etwas unbequem, weil Sie Ihren Schreibtisch aufräumen und sich an bestimmte Grundregeln halten sollen, die Ihnen das Lernleben erleichtern werden.

Nachdem Sie das geschafft haben, erfahren Sie mehr über sich selbst – und zwar, wie sehr unsere einzelnen Komponenten wie Emotionen, Motivation und Denken miteinander verbunden sind.

In dieser Einheit von Leib und Seele ist die richtige Ernährung bedeutend, durch die wir unsere Lernarbeit unterstützen können, ebenso wie durch die Berücksichtigung der durch den Tagesablauf bedingten Leistungshochs und -tiefs. Es wird auch reflektiert, in welchen Lernbereichen es sinnvoller ist, einzeln oder in einer Arbeitsgruppe zu lernen.

Letztlich befassen wir uns mit der inneren und äußeren Ordnung der Lerndaten und dem Anlegen von Materialsammlungen und Gliederungen.

Da fast nur noch mit dem PC gearbeitet wird, kann der Autor zahlreiche Tipps geben, bei Ausarbeitungen zeitsparender und effektiver vorzugehen.

2.1 Gestatten, dass ich Ihnen Ihr Gehirn vorstelle!

Wenn wir auf die Welt kommen, ist unser Gehirn mit den wesentlichen Grundfunktionen ausgestattet. Diese Funktionen werden über Nervenbahnen gesteuert, die vielfältig miteinander verbunden sind; diese Verbindungen heißen Synapsen. Beim Erwachsenen besteht das Gehirn aus ungefähr 100 Milliarden Nervenzellen und 100 Billionen Synapsen. Im Normalfall wiegt das Denkorgan des Menschen 1 000 bis 2 000 Gramm und hat ein Volumen von ein bis zwei Litern. Es besteht jedoch kein Zusammenhang zwischen Gehirngröße und Intelligenz.

Das bedeutendste Merkmal des menschlichen Gehirns ist seine hohe Flexibilität und Lernfähigkeit. Aufgrund von Erfahrungen mit der Umwelt nehmen wir kontinuierlich Reize auf und verarbeiten sie. Die Reize werden mit anderen in Zusammenhang gebracht und gespeichert. Das wird dann als Lernen bezeichnet. Mit jedem neuen Lernvorgang werden Synapsen gebildet und somit Hirnsubstanz geschaffen. Jede Nervenzelle kann bis zu 100 000 Synapsen besitzen. Das Gehirn ist also die Schaltstelle zwischen Außenwelt und Innenwelt des Individuums. Gleichzeitig erfolgen enorm viele interne Verarbeitungsprozesse. Sie sind so vielfältig, dass von jeweils einer Million Nervenfasern des Gehirns nur eine herein- oder hinausgeht, aber die restlichen 999 999 Verbindungen im Gehirn selbst dienen. Die Speicherkapazität des Gehirns, die aus verschiedenen Unterspeichern und über unterschiedliche Prozessoren in 40 bis 150 Millisekunden gesteuert wird, liegt bei ungefähr 4×10^{14} Bit = 50 Terabyte, vielleicht sogar tausendfach höher im Petabytebereich. Das sind eine Million Gigabyte, was der Speicherkapazität von ca. 2 Millionen Cds entspricht, einem etwa 2 000 Meter hohen Turm aus CDs. Diese Größenordnungen übersteigen unser Vorstellungsvermögen und lassen uns die Vielfalt unserer Gehirntätigkeit etwas erahnen. Das kann mit Ehrfurcht einhergehen, sollte gleichzeitig auch Vertrauen in uns vermitteln.

Diese Nervenzellen werden vom Detektiv Hercules Poirot die »kleinen grauen Zellen« genannt, die er zum Denken heranzieht. Seine geistige Mutter und Autorin Agatha Christie unterliegt hier einem Informationsfehler, denn nur die präparierten (und somit nicht mehr arbeitsfähigen) Nervenzellen sind grau. Die aktiv denkenden Nervenzellen sind rosa!

Das interne Verwaltungssystem Gehirn besitzt nur 2 % der Körpermasse des Erwachsenen, benötigt jedoch 20 % der gesamten Blutmenge. (Die Körpermuskulatur fordert 18 % der Gesamtblutmenge, der Herzmuskel nur 8 %.) Der kontinuierliche Energieverbrauch des Gehirns beträgt ca. 20 bis 25 Watt und wesentlich mehr bei hoher geistiger Anforderung, der so genannten Kopfarbeit. Zur konkreten Veranschaulichung stellen Sie sich bitte eine Glühbirne von 25 Watt vor, die tagsüber ständig brennt. Das Gehirn eines Dreijährigen ist doppelt so aktiv wie das eines Erwachsenen und benötigt doppelt so viel an Energie.

Früher nahm man an, dass es für bestimmte Verarbeitungsprozesse sehr eng umschriebene anatomische Gehirnbereiche gibt. Heute kann man dem Gehirn mit modernsten Untersuchungsmethoden bei seiner Arbeit zusehen und feststellen, dass selbst bei relativ einfachen Tätigkeiten sehr viele Bereiche und Funktionen gleichzeitig angesprochen und verarbeitet werden. So werden z. B. beim Lesen simultan verarbeitet: visuelle Dekodierung von Zeichen und erlernte Koppelung mit Lauten; Lautdifferenzierung (z. B. jeweils andere Aussprache des »o« ist bei *Sohn* und *kommen,* identische Aussprache bei *Laib* und *Leib*); kontextuelles Verständnis (Sätze wie *Der gefangene Floh* oder *Der Gefangene floh*); orthografisches grammatikalisches Wissen (*Floh* groß- oder kleinschreiben?, mit oder ohne *h*?); lexikalisches Wissen (Der Floh ist ein Tier … etc.) … Um nur wenige Aspekte der Gehirnarbeit zu nennen.

Im Gehirn wird innerhalb von Millisekunden im Verbund von mehrdimensionalen Verarbeitungsprozessen Präzisionsarbeit geleistet. Hier ist der Ort unseres Bewusstseins, unserer Persönlichkeit. Das Gehirn kann durch Verarbeitungsfehler täuschen, so z. B. bei optischen Täuschungen, bei der »stillen Post« und bei Halluzinationen. Bereits der Gedanke an unser Lieblingsessen lässt spezifische Verdauungssäfte im Magen produzieren, und der Gedanke an die Bohrgeräusche beim Zahnarzt oder an lange, behaarte Spinnenbeine kann Ängste, Gänsehaut und Stirnschweiß bewirken. Diese so beeindruckende Speicher- und Steuerungsfähigkeit des Gehirns können wir nutzen, indem wir bewusst unser Gehirn »täuschen«, denn durch die intensive Vorstellung eines Kaminfeuers oder von wärmenden Sonnenstrahlen können wir die Hauttemperatur der vorgestellten Region (z. B. Hand, Stirn, Bauch) messbar erhöhen. Gespeicherte Körpererfahrungen werden hier gezielt angesprochen.

Gerade beim Lernen gehen viele Menschen sehr unsorgsam mit sich und ihrem Gehirn um, indem sie sich und ihr Gehirn unter Druck setzen, anstatt es artgerecht zu behandeln.

Berücksichtigen wir die Gesetzmäßigkeiten und Arbeitsstrategien unseres Gehirns angemessen, werden wir mit ihm optimale Ergebnisse erzielen.

Aufgrund der Entwicklung der Hirnforschung können immer mehr Aussagen über die vielfältigen Arbeitsweisen des Gehirns getroffen werden. Gerade in Kombination mit der Verhaltens- und Lernforschung wird immer deutlicher, welche begünstigenden und welche hemmenden Aspekte beim Aneignen und Abfragen von Wissen wirksam sind. Zu den vielfältigen Tätigkeiten des Gehirns gehört auch, alle eingehenden Reize auf ihre emotionale Bedeutung hin zu überprüfen. Sind sie wenig bedeutsam, werden sie weggefiltert, da das Gehirn dann sogar »abschaltet«. Sind sie extrem bedeutsam – z. B. bei Gefahr –, so wird lebenswichtigen Tätigkeiten der Vorrang gegeben. Dazwischen liegt ein Bereich optimaler Erregung und optimaler Arbeitsleistung.

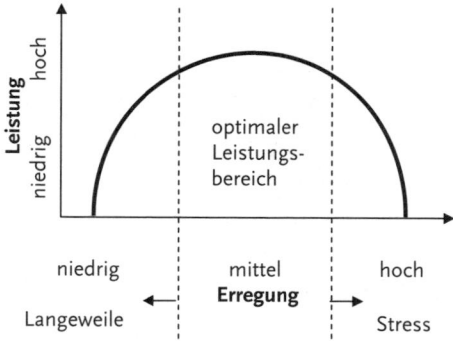

Abb. 1: Das Yerkes-Dodson-Gesetz. Bereits 1908 haben die Forscher Yerkes und Dodson herausgefunden, dass bei zu hoher und zu niedriger Erregung schlecht gelernt wird. Dies wurde auch durch die spätere moderne Forschung bestätigt: Die optimale Motivation zum Lernen nimmt ab, wenn die Lernaufgabe zunehmend schwerer wird.

Nach den neuesten Ergebnissen der Hirnforschung hat das Yerkes-Dodson-Gesetz immer noch große Gültigkeit, so bei der Synchronisation verschiedener Hirnareale. Ist die externe Stimulierung sehr gering, schaltet das Gehirn auf Stand-by; bei emotionaler oder körperlicher Überforderung tritt Stress ein – und das Gehirn wird das Lernen als geistige Überforderung bewerten. Bei Stress werden die Arbeits- und Lernspeicher für wichtigere Anforderungen benötigt.

In der Psychotherapie und Lerntherapie werden diese beeinträchtigenden Aspekte besonders deutlich:

- Liegen emotionale Probleme, allgemein Sorgen vor, wirken sich diese seismografisch auf die Leistungsfähigkeit aus, besonders im Lernbereich. Also sollten diese Probleme möglichst schnell gelöst werden.
- Die meisten Lern- und Leistungsprobleme im Bereich von Schule, Berufsausbildung, Fort- und Weiterbildung, Universität etc. sind auf unzureichende Beachtung der Motivation, Verstärkung und der grundlegenden Lerngesetze, die das Gehirn betreffen, zurückzuführen.

> **Wird das Gehirn emotional positiv angesprochen, ist der Lernerfolg besonders groß.**
> Deshalb befassen sich viele der Kapitel dieses Buches mit den beeinträchtigenden und den fördernden Aspekten des Lernens.
>
> Für das Gehirn sollen möglichst optimale Arbeitsbedingungen geschaffen werden.
>
> Bei optimalen Bedingungen können optimale Arbeitsergebnisse erzielt werden.

Gehen Sie also pfleglich mit Ihrem Gehirn um.
Sie brauchen es öfter, als Sie meinen.
Sie haben nur das eine.

Die Grundprinzipien

2.2 Durch Verstärkung zur Leistungsverbesserung

Gerade beim Lernen setzen wir uns schnell unter einen hohen Leistungsdruck. Oft sehen wir nur das entfernte Ziel, das wir erreichen müssen oder wollen, und sind dann enttäuscht, wenn wir es heute mal wieder nicht erreicht haben. Bei dieser Sichtweise sehen wir nur die (noch) große Distanz bis zur Zielerreichung; wir sehen jedoch nicht, wie viel wir bereits geschafft haben. Wir sehen dann nicht, welche Lernerfolge wir bereits schon gemeistert haben.

Selbst anfangs angenehme Tätigkeiten können mit der Zeit langweilig, anstrengend und sogar unangenehm werden, wenn wir nicht entsprechende Verstärkung (= Belohnung, Erfolg, Anerkennung) dadurch erhalten. Unser Gehirn ist so strukturiert, dass wir durch Erfolge und Misserfolge lernen. Das ist nahezu das geheime Prinzip im Großteil der Evolution. Durch positive Rückmeldungen werden wir darin verstärkt, diese Tätigkeiten weiter (intensiver, besser) auszuüben.

Gerade bei langen Lernperioden oder Prüfungsvorbereitungen dauert es viele Tage oder sogar Monate, bis wir die Rückmeldung in Form einer guten Zensur erhalten. Das fördert leider nicht unsere Lernmotivation. Deshalb müssen wir besonders darauf bedacht sein, uns angemessen zu verstärken und dadurch zu motivieren.

> **Bei Erfolgen produziert unser Gehirn das »Glückshormon« Serotonin.** Es bewirkt, dass wir uns über unsere Erfolge freuen und zum Weitermachen (Weiterlernen) höher motiviert sind. Das ist Verstärkung.
>
> Lob, Anerkennung, Erfolg, Belohnung wirken als Verstärkungen für das geleistete Verhalten, also auch für das Lernen. Verstärkungen sind dadurch oft der Motor unseres Handelns.
>
> Verstärkungen müssen sofort und möglichst oft erfolgen.
>
> Deshalb werden Sie es lernen, Ihre Lernfortschritte deutlicher wahrzunehmen, also bereits nach kurzen Zeitphasen und Lernabschnitten.

Sie werden es lernen, sich selbst für Ihr Lernen zu verstärken.
Sie werden dadurch mehr Sicherheit gewinnen und mehr Freude am Lernen bekommen.

Womit Sie sich belohnen können

Mit Ihren Belohnungen sollten Sie am besten abwechslungsreich und erfinderisch sein. Da Sie sich gut kennen, werden Sie recht leicht Ideen zur Belohnung entwickeln.

Hier einige Vorschläge zur Belohnung.

Materielle Verstärkungen sind alle Konsumgüter, die Ihr Herz erfreuen. Da diese Art der Verstärker jedoch schnell an finanzielle Grenzen stoßen kann, sollten Sie sie für besondere Gelegenheiten aufheben.

Beispiel: Falls Sie einen Bleistift kaufen müssen, so dürfen Sie zur Belohnung für Ihre Arbeitskonsequenz einen besonders hübschen aussuchen (der einigermaßen erschwinglich ist). Falls jedoch keine Belohnung angesagt ist, dann darf nur der puristisch grüne erworben werden. Dies soll zeigen, dass man aus den Notwendigkeiten des Alltags schöne Ereignisse ableiten kann.

Als ich über Jahre an meinem *Lehrbuch der Hypnose* arbeitete, kaufte ich mir besonders hübsche farbige Büroklammern. Immer wenn ich ca. fünf bis zehn Seiten ausgedruckt hatte, belohnte ich mich damit, diese Seiten mit einer der farbigen Klammern zusammenzuheften. Für außen Stehende mag das sehr merkwürdig erscheinen. Da ich nur abends daran arbeiten konnte, war meine Arbeitsphase stets spät beendet. Größere Belohnungsaktivitäten wie Kino, Fernsehen schieden somit aus, wegen der Müdigkeit auch Lesen, Basteln, Trompetespielen oder Kneipe mit Alkoholkonsum. Viele Lernende kommen in eine ähnliche Situation und müssen dann eben erfinderisch sein.

Die Belohnung für besonders erfolgreiche Tage oder am Ende einer gut verlaufenen Woche darf dann z. B. ein Kinobesuch, Kneipen- oder Restaurantbesuch sein, auf den man sich sehr freut und ihn besonders genießt.

Bei Belohnungen muss man konsequent und ehrlich sein.
Ist das vereinbarte Ziel erreicht, muss sofort die Belohnung eingetauscht werden.

> Ist das vereinbarte Ziel nicht erreicht, dann darf es *keine* Belohnung geben.
>
> Sie werden sich dann genauer damit befassen, warum Sie dieses Ziel nicht erreicht haben.
>
> Dadurch haben Sie eine Analyse vorgenommen, aus der Sie die erforderlichen Veränderungen ableiten können.

In gleicher Weise können Sie Nahrung als Verstärkung einsetzen, aber hier lauert mancher Vorbehalt: Gummibärchen, Schokolade etc. gefährden durch die Kalorienzufuhr das Idealgewicht. Alkohol birgt die Gefahr der Gewöhnung und Abhängigkeit und Lernbeeinträchtigung – wie in Kapitel 2.8 dargestellt.

> **Körperliche Betätigung als Verstärkung und Ausgleich**
> Körperliche Aktivitäten sind gerade für Lernende die nahezu optimale Verstärkungsmöglichkeit.
>
> Nach langem Sitzen benötigen Sie in besonderem Maße Bewegung. Bewegung ist dann Abwechslung, Erholung, Ausgleich.
>
> Durch körperliche Betätigung wird das Stresshormon Adrenalin abgebaut und die Produktion des »Glückshormons« Serotonin stimuliert.
>
> Körperliche Betätigung bedingt eine angenehme körperliche Ermüdung und somit einen besseren Schlaf.

Weitere angenehme Tätigkeiten brauche ich Ihnen nicht aufzuzählen, da sie von A = Autofahren bis Z = Zoobesuch reichen können. Wird die Pausenzeit zur Belohnung immer knapper, dann können auch bislang weniger attraktive Tätigkeiten eingesetzt werden, von A = Abwasch bis Z = zum Bäcker gehen – und belohnend sein. Ja, Sie haben richtig gelesen! Sogar der Abwasch kann eine Belohnung sein, da er eine Abwechslung gegenüber dem Lernen darstellt. Da der Abwasch sowieso zu erledigen ist, können sie ihn also als motorische Alternative zum Lernen belohnend einsetzen.

Keine Belohnung – was läuft falsch?

Falls man sich über längere Zeit (mehrere Tage) nicht mehr belohnen konnte, dann sollte man eine Analyse vornehmen, wie sie im Kasten als Fragebogen dargestellt ist.

Fragen an mich:	ja	weiß nicht	nein
1. Ist mein eigener Leistungsanspruch zu hoch?	☐	☐	☐
2. Habe ich zu wenig gearbeitet?			
• Warum habe ich so wenig gearbeitet?	☐	☐	☐
_____			
• War für mich zu viel an Ablenkung?	☐	☐	☐
• Mangelnde Konsequenz in der Planung und Einhaltung des Lernens und Belohnens?	☐	☐	☐
• Welche Personen hindern mich?			
_____			
3. Habe ich zu viel gearbeitet?	☐	☐	☐
• Warum habe ich zu viel gearbeitet?			
_____			
4. Habe ich zu wenig behalten und verstanden?	☐	☐	☐
5. Ist der Stoff zu schwer?	☐	☐	☐
6. Habe ich mein Kursprogramm angemessen befolgt?	☐	☐	☐
7. Gibt es hemmende Gründe wie Familie, Freunde, Geld, Wohnung?	☐	☐	☐
8. Bin ich zu großzügig mit meinen eigenen Belohnungen?	☐	☐	☐
9. Nehme ich mein Lernen überhaupt ernst?	☐	☐	☐
• Mache ich es mir insgesamt zu bequem?	☐	☐	☐
10. • Wer kann mir bei möglichen Schwierigkeiten helfen?			
_____			

Wahrscheinlich werden Sie relativ schnell gemerkt haben, an welchen Stellen Schwächen oder Stärken Ihres Lernsystems zu finden sind. Diese Checkliste finden Sie auch im Anhang, damit Sie sich bei anstehenden Lern- und Motivationsproblemen nochmals befragen können.

2.3 Vermeidungsverhalten abbauen

Sollen wir unangenehme (= aversive) oder langweilige Tätigkeiten ausführen, so versuchen wir, sie vor uns her zu schieben. Wir finden dann immer mehr Gründe, andere Dinge zu tun, die anscheinend wesentlich angenehmer sind. Hierdurch vermeiden wir, uns in eine vermeintlich aversive Situation zu begeben.

Typische Vermeidungsverhaltensweisen vor Lernbeginn sind z. B.:

- zur Toilette gehen
- ein Getränk zubereiten
- Zeitung lesen
- Knöpfe annähen
- auf Bleistift oder Radiergummi kauen
- etwas aus dem Kühlschrank holen
- Radio hören
- Blumen gießen
- Auto waschen oder reparieren
- usw. usw.

Bei näherer Betrachtung sind dies teilweise sogar sehr unangenehme Tätigkeiten (mit gewissen Ausnahmen).
Durch das Vermeidungsverhalten entziehen wir uns der Arbeit und belohnen uns sogar für die Verzögerungen.
Das hat zur Folge, dass wir immer mehr und immer öfter die primär angestrebte Tätigkeit vermeiden.

Oft bekommt man schlechte Laune, wenn man dann vor lauter Vermeidung nicht viel geschafft und eine gehörige Portion Zeit vertan hat. Oft entsteht dann auch die Mentalität: »So kurz vor der Mittagspause lohnt ein Anfang erst recht nicht, also beginne ich erst nachmittags.« Damit hat man den Arbeitsbeginn auf relativ unbestimmte Zeit verschoben und fängt vielleicht gar nicht erst an. Manch ein Student, manch eine Studentin verzögert mit dieser Art der Vermeidung nicht nur um Tage, sondern um Wochen und Monate.

Was man gegen Vermeidungsverhalten tun kann

Vor der Erteilung von Ratschlägen möchte ich ein kleines lebenspraktisches Beispiel zitieren:

Viele Kinder essen schlecht und nörgeln beim Essen, weil sie ihren Teller zu voll gefüllt haben. Dadurch entwickeln sie Angst, die Essportion nicht bewältigen zu können, und zeigen Vermeidungsverhalten, indem sie lustlos auf dem Teller herumstochern und auf äußeren Druck essen. Abhilfe ist meist leicht zu schaffen, wenn man dem Kind gestattet, sich sein Essen selbst auf dem Teller zu portionieren. Meist hilft auch, wenn man nur eine kleine Portion auf den Teller gibt. Ist diese konsumiert, darf ein ebenfalls kleiner Nachschlag erfolgen.

Hier wurde der aversive Charakter »große Menge des Essens« abgeschafft. Durch die kleinen Mengen bekommt das Kind Übersicht – und es hat schneller das Erfolgserlebnis, wenn es seinen Teller leer gegessen hat usw. Letztlich wird es insgesamt mehr essen und sogar zufrieden mit seiner Speise sein. (Und die Eltern mit ihm.)

Ähnlich psychologisch sinnvoll müssen wir bei uns vorgehen, wenn wir eine Riesenportion von Wissen vor uns auf dem Schreibtisch liegen haben:

1. Anfänglich (also zum Abbau der Lernprobleme) das gesamte Lernpensum eventuell reduzieren oder die Lernmenge in überschaubare Lernportionen einteilen. Dadurch steht die Arbeit nicht mehr wie ein Riesenberg vor einem, ist also nicht mehr so angsterzeugend und aversiv – und kann dadurch leichter begonnen werden.

2. Die einzelnen Lerneinheiten in angenehme und überschaubare Mengen- und Zeiteinheiten unterteilen.

3. Besonders angenehme Anfangstätigkeiten finden. Dadurch fängt man leichter an und wird dabei durch die Anfangstätigkeit selbst noch belohnt.

4. Nahezu strenge Disziplin. Dies beinhaltet ein striktes selbst auferlegtes Verbot von Vermeidungsverhalten und dadurch in hohem Maße Selbstkontrolle.

5. Belohnung nach der Arbeit. Angenehmen Tätigkeiten dürfen erst ausgeübt werden, wenn ein Arbeitsteil erledig ist. Dann wirken sie als angemessene Belohnung für das Arbeiten. Letztlich freut man sich dann sogar auf diese Belohnungen und gibt sich mehr Mühe bei der Arbeit. Angenehme Tätigkeiten können auch als positiv empfundene Vermeidungsverhaltenweisen sein wie z. B. Autoreparatur etc.

6. Belohnung deutlich machen. Falls es Ihnen schwer fallen sollte, die Belohnungen aufzuschieben, so notieren Sie diese auf kleinen Zetteln an Ihrer Pinnwand. Dadurch wird die geplante Belohnung für Sie plastischer – umso leichter können Sie dann ein Aufschieben vornehmen, da Sie nun ein schönes Ziel vor Augen haben.

7. Auf dem Platz bleiben. Falls Sie die Disziplin der Belohnung zwar gut einhalten, aber dennoch nicht mit der Arbeit beginnen können, so sollten Sie trotzdem am Arbeitsplatz sitzen bleiben! Notieren Sie dann bit-

te, was Sie eigentlich arbeiten sollten – und was Ihnen daran schwierig erscheint: Welche Aspekte oder Faktoren machen dabei Angst? Welche sind aversiv? Welche könnten dabei eventuell sogar Freude bereiten?

Auf diese Weise beginnen Sie bereits Ihre Arbeit, indem Sie sich mit dem Lernmaterial auseinander setzen: Sie werden sich über Ihre verschiedenen Motive klarer. Sie werden jedoch zur Beantwortung der obigen Fragen auch einige Details der Lerninhalte Ihres Buches (Artikels etc.) näher ansehen müssen … also fangen Sie schon damit an, etwas zu erkunden und dadurch zu lernen!

Der Arbeitsplatz

In jedem Beruf ist der Arbeitsplatz ein sehr wichtiger Faktor dafür, ob wir uns wohl fühlen, ob wir schnell ermüden oder ob wir die angemessene Leistung erbringen. Entsprechend sollten Lernende ihren Arbeitsplatz sinnvoll und ergonomisch gestalten.

2.4 Differenzierung am Arbeitsplatz erleichtert das Lernen

Differenzierung bedeutet, Unterschiedlichkeiten zu erkennen und mit diesem Lernzugewinn weiterzuarbeiten. Das fängt schon beim Arbeitsplatz an. Schauen Sie sich bitte Ihren Arbeitsplatz an. Befinden sich dort nur die arbeitsrelevanten Unterlagen?

Bitte schauen Sie nochmals genauer hin, und Sie werden viele Dinge entdecken, die mit der Arbeit direkt nichts zu tun haben. Lernen Sie hier bitte zu differenzieren zwischen den Gegenständen, die ablenken können – und den Gegenständen, die für Ihre Arbeit wichtig sind. Je besser Sie diese Unterscheidung treffen können, umso leichter werden Sie zwischen Arbeit und Freizeit unterscheiden können.

> **Prüfen Sie immer zu Arbeitsbeginn, ob sachfremde Gegenstände vom Arbeitstisch entfernt werden müssen.**
> Auch Speisen sollten vom Arbeitsbereich entfernt werden.
> Essen Sie nur im Freizeitbereich.

Arbeiten Sie immer an einem festen Arbeitsplatz

Falls Sie einmal am Schreibtisch, dann auf dem Sofa und später im Bett lernen, dann haben Sie für sich keine ausreichenden Unterscheidungen zwischen Arbeitsplatz und Freizeitbereich getroffen. Wird der Schreibtisch gleichzeitig als Hobbytisch und als Lernmöbel genutzt, fällt es sehr schwer, immer die im Moment richtigen Funktionen zu erkennen und sich entsprechend zu verhalten: Also wird man dann schnell am Schreibtisch abgelenkt sein, wenn man arbeiten will und dabei an sein Hobby erinnert wird. Man möchte dann seine Hobbyaktivitäten ergreifen.

> **Es muss eine klare Differenzierung von Arbeit und Freizeit vorgenommen werden.**
> Trennen Sie deutlich zwischen Arbeitsbereich und Freizeitbereich.
> Belassen Sie auf Ihrem Schreibtisch nur die für die Arbeit wesentlichen Gegenstände.
> Der Schreibtisch ist ausschließlich für die Lernarbeit bestimmt.

Bei Pausen- und Freizeittätigkeiten wird der Schreibtisch verlassen, und der übrige Bereich der Wohnung steht dann zur Verfügung. Dies soll ganz konsequent eingehalten werden!

Auf diese Weise fällt es Ihnen viel leichter, mit der Arbeit anzufangen und sie ohne Ablenkungen konzentriert durchzuführen. Falls z. B. ein Freund Sie anruft und mit Ihnen plaudern will, so sollten Sie dann den Schreibtisch verlassen und mit dem Telefon in den Freizeitbereich gehen, auch wenn dieser nur einen Meter entfernt sein sollte.

Da Sie inzwischen Ihren Schreibtisch gründlich überprüft haben, sind alle für die Arbeit nicht wesentlichen Gegenstände im Freizeitbereich gelandet. Also sind dadurch ebenfalls die Ablenkungen reduziert. Gleichzeitig wird der Freizeitbereich dadurch noch attraktiver. Das klingt alles sehr puristisch und überdiszipliniert. Es dient jedoch nicht nur zur Verbesserung der Arbeitsmoral, sondern auch zur Verbesserung der raren Freizeitmöglichkeiten. Der Freizeitbereich sollte so abgeschirmt sein, dass Sie dort nur all jene entspannenden Dinge tun, die Sie dann auch mit bestem Gewissen zu Ihrer Entspannung tun dürfen. Falls Ihnen also im Freizeitbereich ein Fachbuch in die Hände fällt, so sollten Sie es von dort entfernen. Entweder legen Sie es in den Arbeitsbereich, und Sie entspannen sich weiter auf dem Sofa – oder Sie gehen damit an den Schreibtisch und lesen es dort.

Beispiele:

Lesen Sie ein Fachbuch im Bett, dürfen Sie sich nicht wundern, wenn Sie dann weniger behalten und sogar Schlafstörungen bekommen.

Hören Sie am Arbeitsplatz Musik, machen Computerspiele, telefonieren oder essen dort, dann dürfen Sie sich nicht wundern, wenn Ihnen das

Arbeiten so schwer fällt, Sie schon wieder eine Pause machen wollen und wenig vom Gelernten behalten.

Aus genau diesen Gründen ist die starke Trennung zwischen Arbeits- und Freizeitbereich in vielen Berufen selbstverständlich und bringt die zahlreichen Vorteile mit sich, die Sie sich ebenfalls nutzbar machen sollten.

Nun zu den üblichen Ausnahmen

Falls der Wohnbereich beengt ist und eine derartige räumliche Differenzierung unmöglich macht, so muss natürlich der einzige Tisch notwendigerweise zum Arbeiten, Essen und für Hobbytätigkeiten benutzt werden. Bei solch beengten Gegebenheiten in meiner Studentenbude hatte ich meine Examensarbeit zu schreiben. Unter derartigen Umständen müssen Sie erst recht eine sehr gute und strikte Differenzierung durch klare Unterscheidung der relevanten Gegenstände und Bereiche treffen. Wenn es möglich ist, sollte man dadurch für eine Abwechslung sorgen, dass man eventuell den Funktionen entsprechend andere Sitzplätze einnimmt. Dies bietet neben der arbeitsförderlichen Differenzierung den Vorteil, Abwechslung durch unterschiedliche Perspektiven zu bekommen.

Denken Sie auch daran, dass Ihre Arbeit ja nicht nur auf Ihren Wohnbereich beschränkt sein muss. Lesesäle, Institutsräume und Bibliotheken stehen ebenfalls zur Verfügung. Bei schönem Wetter kann es auch der nahe gelegene Park sein. (Da eine meiner Studentenbuden so eng war, habe ich im Sommer viel in einem Park gelernt. Das führte wohl zu dem Vorurteil, Studenten lernen wenig, da sie so schön sonnengebräunt sind.)

2.5 Ergonomie an dem Tisch, an dem Ihre Karriere beginnt

Ergonomie beinhaltet die Anpassung und Gestaltung der Arbeitsumgebung nach den Bedürfnissen des Menschen im Hinblick darauf, ihn vor gesundheitlichen Schäden zu schützen und seine vorzeitige Ermüdungen zu verhindern. Möbel-, Büro- und Einrichtungshäuser wissen oft recht gut über angemessene Maße von Möbeln Bescheid.

Achten Sie darauf, dass Sie an einem arbeitsgünstigen Platz sitzen, der also ergonomisch gestaltet ist:

1. Die Arbeitsplatte wird meist 75 cm hoch sein, sodass die Unterarme bei aufrechter Sitzhaltung locker aufliegen können.

2. Die Sitzhöhe wird so eingestellt, dass bei aufgestellten Füßen die Oberschenkel waagerecht ausgerichtet sind und ohne Druck auf der Sitzfläche aufliegen.

3. Der Stuhl sollte eine feste Rückenlehne haben, an die Sie sich oft anlehnen können. Rutschen Sie dabei mit dem Gesäß weit nach hinten.

4. Das Licht sollte von vorn oder seitlich auf Ihre Schreibhand leuchten. Also kommt bei Rechtshändern das Licht von links.

5. Arbeitsmittel wie Schreibgeräte (z. B. PC-Tastatur, Kugelschreiber, Lineal, Anspitzer) liegen für den direkten Zugriff bereit.

6. Oft benötigte Arbeitshilfen wie Wörterbücher, Tabellen- und Formelsammlungen, Nachschlagewerke etc. befinden sich in Reichweite.

7. Auf einer in Reich- und Sichtweite befindlichen Pinnwand werden wichtige Termine, Merkzettel mit Regeln, Ihr Arbeits- und Terminplan etc. angeheftet.

Ergonomie für den PC

Auf vielen Reklamebildern für Notebooks und Internetnutzung sieht man stets vor Glück lachende Menschen, auf dem Teppichboden oder der Couch liegend, das auf ihren Knien lässig ruhende Gerät bedienen. Das geht nur für kurze Zeit, während das Foto für die Lifestylereklame erstellt wird. Ist reales Arbeiten am PC gefordert, so wird jeder Mensch sicherlich bequemere Positionen bevorzugen.

Empfehlungen für den PC-Arbeitsplatz:

1. Der Monitor sollte so aufgestellt sein, dass sich nicht die Raumbeleuchtung oder ein Fenster darin spiegelt.

2. Helligkeitsunterschiede zwischen Monitor und Raum sollen nicht zu groß sein – d. h. nicht zu große Monitorhelligkeit, aber auch nicht abgedunkelter Raum.

3. Die Höhe des Monitors: Er sollte mit seiner Mittelachse unter der Augenhöhe des Betrachters liegen. D. h., man sollte stets etwas nach unten auf den Monitor sehen.

4. Die Entfernung zwischen Monitor und den Augen sollte mindestens 30 cm betragen – je nach Größe des Monitors eventuell mehr. Ist bei diesem augenschonenden Abstand die Schrift schwer lesbar, sollte der Abstand zwar bleiben, aber die Schriftgröße sollte mit dem Zoom auf 120 oder 150 Prozent verändert werden.
5. Die Tastatur sollte unbedingt in der angemessenen Höhe sein. D. h., die Handgelenke sollten nicht abgeknickt sein. Das ist erreicht, wenn die Unterarme bei hängenden Schultern waagerecht sind.
6. Brillenträger benötigen eventuell eine »Computerbrille«; das ist eine Lesebrille, mit der man auf größere Distanz lesen kann. Muss bei Lesebrillen der Kopf zum Bildschirm angehoben werden (z. B. bei Gleitsichtgläsern), so sollte der Monitor tiefer stehen.

Tastatur ergonomisch angemessen aufstellen

Liegt die Tastatur des PC auf dem Tisch – ob nun allein oder im Notebook etc. integriert –, ist sie meist arbeitsphysiologisch zu hoch. Bequemer ist es, die Tastatur in einer Art Schublade unter die Tischplatte zu legen. Wird sie nicht gebraucht, bleibt der Tisch für andere Arbeitsmittel wie Bücher und Manuskripte frei; wird sie benötigt, ist sie schnell hervorgezogen und befindet sich nun für unsere Arme und Schultern in der richtigen Arbeitshöhe. Dieser Schubladenauszug ist im PC-Zubehör-Handel erhältlich, die preiswertere Lösung gibt es im Baumarkt; mittels zweier Schubladen-Teleskop-Schienen und eines Sperrholzbretts ist die Konstruktion schnell unter der Schreibtischplatte installiert.

2.6 Arbeitsplatz Bibliothek – Wo man gut oder sogar besser lernen kann

Einer meiner studentischen Klienten konnte in seiner extrem kleinen Wohnung, die er mit seiner Freundin bewohnte, nicht lernen. Einerseits hinderte ihn daran die starke Beengung, andererseits war vieles um ihn herum so ablenkend. Mit der Zeit war die Arbeit für ihn aversiv (= äußerst unangenehm) geworden, und er vermied sie, indem er sehr oft andere Dinge tat (= Vermeidungsverhalten). Hier musste also eine strikte Änderung des Arbeitsplatzes vorgenommen werden. Doch dies war bei den vorliegenden Gegebenheiten innerhalb der Wohnung nicht möglich. Also musste er seinen Arbeitsplatz in die Universitätsbibliothek verlegen.

> Bei schlechten Arbeitsplatzbedingungen sollten Sie einen ruhigen Ort auswählen und z. B. in einer Bibliothek arbeiten.
>
> Jede Bibliothek verfügt über abgeteilte stille Arbeitsbereiche, auch öffentliche Büchereien. Hier hat man seinen Bereich für sich allein.
>
> In der Bibliothek ist Redeverbot, und die Arbeitsmittel sind nah. Auch Kopierer etc. sind vorhanden – oft sind sogar Getränkeautomaten nicht weit entfernt.

Ich kenne zahlreiche solcher Einrichtungen mit hervorragenden Möglichkeiten. Mitunter ist man sogar stundenlang allein und ungestört. Oder man hat von seinem Platz aus einen herrlichen Blick, der gerade für die kleinen Pausen erholsam ist.

Falls Sie viele Freunde und Bekannte haben, die ebenfalls in diesem Bereich arbeiten (z. B. in der Institutsbibliothek), so ist die Gefahr der Ablenkung besonders groß. Nichts gegen ein schönes Schwätzchen, aber viele hintereinander addieren sich zu einem Nachmittag, an dem kaum gelernt wurde.

> Setzen Sie sich mit den Rücken zum Eingang. So werden Sie am wenigsten gestört.
>
> Bei Ablenkungsmöglichkeiten suchen Sie einen entlegenen und schwer einsehbaren Bereich auf.
>
> Am besten sollten Sie weit weg von der Tür sitzen, damit Sie gar nicht erst abgelenkt werden und in Versuchung kommen.
>
> Lernen Sie es, arbeitshemmende Kontaktmöglichkeiten abzulehnen.

Personen, die gehemmt und kontaktarm sind, sollten sich selbstverständlich etwas anders als oben vorgeschlagen verhalten.

Für alle anderen gilt, sich mehr abzuschirmen. Dazu gehört auch, den Freunden zu sagen, dass man jetzt erst arbeiten möchte. Haben Sie bloß keine Angst vor Ablehnung oder Liebensentzug! Diese Absage wird von Ihnen sicherlich freundlich-bestimmt geäußert und kann somit nicht als persönliche Ablehnung verstanden werden. Gleichzeitig können Sie ja eine Einladung aussprechen der Art, dass man sich nachher zu einer bestimmten Zeit, z. B. zum Essen, verabredet. Das hat noch die angenehme Nebenwirkung, dass Sie nun eine schöne Perspektive für die anstehende Arbeitsphase haben. Arbeiten Sie also fleißig weiter, und als Belohnung für ihr konsequentes Arbeiten lockt die nette Verabredung! Übrigens können Sie an diesen öffentlichen Plätzen Ihr geplantes Zeitprogramm stets sehr gut einhalten.

> Wählen Sie möglichst immer den gleichen Platz, damit Sie sich nicht stets erneut eingewöhnen müssen.
> Da Sie an diesem Arbeitsplatz alle wesentlichen Arbeitsmittel bereithaben müssen, richten Sie sich ein transportables »Kleinbüro« in Ihrer Aktentasche oder Ihrem Rucksack ein.

In diesem Kleinbüro sollten enthalten sein: Schreibblock oder Ringbuch mit diversen Einlagen, Schreibgeräte nebst Ersatz, diverse Karteikarten (beschriftet oder blanko), Schnellhefter mit diversen Unterlagen, Schmierzettel für Zwischennotizen etc. Falls zulässig, können Ihr Notebook und artverwandte Gerätschaft hier hilfreich sein. Auch diverses Kleingeld für Automaten (Getränke, Snacks, Schließfach, Kopierer) sollte in entsprechenden Münzen bevorratet sein. Diese Vorschläge mögen sich kleinlich anhören. Aber wenn man sich abends in einer fast leeren Bibliothek Zeit raubend Wechselgeld erbetteln musste, wird man klüger.

Was hier dargestellt wurde, gilt natürlich auch für schulische Freistunden. Wenn man die Freistunden nicht zur Erholung und Kontaktpflege benötigt, dann kann man sich einen geeigneten Raum suchen. Hier muss man sich ebenfalls besonders gut abschirmen, da Störungen häufig sind. Einem extrem lerngestörten Schüler habe ich sogar empfohlen, das nahe gelegene Museum aufzusuchen. Bei freiem Eintritt findet er immer ein abgeschirmtes, also ruhiges Eckchen zum Lernen (Lesen, Vokabelüben). Wenn für Schüler die Mittagszeit zu überbrücken ist, so sollten sie sich ebenfalls einen ruhigen Ort auswählen wie z. B. ein verstecktes Café.

> Bei alldem sollte man allerdings nicht die Lust vergessen: mit Freunden oder Freundinnen zu plaudern, Freude zu haben ...

Der Mensch als Einheit von Leib und Seele

2.7 Gedanken sind nur ein Teil vom Ganzen – Lernen mit der Einheit von Leib und Seele

Welcher Teil von uns ist wohl der wichtigste? In der alten lateinischen Fabel wird diese Frage sehr eindeutig beantwortet: Als sich die Körperteile streiten, welcher wohl der wichtigste sei, treten die übrigen jeweils in Streik und merken nun, dass sie voneinander abhängig sind. Sie sind nicht autonome Teilstücke, sondern spezialisierte Teile eines harmonischen, sinnvollen Ganzen.

Wie sieht das nun mit der geistigen Arbeit aus?

Bei dieser Fragestellung wird eindeutig durch den Begriff *geistig* der Kopf angesprochen. Das trifft primär zu – und in fast jedem Kreuzworträtsel taucht der Begriff *Denkorgan* für Gehirn auf. Wenn wir es wissenschaftlich exakt betrachten, dann »denken« die Zellen des Cortex mit ihren zahlreichen Aktivitäten und Verbindungen der Synapsen. Der Cortex ist jene verschlungen gestaltete Hirnrinde, die uns in dieser Hinsicht anatomisch von einfacheren Lebewesen unterscheidet und uns ihnen gegenüber zu so genannten intelligenten Leistungen befähigt.

Was passiert aber, wenn wir eine Reihe von Vokabeln lernen und am nächsten Tag beim Abfragen erfahren, dass wir die falsche Reihe gelernt haben? Die Zentrale im Großhirn erhält durch die Ohren die akustische Information »mangelhaft«, während das Linsensystem des Auges ein Muster von Lichtwellen aufnimmt, das vom Großhirn als »vorwurfsvoller Blick« decodiert wird. Sofort läuft das Hauptprogramm »Ärgern« ab: Der Mund formt entschuldigende Laute, die Lungen arbeiten vermehrt, die Blutgefäße ziehen sich zusammen, lassen den Blutdruck hochschnellen und gleichzeitig das Gesicht erblassen, der Magen arbeitet heftiger und schmerzt vielleicht, Schamgefühle treten auf … und …

Aus diesem hier leger dargestellten Beispiel wird deutlich, dass auch bei »rein« geistiger Arbeit sowohl Kopf als auch Körper spürbar beteiligt sind.

> Unsere Gesamtperson ist eine umfassende Einheit aus Leib und Seele, die als Ganzheit tätig ist.
> Nur als diese Ganzheit können wir unter Einbeziehung all unserer Teilfunktionen sinnvolle Handlungen oder Denkleistungen vollziehen.

Diese Aussage ist nicht nur philosophisch aus der Antike übernommen, sondern sie wird immer wieder durch die Ergebnisse der modernen Wissenschaften bestätigt. Die Entwicklung der Ganzheitsmedizin, Erforschung der Psychosomatik und der ganzheitlichen Psychotherapie zeigen dies an.

Zur Vorbereitung Ihrer geistigen Arbeit in Verbindung mit Lernen und Selbsthypnose erfolgen nun einige kurze Anmerkungen.

Die Funktionen unserer Leib-Seele-Einheit

Das Gesamtsystem Leib/Seele besteht aus folgenden zahlreichen kooperierenden Funktionen.

1. Kognitionen (Gedanken)

Hier handelt es sich um einen Sammelbegriff für Gedächtnis- und Informationsverarbeitungsmechanismen. Dabei spielen Prozesse der Wahrnehmung und Filterung der eingehenden Informationen eine große Rolle. Diese Verarbeitungsprozesse unterliegen zahlreichen Gesetzmäßigkeiten, die man sich beim Lernen nutzbar machen kann, um die Arbeitseffektivität zu steigern.

> Negative Gedanken (wie Sorgen, Ängste) können sich als Lernblockaden auswirken. Sie werden darin geübter werden, diese Lernblockaden zu erkennen und geeignete Maßnahmen zu ihrem Abbau anzuwenden.
> Entsprechend sollten Sie viel öfter positive Gedanken aktivieren.

2. Motivation (Beweggründe)

Jeder Mensch besitzt eine ihm eigene Motivationslage; das ist ein Geflecht von Antrieben, mit jeweils unterschiedlicher Intensität zu handeln. Dazu gehören auch seine Handlungsstrategien, kurz- oder langfristige Ziele zu erreichen. Für das Lernen ist besonders die Leistungsmotivation maßgeblich.

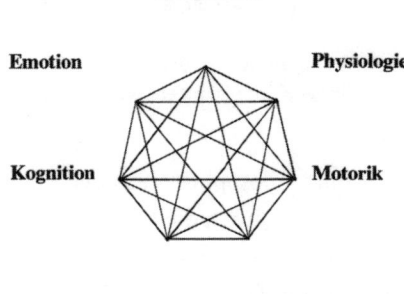

Abb. 2: Die möglichen Aspekte der Leib-Seele-Einheit. Wenn wir fühlen, denken, handeln, lernen, sind gleichzeitig sehr viele seelische und körperliche Mechanismen in unterschiedlicher Stärke wirksam und beeinflussen sich gegenseitig.

Lernt jemand z. B. zehn Stunden täglich, ist er zwar fleißig, muss dadurch jedoch nicht konsequenterweise viel behalten haben. Diese Person lernt vielleicht aus der Motivation heraus »Viel hilft viel« und bewirkt durch diese Beweggründe nicht unbedingt große Lernverbesserungen. Falls diese Person z. B. aus einer Angstmotivation lernt, so befürchtet sie ihr Versagen und blockiert sich dadurch. Sie behindert sich selbst in der Wissensaufnahme, da sie aufgrund unangemessener Motivation beeinträchtigende Gefühle entfaltet. Eine andere Person wieder studiert das Fach X, um ihrem Vater zu imponieren, hat jedoch kaum Interesse oder Begabung dafür. Wieder eine andere Person will nur ein Studium mit Prestigegewinn absolvieren. Diese wenig sachimmanente Motivation kann ebenfalls zum Versagen führen. Bereits bei oberflächlicher Beobachtung finden wir meist zahlreiche und sehr unterschiedliche Beweggründe für das Lernen.

Durch angemessene oder unangemessene Motivation wird die Arbeitseffektivität beeinflusst.

3. Emotionen (Gefühle)

Bestimmte Körperwahrnehmungen (z. B. warmes Bett, kalte Hand im Nacken) können angenehme oder unangenehme Gefühle bewirken. Aber auch Gedanken (z. B. an den letzten verregneten Urlaub im Schwarzwald, an die schnurrende Katze Nicki auf dem Arm) bewirken in gleicher Weise deutlich Gefühle.

Hier werden zahlreiche Verarbeitungsprozesse durchlaufen, die sehr eng mit physiologischen Reaktionen gekoppelt sind. Auch Bewertungen (z. B. der unsympathische Prüfer, die nette Nachbarin) und Vergleichsprozesse finden hier statt.

> Starke Gefühle (wie Trauer, Freude, Angst, Wut, Ärger) können sich auf die geistige Arbeit und ihre Qualität auswirken. Bereits kleinere »negative« Gefühle wirken sich lernhemmend aus.

4. Attributionen (Ursachenzuschreibungen)

Sowohl unser gedankliches wie unser motorisches Verhalten werden beeinflusst, indem wir Ereignissen eine bestimmte Verursachung zuordnen. Dadurch entwickeln wir Erklärungsmodelle für unser Handeln, unseren Erfolg oder unser Versagen. Daraus entstehen mit der Zeit (unbewusst aufgebaute) Glaubenssysteme, nach denen wir handeln wie: »Eine gute Tochter sollte …/Ein schlechter Sohn ist man, wenn …/Leistung ist nur gut, wenn …/Ich bin nur liebenswert, wenn meine Leistung …«

> Attributionen wirken sich je nach ihrer Ausprägung und Intensität fördernd oder hemmend auf die Lernleistung aus.

5. Imaginationen (Innenbilder)

Laufend und nahezu zu jedem Zeitpunkt produzieren wir Innenbilder. Es sind szenische Vorstellungen unterschiedlichster Wahrnehmungsqualitäten (optische Bilder, Gerüche, Klänge, Strukturen, Farben, Bewegungen, Berührungen), die wir durch unsere inneren oder äußeren Anlässe (z. B. Gedanken, Wahrnehmungen, Gefühle) beeinflusst spontan wachrufen. Sie lassen sich unter geeigneten Voraussetzungen gesteuert herstellen und sinnvoll einsetzen. Dadurch sind sie ein wesentlicher Bestandteil der Hypnose.

> Je nach Intensität und Gefühlsfärbung dieser Imaginationen können auch sie lernhemmend und lernfördernd sein.

6. Physiologie (innere Körpervorgänge)

In unserem Körper gibt es zahlreiche in sich weitgehend abgeschlossene Funktionssysteme (z. B. Herz, Kreislauf, Atmung, Zentralnervensystem), die miteinander vernetzt sind.

> Physiologische Vorgänge stehen in engem Wechselspiel mit Emotionen und Imaginationen und wirken sich demnach auch deutlich auf unser Lernverhalten aus.

7. Motorik (äußere Körperbewegungen)

Unsere Körperbewegungen werden teils willkürlich gesteuert, teils durch angeborene automatische Programme geregelt. Diese zentralnervöse Steuerung trifft auch auf andere Wirkfaktoren (z. B. Emotionen) zu, die auf diesem Wege ihren Einfluss auf den Körper nehmen.

> Wer vor Wut zittert, aus Angst angespannt, körperlich ermattet ist, kann erklärlicherweise schlechter lernen als eine ausgeruhte und entspannte Person.

Das Gesamtsystem arbeitet als eine Einheit

Diese insgesamt sieben Faktoren sind einerseits Funktionssysteme, andererseits als solche künstlich isolierte Begriffe, die man dadurch besser erforschen und benennen kann:

- Die gesamte Forschung und natürlich unsere Alltagserfahrung zeigen auf, dass alle diese genannten Faktoren sich in dem Gesamtsystem der Leib-Seele-Einheit gegenseitig beeinflussen.
- Der Anstoß an einem Teil des Systems bewirkt eine Veränderung der Gesamtheit.
- Für optimales und effektives geistiges Arbeiten muss somit eine Ausgewogenheit unseres gesamten Leib-Seele-Systems erreicht werden.

Folgendes Beispiel soll dies verdeutlichen:

Der Lernende sieht sein Buch vor sich liegen. Da er die ersten gelesenen Seiten als schwer erlebte, kommt nun der Gedanke in ihm auf: »Ich werde das kaum schaffen.« Gleichzeitig entsteht das Gefühl der Angst, bedingt durch seine Misserfolgsmotivation, da er sich nie für einen besonders erfolgreichen Schüler hielt (negative Eigenbewertung). Dazu kommt in ihm das Bild hoch, wie ein Dummkopf auf das Buch zu starren. Seine Hände werden unmerklich feucht, sein Puls steigt an, der Nacken verspannt sich zunehmend, Kopfschmerzen setzen ein …

> **Durch die Aktivierung eines einzelnen Systems kann das Gesamtsystem verändert werden.**
> Durch bestimmte Maßnahmen kann gelernt werden, die geeigneten Systeme gezielt zu aktivieren oder zu beruhigen und dadurch das gesamte System positiv zu beeinflussen.
> Durch genau geplante und eingesetzte Lern- und Arbeitstechniken werden Sie vorwiegend lernförderliche Gedanken, Motivation und Attribution ansprechen lernen.
> Durch genaue Anwendung von Hypnose können Sie gezielt Ihre Imaginationen, Gedanken und Emotionen lernfördernd beeinflussen.
> Mit dem hier vorgestellten Lernprogramm in Verbindung mit Hypnose können Sie Ihr geistiges Arbeiten positiv beeinflussen.

Beispiel:

Durch spezielle Autosuggestionen bereiten Sie sich auf das Lernen vor, verbessern dadurch Ihre Arbeitsmotivation und erhöhen Ihre Lernkapazität. Dies bewirkt dann eine positive Bekräftigung Ihres Arbeitens. Die Zufriedenheit nimmt somit zu, und Ihr Selbstbild verbessert sich. Dadurch wird die weitere Lernbereitschaft erhöht, die allgemeine Arbeitsmotivation nimmt weiter zu usw. …

Dieser Zusammenhang beinhaltet das, was der bekannte schweizerische Pädagoge Johann Heinrich Pestalozzi (1746–1827) als optimales Lernen ansah, wenn es »mit Kopf, Herz und Hand« erfolgte. Die moderne Neurowissenschaft ist fast identischer Ansicht, da Denken, Fühlen und Handeln eine Einheit bilden, bewegt durch den Motor der Motivation. Übrigens hat der bekannte Hirnforscher Gerhard Roth deshalb sein Buch *Fühlen, Denken, Handeln* betitelt.

2.8 Denken ist das Bewegen von Materie – Richtige Ernährung

Früher nahm man an, Denken sei eine rein geistige, also von dem Körperlichen abgehobene Tätigkeit. Geistige Arbeit, also Denken, besteht in der hirnelektrischen Aktivität der Hirnzellen. Wie bereits in Kap. 2.1 dargestellt, verbraucht unser Gehirn bei normaler Aktivität ca. 25 Watt, bei starker geistiger Arbeit mehr. Stellen Sie sich demnach eine 25-Watt-Glühbirne vor, die den ganzen Tag brennt – das entspricht Ihrem normalen Verbrauch beim Denken.

> Geistiges Arbeiten benötigt entsprechend angemessene Energiezufuhr.

Damit sind wir nun beim Thema der richtigen Ernährung – und viele Lernende ignorieren dieses Thema gern aus alter Essgewohnheit.

Brain Food

Der Begriff Brain Food ist in vieler Munde. Es gibt sicherlich keine spezifische Nahrung, die unseren IQ anheben könnte. Wir können uns also nicht schlauer essen, als wir sind. Aber es gibt Nahrung und Inhaltsstoffe, die nicht nur unsere Gesundheit, sondern auch das Lernen beeinträchtigen oder begünstigen können.

Nudeln machen tatsächlich glücklich – das ist kein Werbetrick. Das Wort »Makkaroni« leitet sich ab von dem altgriechischen *macarios* = 1. begütert, 2. beglückt, glückselig oder dem lateinischen *macte* = glücklich, *mactare* = glücklich sein. Makkaroni fördern die Konzentration, kurbeln das »Glückshormon« Serotonin an und sind eine hervorragende Langzeitenergiequelle, da der Körper die Kohlenhydrate aus dem Mehl nur langsam abbaut.

Auch Schokolade macht durch Serotoninanregung glücklicher. Stimmungstiefs können dadurch eventuell gemindert werden. Ähnlich aufmunternd wirken Bananen, Brot, Fisch und Kartoffeln. Bekannt ist allen die abendliche Süßigkeit als Betthupferl, das man zu sich nimmt, um ruhiger einzuschlafen – die Langzeitwirkung Karies schlummert dann ebenfalls ruhig im Backenzahn mit.

Übrigens werden Bananen gern von z. B. Musikern vor dem Auftritt verzehrt, da sie (durch ihren Magnesiumgehalt) zusätzlich leicht beruhigend wirken.

Für das Gehirn ist die regelmäßige *Glucosezufuhr* (= Zuckerzufuhr) wesentlich, die durch fünf kleinere Mahlzeiten täglich geliefert wird. Allerdings sollten Schokoladen mit den genannten Vorteilen nicht das normale Essen ersetzen, da Schokolade den Blutzuckerspiegel zu sehr schwanken lässt.

> **Durch zu wenig Nahrung sinkt der Blutzuckerspiegel ab.**
> Das bewirkt Konzentrationsabnahme und somit Leistungsreduktion. In der Schule sind deshalb das Pausenbrot und der Apfel von hohem Wert für die geistige Arbeit.

Mir wurden sehr oft Kinder und Jugendliche mit Konzentrationsproblemen vorgestellt. Von der fünften Unterrichtsstunde an lässt ihre Arbeitsfähigkeit deutlich nach. Nach einer ausführlichen Diagnostik zum Erkennen der potenziellen psychischen und körperlichen Verursachungsfaktoren blieb bei manchen Kindern allein die falsche Ernährung als Erklärung der Konzentrationsprobleme übrig. Der simple Rat, zu frühstücken und das bislang verschmähte Brot nun konsequent zu essen, half oft erstaunlich schnell zur Konzentrationsverbesserung. Schwierig war es allerdings, die Schülerinnen und Schüler davon zu überzeugen. Das Pausenbrot ist leider uncool geworden, aber die verpönte Landleberwurst kann ja durch einen anderen, cooleren Energieträger ersetzt werden. (Wenn es sein muss, auch durch diverse Schoko-Snack-Kittekat-Mars-Riegel.)

Nicht zu vergessen sind natürlich die zahlreichen *Vitamine* (besonders C, E, B); sie sind quasi Rostschutzmittel, die die so genannte Oxidation verhindern, welche die ursprüngliche Funktion der Moleküle beeinträchtigt. Letztlich ist auch an *Mineralien* (Eisen, Calcium) zu denken, die ausreichend konsumiert werden sollten.

In unserem nahrungsreichen Lande leiden zunehmend mehr junge Menschen unter dem so genannten Single-Skorbut. Durch den »Genuss« von Junk-Food, also Nahrung von geringem Nährwert, wie allgemein Fastfood (Hamburger, Fertiggerichte) wird z. B. kaum Vitamin C aufgenommen. In den alten Segelschiffzeiten litten die Seeleute durch ähnliche Mangelernährung an Skorbut (Zahnausfall, Zahnfleischentzündungen, Brüchigkeit der Blutgefäße, verzögerte Wundheilung). Als die Segler dies erkannten, führten sie ausreichend Zwiebeln, Kartoffeln und Zitronen mit.

> Insgesamt hilft eigentlich am besten eine abwechslungsreiche und ausgewogene Ernährung.

Falsches Essen kann das Denken ausbremsen

Der *Geschmacksverstärker Glutamat* ist in sehr vielen Lebensmitteln (z. B. in Würstchen, Kartoffelchips, besonders in Fertiggerichten) enthalten; er kann Hirnzellen zerstören und zu Kopfschmerzen, Hitzewallungen und Herzklopfen führen.

Farbstoffe sind zwar optisch schön, gehen aber auf den Geist, da sie neurotoxisch, also Nervengifte sein können (z. B. das pinkfarbene E127). Dadurch können sie das Denken beeinträchtigen, zur Hyperaktivität und Aggressivität führen (das gelbe E102).

Zitronensäure, z. B. in den Produkten Rama, Fanta, Haribo enthalten, kann den Transport von Aluminium ins Gehirn begünstigen und so das Alzheimer-Risiko vermehren.

Sie sehen: Es werden keine Rezepte für Gesundheitsapostel veröffentlicht. Werden Sie bitte nach Ihrem Geschmack zufrieden, wenn Sie dabei bewusst auf Ihre Nahrung achten!

Wasser für das Denken

Wasser ist tatsächlich ein Lebenselixier, da es als Lösungsmittel, Transportmittel zur Stoffverschiebung und zur Zellaktivität unbedingt erforderlich ist. Der Erwachsene besteht zu 60 Prozent aus Wasser, sein Gehirn zu 75 Prozent. Als Energie- und Informationsträger greift Wasser direkt in die energetisch-informationellen Regulationsvorgänge ein.

Im normalen Alltagsgeschehen sollten wir 1,5 bis 2 Liter Flüssigkeit zu uns nehmen. Bei hoher Außentemperatur und größeren Beanspruchungen natürlich mehr.

Sportlern ist seit langem bekannt, dass sie zum Leistungserhalt vermehrt Flüssigkeit aufnehmen müssen. Auch bei geistiger Arbeit sollten wir mehr Wasser aufnehmen. In Potsdam, auf dem *40. Wissenschaftlichen Kongress der Deutschen Gesellschaft für Ernährung*, stellte das *Institut für Sporternährung e. V.* die so genannte *Rosbacher Studie* vor:

> **Geistige Leistung wird durch Wasseraufnahme verbessert**
> - Flüssigkeitsmangel reduziert Informationsaufnahme, Informationsverarbeitung sowie Wissenserwerb nehmen ab.
> - Vermehrte Wasseraufnahme kann besonders beim Lernen den Anstieg geistiger Leistungen verbessern – erkennbar an besseren Noten.
> - Wird während des Unterrichts oder der Lehrveranstaltung das Trinken gefördert, nimmt die Aufmerksamkeit für den Lernstoff zu.

Wird der Verlust von einem Liter Wasser nicht innerhalb weniger Minuten ausgeglichen, kann das geistige Leistungsminderungen von bis zu 20 Prozent bewirken.

Viele Menschen trinken zu wenig, da sie nicht auf ihre Durstsignale achten, die im Alter sogar verloren gehen. Flüssigkeiten wie Tee, Bier, industriell hergestellte Getränke entwässern, entziehen dem Körper also Flüssigkeit, die er dringend benötigt. Zum Ausgleich müsste dann mindestens die gleiche Menge Wasser zusätzlich getrunken werden. Die frühere Annahme, Kaffee entziehe Körperflüssigkeit, wurde widerlegt. Ist der Urin relativ dunkel gefärbt, dann haben Sie zu wenig getrunken.

> Zur angemessenen Flüssigkeitsversorgung ist Wasser zu empfehlen. Es enthält alle Spurenelemente etc.
> Es ist sogar angeraten, so genanntes *stilles Wasser* zu trinken, da es den Körper besser durchspült als Wasser mit Kohlensäure.
> Zur Geschmacksauffrischung helfen sicherlich Beigaben von Fruchtsaft etc.

Nun zu den anderen oralen Genüssen

Beim Verzehr von koffeinhaltigen Getränken (Kaffee, Cola etc.) sollte Ihnen bewusst sein, dass es sich um aufputschende Mittel handelt. Entsprechend wird der Kreislauf dadurch belastet, Erfolge sind also nur kurzfristig. Nach einer anfänglich anregenden Wirkung kommt es oft zu einer Ermüdungsphase, also ist dadurch wenig an Vorteilen eingetauscht.

> Anregende Getränke sollten nur in kontrolliertem und sinnvollem Umfang genossen werden.

Alkohol jeglicher Form sollte tagsüber, also während des Lernens, strikt entfallen. Alkohol bewirkt eine relativ schnelle Ermüdung, die bestimmt arbeitshinderlich ist – abgesehen von möglichen Gewöhnungs- und Folgeproblemen. Alkohol beeinträchtigt sehr schnell und erheblich die Merkfähigkeit, Konzentration und Kritikfähigkeit – die allen bekannten Testergebnisse z. B. zur Verkehrstauglichkeit treffen ebenso auf die geistige Arbeitsfähigkeit zu.

Cannabis zur Entspannung? Der Cannabiskonsum verändert die Hirndurchblutung – auch noch lange Zeit nach dem Konsum, und führt zu Bluthochdruck. Für Lernende sei berichtet, dass Cannabiskonsum zu Denkbeeinträchtigungen, Gedächtnisproblemen und eingeschränkter Konzentrations- und Lernfähigkeit führen kann. Besonders das Kurzzeitgedächtnis ist betroffen. Das »entspannende Raucherlebnis« am Abend kann demnach die Lernbemühungen des Tages davor und danach negativ beeinträchtigen. Meine Erfahrungen mit Schülern und Studierenden können dies bestätigen. Hier entsteht sehr schnell ein fataler Teufelskreis.

Die Mahlzeiten im Tagesablauf

Das Frühstück wird heute selten eingenommen. Es benötige angeblich zu viel Zeit. Sehr viele Schüler gehen mit leerem Magen sind die Schule, sind dadurch unterzuckert und vermindert aufnahmefähig.

> Das Frühstück sollte in Ruhe eingenommen werden – bei ausreichend viel Zeit.

Stellen Sie lieber den Wecker ein paar Minuten vor, sodass Sie ausreichend Zeit haben, um wach zu werden. Dann können Sie sich in Ruhe (also ohne Hektik und Stress gleich nach dem Augenöffnen) waschen, anziehen etc. und gemütlich frühstücken, Zeitung lesen … (ja, auch zur Toilette gehen). Danach werden Sie dann ruhig vom Frühstückstisch aufstehen und Ihren Weg in die Fremde des Alltags antreten. Andernfalls produzieren Sie bereits morgens so viel an Stress, dass Sie erst nach ein bis drei Stunden wieder zur Ruhe kommen und dann erst optimal lernfähig sind. Warum begeben Sie sich also freiwillig in eine unangenehme Situation?

Ratschläge zur besseren Energieauswertung:
Nehmen Sie regelmäßig kleine Zwischenmahlzeiten ein. Empfohlen wird meist eine Aufteilung auf fünf Mahlzeiten.

Da ein voller Bauch nicht so gerne lernt, sollte nach jeder Mahlzeit eine kurze Pause liegen. Darüber ausführlich und mehr im Kapitel 3.7 über Pausen.

Speziell zum Abendessen sollte leichte Kost bevorzugt werden, die den Schlaf nicht beeinträchtigt. Zusätzlich setzt sie weniger an.

2.9 Morgenstund hat Gold im Mund? Leistungsfähigkeit und Tageszeit

Im Zusammenhang mit Tagesleistungskurven wird heute noch in der Literatur häufig eine 1961 publizierte Kurve zitiert, die auf Ablesungen von Gaszählern basiert, die 1912 bis 1931 tätig waren.

Die gegenwärtige Forschung zu den Tagesschwankungen in der Leistungsfähigkeit zeigt Folgendes auf:

- Die tagesrhythmischen Schwankungen beziehen sich auf unterschiedliche Leistungsfähigkeiten (Plural!).
- Diese Schwankungen sind im Alltag maskiert. Das heißt: Sie hängen von den Rahmenbedingungen wie z. B. von der Intensität der Anforderungen ab. (Beispiel: Um 11.00 Uhr kann die Leistungsfähigkeit für den Lateinunterricht gering sein, nicht jedoch unbedingt für Sport; um 3.00 Uhr ist man beim Disco-Besuch hellwach und bringt hohe Leistungen.)
- Die Leistungsfähigkeit hängt stark von der Motivation ab. (Eine Arbeit über einen Hobbybereich wird man länger lesen können als über einen komplizierten Prüfungsbereich.)
- Die tagesrhythmischen Schwankungen der Leistungsfähigkeit bei körperlicher Arbeit können nicht auf geistige Arbeit übertragen werden – und umgekehrt.
- Die Untersuchungsergebnisse von Erwachsenen lassen sich nicht auf schulische Leistungen von Kindern und Jugendlichen übertragen.

- Es gibt erhebliche Unterschiede zwischen den einzelnen Personen (z. B. Morgen- und Abendtypen wie »Lerche« und »Eule« – siehe weiter unten). Somit können wir nur folgern, dass es sehr unterschiedliche Tagesleistungskurven geben kann. Kaum eine lernende Person könnte diese berücksichtigen, da sich Stundenpläne, Vorlesungen und Seminare nach organisatorischen Aspekten richten und sich Lernende ihnen anpassen müssen.

So! Nun stehen wir da und müssen in allen Schulen die Stundenpläne ändern! Kein Stundenplan in der Schule oder auf der Universität nimmt auf diese Leistungskurven Rücksicht. Das ließe sich technisch wahrscheinlich kaum bewältigen, es sei denn, man würde in einem Ganztagsbetrieb tätig werden. Aber auch Ganztagsschulen können diese hohe Forderung keinesfalls erfüllen.

Nun, die Ergebnisse aus der Arbeitswelt sind hier nicht unbedingt auf schulisches oder studentisches Lernen zu übertragen – wie ja auch die Abfolge von Arbeit und Pausen in den beiden Bereichen Beruf und Lernen ebenfalls sehr unterschiedlich eingerichtet ist.

> **Wesentlich ist die Gewöhnung an die vorgegebene Art der geistigen Arbeit:**
> In der Schule wird durch Stundenplan und Lehreranforderung ein Rhythmus vorgegeben.
> Bei den Hausaufgaben, schulischen oder studentischen Lerntätigkeiten wird eigenständig gearbeitet. Um sich auch hier auf einen festen Rhythmus einzustellen, sollten Sie sich deshalb an regelmäßige und feststehende Lernzeiten gewöhnen.

Ihr Körper stellt sich nach wenigen Tagen auf den angelegten Rhythmus ein – und Ihre Lernbereitschaft wird dann ebenfalls an die Regelmäßigkeit gewöhnt. Der Kampf mit den inneren Mächten der Bequemlichkeit wird dadurch verkürzt – und der Held des Lernens begibt sich strahlend an seinen Arbeitsplatz!

Die Mittagspause

Wenn Sie eine schwere Arbeit verrichtet haben, dann benötigen Sie natürlich angemessene Erholungspausen. Darüber erfahren Sie noch mehr in Kapitel 3.7.

Der Schüler, der nach sechs oder mehr Unterrichtsstunden heim-kommt, braucht nun intensive Erholung – unabhängig von der starr fest-gelegten Arbeitsregelung. Gleiches gilt natürlich für schwierige Vorlesun-gen und Seminare.

> Vor und nach dem Mittagessen sollte eine Erholungspause eingelegt wer-den.
> Gerade nach dem Mittagessen ist die Ermüdung besonders hoch. Umso wichtiger ist die Pause – also genießen Sie diese Pause.

Der mittelalterliche Reim »Plenus venter non studet libenter« (ein voller Bauch studiert nicht gern) trifft tatsächlich auch noch heute zu, da durch er-höhten Durchblutungsbedarf des Magens nun das Sauerstoff verbrauchende Gehirn etwas knapper versorgt wird und uns somit müde werden lässt.

> **Das Power Napping (Erholungsschläfchen)**
> Eine Pause von ca. 20 Minuten nach dem Mittagessen reicht oft aus, damit man dann wieder fit ist.
> Von Arbeitsphysiologen wird der kurze und tiefe Mittagsschlaf empfoh-len, womit dem Leistungstief um 13 oder 14 Uhr entgegengewirkt werden kann.
> Durch das Nickerchen werden Aufmerksamkeit und Konzentration wie-der gesteigert.
> Unabhängig vom Nickerchen sind alle Tätigkeiten erlaubt: die entspan-nen, schön sind, nicht zu weit wegführen und fristgerecht beendet werden können. Ihrer Fantasie sind hier kaum Grenzen gesetzt.

Die Hauptarbeitsphase für Hausaufgaben fällt nach den oben zitierten ar-beitsphysiologischen Untersuchungen in ein Leistungstief um ca. 14.00 Uhr. Das muss leider in Kauf genommen werden, da man sonst bis spät in den Abend arbeiten müsste – und das wäre erst recht unökonomisch. Aber bei entsprechender Gewöhnung an diese Arbeitsphasen ist die physiologi-sche Ermüdung relativ schnell kompensiert – zumal einem sowieso kaum Alternativen bleiben.

Lernen am Abend

Die Nachmittage werden fürs Nichtlernen immer attraktiver, sei es durch sehr unterschiedliche Fernseh- oder Freizeitangebote oder durch Verabredungen mit Gleichaltrigen. Hausaufgaben werden dann schnell in den späteren Nachmittags- oder frühen Abendstunden erledigt. Nachdem viel Energie für die Freizeit (Sport, Spiel, Spannung) investierte wurde, soll nun noch einmal geistige Energie für Lernleistungen erbracht werden.

Erstklässler und bestimmt alle Grundschülerinnen und -schüler können nach 18.00 Uhr gewiss keine sinnvollen (und qualfreien) Leistungen mehr erbringen. Sie sind dann erschöpft, voll von Fernseh- und Computerspielkonsum – und haben einen Teil der am Vormittag erlernten Informationen vergessen.

> Je jünger die Lernenden sind, umso früher sollten sie abends mit dem Lernen aufhören.
> Sie sollten den Abend mit ruhigen Spielen oder Lesen abschließen und ausreichend früh zu Bett gehen.

Ein Oberstufenschüler sollte tunlichst zwischen 21.00 und 22.00 Uhr sein Lernen beendet haben. Alles, was er dann noch lernt, kann er im wahrsten Sinne des Wortes vergessen. Manche Schülerinnen oder Schüler sollten darüber nachdenken, erst die Schul- und Hausarbeiten zu erledigen und danach die Freizeitaktivitäten zu beginnen. Wird dies umgekehrt praktiziert, dann werden die Hausaufgaben abends übermüdet als Nebensache erledigt. Entsprechend ist dann ihre Qualität und vor allem der Lerngewinn.

Das Lernen am späten Abend ist wenig effektiv, da gemessen am Arbeitsaufwand weniger behalten wird:

- Eine logische Konsequenz ist, dass man seine noch erforderlichen Lernpakete für den nächsten Tag tunlichst früher beginnt. (Also sollte man das Treffen mit Freunden oder Freundinnen für den richtigen Zeitpunkt einplanen.)
- Weiter sollte auch bedacht werden, dass man bei spätem Lernen schlechter schläft und dass der nächste Tag wieder vollen Energieeinsatz erfordert, zumal man am Folgetag oft sehr früh aufstehen muss. Bei Studenten ist das etwas anders, da sie je nach Studienfach relativ späte Veranstaltungen haben und somit länger schlafen können.

- Wenn man sehr ehrlich sich selbst gegenüber ist, so wird man genau merken, von welcher Abendzeit an die Lerneffektivität nachlässt.
- Reichen die Feten-, Kneipen- und Discogänge bis in den frühen Morgen hinein, und sind sie zusätzlich mit Alkoholkonsum verbunden, wird der nachfolgende Tag sicherlich für ein sinnvolles Lernen verloren sein – auch wenn dieser Tag auf ein Wochenende fällt.
- Planen Sie ein tägliches Abschlussritual für Ihre Arbeit ein. Sie erfahren mehr davon in Kapitel 3.9.

Am Abend gut abschalten

Die letztgenannte Einteilung des Tages ist sehr wichtig. Um für den nächsten Tag wieder fit zu sein, benötigt man eine ausreichende Menge an erholsamem Schlaf.

> Planen Sie die Lernzeiten so ein, dass Sie vor dem Schlafengehen noch mindestens 30 Minuten vollkommen zum Entspannen haben.

Dank der Entspannungsphase vor dem Zubettgehen können Sie zunehmend mehr Abstand zum Lernen und zu den darin enthaltenen Problemstellungen gewinnen. Entsprechend wird Ihr Schlaf erholsamer sein. Andernfalls träumen Sie von Ihrem Lernstoff, grübeln weiter daran herum – und am nächsten Morgen ist der Schock vor dem Spiegel wieder groß!

Von Eulen und Lerchen

Nun werden einige denken: »Mein Lernrhythmus und meine Tagesform ist doch ganz anders.« Das mag schon sein. Es gibt da sicherlich die »Eulen«, die lange schlafen und abends erst voll auf Touren kommen, während die »Lerchen« früh aufstehen, dann gleich fit sind, aber früh ins Bett müssen. Probieren Sie es für sich bitte gewissenhaft aus, ob Sie tatsächlich einer von beiden Extremtypen sind. Vielleicht meinen Sie das nur und überfordern sich dann abends mit viel Aufwand und geringem Lernerfolg. Wie bereits am Anfang dieses Kapitels erwähnt, haben Schüler, Studierende und andere Lernende oft keine freie Auswahl, da sich Unterricht, Vorlesungen und Fortbildungsseminare nicht an ihren Bedürfnissen orientieren.

Schlaf als Organisator des Gelernten

In wissenschaftlichen Untersuchungen wurde festgestellt, dass unser Gehirn während des Schlafens nicht nur ausruht. Da es im Schlaf von großen Arbeiten entbunden ist, kann das Gehirn auch als Organisator und Verwalter des Gelernten tätig werden. Das vorher im Wachzustand gelernte Gedächtnismaterial wird vom Gehirn im Schlaf eigenverantwortlich nochmals gesichtet, sortiert und zugeordnet. Somit verankert es das Gelernte und schafft weitere Verbindungen (Synapsen) zu anderen bereits bestehenden relevanten Wissensinhalten. Ist das nicht schön?! Die alte Annahme, man lerne im Schlaf, trifft hier tatsächlich zu, jedoch auf einer anderen Ebene, als es der Volksmund meint. Diese Erkenntnisse erklären wahrscheinlich auch die für das Lernen förderliche Wirkung eines kurzen Schlafes (power napping) und besonders die Effektivität der kurzen und tiefen Entspannung mit Hypnose. Gleichzeitig verpflichtet dies, für einen ausreichenden und erholsamen Schlaf zu sorgen. Alkohol, Drogen oder Schlafmittel beeinträchtigen die Lernarbeit während des Schlafes erheblich.

2.10 Lernarbeit – einzeln oder in der Gruppe?

Die Beantwortung der Frage, ob man einzeln oder in einer Gruppe lernen sollte, hängt von der Art der geforderten Lernarbeit und natürlich von der Gruppe (den Einzelpersonen und der Gruppengröße) ab. Zum Teil wird es auch mit der uns eigenen Persönlichkeit zusammenhängen, welche Form wir wählen. Zur eigenen Abwägung sind nachfolgend einige Vorschläge aufgelistet.

2.10.1 Grundsätzlicher Vergleich von Einzel- und Gruppenarbeit

Stichwortartig sind nachfolgend die wesentlichsten Aspekte der Einzelarbeit und der Gruppenarbeit aufgeführt.

Allgemeines

Wer alleine arbeitet, kann sein Lernen inhaltlich, zeitlich und mengenmäßig selbst bestimmen, hat jedoch nie einen Vergleichswert, ob er damit über- oder unterfordert ist oder ob er die Inhalte verstanden hat. Die

Gruppe stellt hier ein gutes Rückmeldesystem und auch Regulativ dar. Nachteilig sind dabei Absprachen über Termine und inhaltliche Aufgabenverteilungen, die jedoch schnell zur positiven Routine werden können.

Lerntempo

Im Lerntempo hat man als Einzelner viele Freiheiten, die jedoch mit der Gefahr verbunden sind, sich zu verzetteln. Wenn die Gruppe gut eingearbeitet ist, gibt sie ein Tempo vor und damit auch die Lernziele bis zum nächsten Treffen. Insgesamt muss die Gruppe recht diszipliniert sein, um die vereinbarten Arbeitszeiten und Pausen strikt einzuhalten. Sollten hier unangenehme Abweichungen auftreten, müssen sie möglichst bald offen angesprochen werden, um für alle ein angemessenes Tempo zu finden.

Problemlösen

Einzelarbeiter und Einzelarbeiterinnen haben in ihrer »Isolation« nie soziale Probleme. In der Gruppe jedoch können durch die Vielfalt der Meinungen und Bedürfnisse unterschiedliche Probleme auftreten, die gelöst werden müssen. Falls Probleme in der Gruppe entstehen, treffen Sie klare Absprachen über den Umgang damit. Haben Sie Mut zum Dialog. Zur Problembewältigung in der Gruppe werden am Ende dieses Kapitels unter dem Abschnitt *Nutzen Sie den Vorteil der Gruppe!* zahlreiche Ratschläge gegeben. Als Ausgleich zur Anstrengung bietet eine Gruppe eine Vielfalt an Freizeitfreuden.

Lern- und Verständnisprobleme bei der Erfassung der Lerninhalte können meist in einer Gruppe besser erkannt und gemeinsam gelöst werden.

Gründlichkeit

Der Einzelne kann sich nur nach seinen individuellen Bewertungsmaßstäben beurteilen. Er kann sich leichter an einer Stelle »festbeißen« und dann nicht weiterkommen.

In der Gruppe werden mehrere Argumente und Sichtweisen zum Gelernten zusammengetragen und können sich produktiv ergänzen. Je nach Vorliebe einiger Teilnehmer können Diskussionen jedoch endlos werden und ausufern. Hier muss sich die Gruppe selbst regulieren und z. B. reihum eine Diskussionsleitung für Ordnung sorgen lassen.

2.10.2 Vergleich der grundsätzlichen Arbeitsfelder

Da beim schulischen, beruflichen oder studentischen Lernen sehr viele unterschiedliche Felder bearbeitet werden, sollen hier nur übergreifende Aspekte angesprochen werden.

Vokabeln, Fachbegriffe etc.

Vokabeln, Fachbegriffe und Texte können nur in Einzelarbeit gelernt, selten aber sinnvoll überprüft werden. Dabei ist dann die Gruppe besonders wertvoll. Sie gibt auch die Möglichkeit, z. B. Vokabeln oder Formeln im Kontext anzuwenden und dadurch zu vertiefen.

Nutzung von Arbeitsmaterialien (z. B. Bücher)

Lernende gemeinsamer Schul- oder Studienfächer sollten sich in einer überschaubaren Gruppe zu einem Medienverbund zusammenschließen und sich darüber austauschen, welche Literatur zu erarbeiten ist. Sie sollten sich auch überlegen, welche Bücher jeder im Einzelbesitz haben muss – und welche man sich gegenseitig ausleiht. Das spart eine Menge Geld. Bei Skripten etc. sind Vervielfältigungen erforderlich. Absprachen über den Skriptenaustausch und die Organisation zur Vervielfältigung ersparen Zeit und Geld.

Materialsammlungen anlegen

Bei Materialsammlungen sollten die Vorteile der Einzel- und der Gruppenarbeit kombiniert werden. Beim Erstellen eines Sammlungskonzeptes sind die Ideen mehrerer meist ergiebiger. Nach der Sammlung mit einzeln verteilten Aufgaben (z. B. spezielle Verzeichnisse sichten) werden die Daten gemeinsam zusammengeführt, auf deren Vielfalt nun jeder zugreifen kann.

Brainstorming

Es ist eine Methode, mit deren Hilfe man Ideenfülle für Materialsammlungen (z. B. zu Städteplanung, Energieeinsparung, für Referate, Werbekonzepte) erhält:

- Der angestrebte Themenbereich wird knapp referiert. Danach äußert jeder spontan durch Zuruf seine Ideen. Sie werden jeweils nur kurz (in Stichworten) dargestellt und von einer Person schriftlich gesammelt, möglichst auf einer Wandtafel (Tapetenrolle etc.). In dieser Phase darf noch nicht diskutiert werden, da sonst bereits Ideen abgewürgt oder auf Nebengeleise gebracht würden.

- Nach der bislang willkürlichen Auflistung versucht nun eine Person, eine Systematisierung der Sammlung vorzunehmen. Das Ergebnis wird dann der Gruppe schriftlich mitgeteilt oder referiert. Nun folgt die Diskussionsphase zu den Ideen.
- Je nach Zielvorgabe wird dann die weitere Materialsammlung einzeln oder in der Gruppe realisiert und ausgewertet.
- Auch wenn keine gemeinsame Ausarbeitung vorgenommen werden soll, so kann man dennoch den Vorteil dieser Gruppenproduktivität für sein Einzelreferat (Examensarbeit etc.) nutzbar machen.

Texte erarbeiten

Bei schwierigen Texten ist man als Einzelarbeiter schnell an seine Verständnisgrenzen gelangt. Hier ist man oft auf die Hilfe anderer angewiesen. Durch gemeinsames Bearbeiten können Lücken leichter geschlossen werden. Auch Querverbindungen zu anderen Bereichen, Abgrenzungen und kritische Stellungnahmen sind in der Gruppe schneller und differenzierter zu finden.

Notieren Sie stets die Arbeitsergebnisse, und legen Sie alle Notizen in dem relevanten Ordner ab.

Langfristige Arbeiten: Referate, Examensarbeiten etc.

Gerade bei lang dauernden Arbeiten ist man vorwiegend einzeln tätig. An wichtigen Stellen sollte man sich jedoch stets den Rat anderer einholen. Das kann bereits bei der Themensuche und Materialsammlung einsetzen. Später sollte die Grobgliederung kompetent von außen begutachtet werden. Danach werden die Korrekturen sich immer mehr auf formale Aspekte (Texterstellung, Tippfehler, Stilistik) reduzieren. Schließlich ist die Ausarbeitung dann so speziell, dass sie gegebenenfalls die differenzierte Kompetenz der Mithelfer überfordern kann.

Wichtig ist bei diesen einzelnen Kritikphasen, dass man sich nicht angegriffen fühlt. Zu leicht beginnt man, seine Arbeit zu verteidigen. In solchen Fällen hat man vorher wohl nicht ausreichende Erklärungen im Text abgehandelt. Auch wenn Sie die einzelnen Inhalte lange durch mündliche

Zusatzbemerkungen erklären müssen, sollten Sie selbstkritisch feststellen: Mein Text müsste diese Erklärungen bereits enthalten, dann wäre jetzt nicht diese Verwirrung entstanden, und meine mündlichen Erklärungen wären überflüssig. Wenn Sie also sagen:»Mit dem Text wollte ich ausdrücken, dass …«, dann sollten Sie diesen Text besser neu schreiben, damit diese mündliche Erklärung entfallen kann.

Einzelarbeit	Gruppenarbeit
Materialsammlung	Materialsammlung
Grobgliederung	Materialsammlung
	Diskussion
Texterstellung, Grobform	Diskussion, Korrektur
Änderungen	Diskussion, Korrektur
Feingliederung	
Texterstellung	*Freude, Feier*
Feinform	
Änderungen,	
Korrekturen, Erweiterungen	
Endfassung	

2.10.3 Prüfungsvorbereitungen einzeln und in der Gruppe

Zur Prüfungsvorbereitung sollte man sich unbedingt einer Gruppe von maximal fünf Personen anschließen. Wie oben dargestellt, lassen sich Freud und Leid in einer Gruppe besser erleben bzw. ertragen. Wenn ein umfangreiches Pensum zu bewältigen ist, so sollten sich die Gruppenmitglieder die einzelnen Fächer, Unterthemen, Sachgebiete untereinander aufteilen. Jedes Gruppenmitglied übernimmt dann das »Patronat« für bestimmte Fächer.

Dieser oder *jener* Patron für ein bestimmtes Fach ist dann verantwortlich etwa für:

• Erkundung der Fachliteratur auf diesem Gebiet
• Erstellung einer Literaturliste

- Materialsammlung = Bereitstellung von z. B. Kopien, Karteien, Skripte, Ausarbeitungen
- Einleitung durch Übersichtsreferate = mündliche oder schriftliche Einführung in das Gebiet oder ein Kapitel
- Führung der Fachdiskussionen
- Unterprogramme und Tutorien: Bei Lernproblemen und Schwächen der Gruppenmitglieder erteilt der Patron Vertiefungsinformationen, nimmt binnendifferenzierenden Unterricht vor, unterstützt gezielt Einzelpersonen etc.
- Der Patron stellt zu Übungszwecken Verständnisfragen und simulierte Prüfungsfragen.

Auf diese Weise können sich alle stets aufeinander verlassen. Der Patron wird durch seine Spezialaufgabe zunehmend kompetenter und sicherer für seine Prüfung und kann dadurch wieder stabilisierend für die anderen wirken. Da die Patronate auf alle verteilt werden, können somit nicht so schnell Gefälle im Sinne einer Benachteiligung entstehen.

- Je mehr die Prüfung naht, umso mehr kann man sich in der Gruppe gegenseitig stützen und sich auf dieses gewachsene soziale Netz verlassen.

Vorschläge zur Gruppenarbeit bei der Prüfungsvorbereitung
- Legen Sie gemeinsam Zeiträume und Termine für die Langzeit- und die Kurzzeitplanung der Lerninhalte fest (siehe dazu auch Kursteil 5).
- Stimmen Sie die Reihenfolge der einzelnen Lernfächer und Themen ab.
- Setzen Sie Termine fest, zu denen bestimmte Lernstoffe präsent sein müssen.
- Fragen Sie Inhalte, Begriffe, Themen ab – möglichst reihum.
- Stellen Sie Verständnisfragen zu einzelnen Inhalten.
- Sprechen Sie über die möglichen Vor- und Nachteile der gelernten speziellen Theorien (Inhalte/Themen/Methoden) – auch für die Praxis.
- Sprechen Sie über die möglichen theoretischen und praktischen Grenzbereiche der Themen.
- Sprechen Sie über die Nachbar- und Überschneidungsbereiche der Themen.
- Ziehen Sie Querverbindungen zu anderen Themen/Theorien etc.
- Wiederholen und vertiefen Sie die Lerninhalte.
- Falls möglich, simulieren Sie die Prüfungssituation und lernen dadurch, sich an sie zu gewöhnen.
- **Unterstützen Sie sich gegenseitig inhaltlich, emotional und moralisch.**

Nutzen Sie unbedingt die Vorteile der Gruppe!

Stellen Sie sich gegebenenfalls Regeln in der Gruppe auf, damit Sie mit Problemen besser umgehen können, z. B. für Terminabsprachen, Dauer der Arbeitsphasen, Pausen, Inhalte, Kompetenzen, Lerntempo, Kritikfähigkeit, Problembearbeitung, Ausfall eines Gruppenmitgliedes etc.

Beispiele für konkrete Problemstellungen in der Gruppe – und Vorschläge, welche Themen Sie diskutieren sollten:

1. Regulierungen und Konsequenzen: Wie sollte man verfahren, wenn ein Mitglied Termine nicht einhält oder unregelmäßig teilnimmt, unpünktlich ist etc?

2. Vereinbarungen und Regelungen: Was sollte man überlegen, um die Arbeit möglichst zügig zu beginnen?

3. Verursachungen: Wodurch hat die Unzufriedenheit (Unpünktlichkeit, Aggression, Unzuverlässigkeit) zugenommen? Was lässt sich ändern?

4. Sind die Arbeitsanteile gleichmäßig unter den Gruppenmitgliedern verteilt (inhaltlich, mengenmäßig)?

5. Wird die Arbeit gleichwertig verteilt und bearbeitet?

6. Besteht Leistungsdruck? Ist er (terminlich, inhaltlich) gerechtfertigt? Wer übt den Druck aus?

7. Fühlt sich jemand benachteiligt, übervorteilt (zeitlich, inhaltlich, finanziell, sozial …)? Verursacht durch welche Person(en) fühlt man sich so?

8. Ist das Arbeitsklima: angenehm, hilfreich, bedrückend, überfordernd, unterfordernd, lasch? Durch welche Person(en) oder Regeln wird dieses Arbeitsklima bestimmt?

9. Welche Regeln werden eingehalten bzw. nicht eingehalten? Von welchen Personen werden Regeln eingehalten bzw. nicht eingehalten? Welche Gründe liegen dafür vor?

10. Gibt es Spezialaufgaben in der Gruppe? Wie zufrieden sind Sie mit der Aufteilung dieser Aufgaben? Werden die Aufgaben angemessen erledigt? Wurden für die Aufgaben die richtigen Personen gewählt? Müssen Veränderungen vorgenommen werden?

11. Wie gehen die einzelnen Personen mit Lob und Tadel um? – Hier sollten sich alle gegenseitig Rückmeldung geben.

12. Welche Person(en) wurden in letzter Zeit zu selten gelobt oder getadelt? – Bitte genaue Rückmeldungen geben. Falls Negativzustände vorliegen, nach Lösungen suchen.
13. Welche Personen wurden in letztere Zeit zu oft gelobt oder getadelt? – Bitte genaue Rückmeldungen geben. Bei Negativzuständen nach Lösungen suchen.
14. Womit kann der Einzelne, besonders aber die Gruppe angemessen belohnt werden? Zeitraum und Inhalte festlegen.

Bitte überprüfen Sie Ihren Lernerfolg in diesem Kursteil mit der Checkliste zur Lernkontrolle in Anhang A.

Sammeln, Sichten, Gliedern, Korrigieren

Für das Lernen werden meist zahlreiche Unterlagen benutzt – vom Buch bis zum Übungsheft … Für die angemessene Lernverarbeitung müssen mitunter umfangreiche Informationen gesammelt und geordnet werden. Sind schriftliche Ausarbeitungen erforderlich, so müssen sie in eine sinnvolle Reihenfolge gebracht werden, damit sie eine Einheit bilden. Dazu sind Gliederungen erforderlich. Die nachfolgenden Kapitel befassen sich mit diesen Aspekten. Aus den eigenen Erfahrungen des Autors mit Textverarbeitungen werden Empfehlungen abgeleitet, wie man gerade bei der Nutzung eines PC sinnvoll vorgehen sollte. Dazu gehört auch, Korrekturen möglichst arbeitssparend durchzuführen.

2.11 Der Arbeitsplatz und seine Ordner: Durchblick durch Ordnung

> Wer Ordnung hält, ist nur zu faul zum Suchen. (Volksmund)

Diese alte Volksweisheit entstammt weniger einer weisen Einsicht, sondern vielmehr einer Notsituation. Als Herr Volksmund mal wieder seine Unterlagen nicht sofort finden konnte und in seinen zahlreichen Stapeln von Schriftsachen erfolglos wühlte, fiel ihm dieser lockere Spruch ein. Er brachte ihm einige freundliche Lacher ein. Er sucht aber immer noch.

Die Kultur der Ordner und Sammler

Gewöhnen Sie sich daran, die einzelnen Arbeitsmittel und -hilfen, Ordner etc. stets an die gleiche Stelle zu legen. Sie sparen sich dadurch enorme Sucharbeit – und damit natürlich auch Zeit und Nerven. Keine Angst – es wird schon nicht in überbürokratische Zwanghaftigkeit ausarten!

Sie sammeln mit der Zeit zahlreiche Informationen wie z. B.:

- Mitschriften (von Unterricht, Vorlesungen, Seminaren)
- Notizen über Artikel oder Bücher (= Exzerpte)
- vervielfältigte Materialien wie Skripte, Kopien von Artikeln etc.

- Ausschnitte aus Zeitungen, Fachzeitschriften etc.
- Ausdrucke aus dem Internet.

Diese Informationssammlungen sind anfangs ganz klein und unbedeutend, nehmen aber später einen ungeheuren Umfang an, der nicht verhindern soll, dass man sich weiterhin auskennt – zielsicher und inhaltlich treffend.

Ordnung für Ordner
Tatsächlich benötigen Sie eine sinnvolle und überschaubare Ordnung für Ihre Materialsammlungen, die sowohl für Papierordner als auch für PC-Daten-Ordner gilt:

- Legen Sie für jedes Fach oder Themengebiet einen extra Ordner an, oder nehmen Sie durch entsprechende Trennblätter in den Ordnern Unterteilungen vor.
- Kennzeichnen Sie die einzelnen Ordner und Unterteilungen prägnant. Auch das hört sich sehr zwanghaft und übergenau an, aber es geht darum, den Überblick zu behalten und schnell das gespeicherte Material wieder zu finden.
- Bei einer größeren Materialsammlung sollten Sie sogar Inhaltsverzeichnisse der Ordner anlegen. Diese Inhaltsverzeichnisse heften Sie dann ebenfalls in einem bestimmten Ordner ab.

Wenn Sie eine umfassende Ausarbeitung (Hausarbeit, Semesterarbeit, Seminararbeit, Examensarbeit) anzufertigen haben, so hilft Ihnen diese Art der Strukturierung immens. Für mein Lehrbuch der Hypnose hatte ich über 30 Aktenordner mit Notizen, Artikeln und Kopien, ca. 120 Bücher und ca. 200 Fachzeitschriften gleichzeitig zu überblicken – zusätzlich noch ca. 8 500 Karteikarten. Bei einem solchen Unternehmen hilft nur Genauigkeit in der Verwaltung – oder man wundert sich am Ende mühseliger Ausarbeitungen, dass man plötzlich einem Artikel begegnet, den man schon lange sorgsam gespeichert hatte. Gerade dieser Artikel hätte am Anfang der Ausarbeitung grundlegende Informationen gegeben und so viele Arbeitsstunden erspart.

Karteien müssen strukturiert und verwaltet werden

- Ordnen Sie nach übersichtlichen Kategorien, und kennzeichnen Sie die Karteikarten entsprechend, damit Sie sie nach Gebrauch wieder richtig einsortieren können. Oft hilft hier eine Zahl (Karteikasten), ein Kurzwort, Farbmarkierung, unterschiedliche Farben der Karteikarten etc. Der Fantasie und Genauigkeit sind hier keine Grenzen gesetzt.
- Mitunter muss eine Karte vervielfältigt werden, da sie mehrfach einzuordnen ist, z. B. wenn ein Begriff in unterschiedlichen Kategorien wiederkehrt. In solchen Fällen sollten die Karten die entsprechenden Querverweise enthalten. Dadurch wird man auf diese Parallelität stets hingewiesen.
- Empfehlenswert ist auch, bei umfangreicheren Karteisammlungen sowohl das Sachstichwort als auch den dazugehörenden Autor festzuhalten. Gerade wenn sehr viele Zitate Berücksichtigung finden sollen, sollten eine Sach- und eine Autorenkartei erstellt werden. Falls die Erinnerung bei der einen Kartei nicht fündig wird, dann eben bei der anderen.
- Falls Karten (noch) nicht eindeutig zugeordnet werden können, so werden sie in einem Extrafach des Karteikastens abgelegt, bis später dann eine Zuordnung möglich sein wird.

Der Vorteil dieser Sammlungen besteht darin, dass sie stets flexibel erweitert und umstrukturiert werden können. Arbeiten Sie zusätzlich zum PC mit ausgeschriebenen oder ausgedruckten Karteikarten (im Karteikartenformat oder in A5), so können Sie diese in der Bibliothek oder im Institut durch Ergänzungen wie Definitionen oder Literaturangaben weiterbearbeiten. Auch sonst »tote Zeiten« in Bus, Bahn, Wartezimmer können dann genutzt werden.

2.12 Das Anlegen einer Materialsammlung und Gliederung (muss wirklich nicht nervig sein!)

Hat man das Thema einer Ausarbeitung gestellt bekommen (oder zumindest die Richtung darauf hin), so tritt oft der große Schock ein, auf was man sich da eingelassen hat. Das Thema ist plötzlich enorm schwierig. Man meint, man habe keine Ahnung davon, weiß nicht, wie man es in der vorgegebenen Zeit schaffen soll – und überhaupt.

So, nachdem nun die erste Panik abgeklungen ist, können Sie in Ruhe Ihre systematische Arbeit beginnen.

Beginnen Sie möglichst früh mit der Sichtungsarbeit zu Ihrem Thema.
Pannen und Verzögerungen sind so besser zu kompensieren.

Sichten Sie vorhandene Materialien: Bücher, Ordner, Skripte, Karteien, Tabellen ...

Benutzen Sie Stichwortkarteien der Bibliotheken.

Falls durch Ihr Institut oder die Fachschaft keine Einführungskurse in die Benutzungssysteme der Bibliothek gegeben werden, so bieten Bibliotheken diese mitunter selbst an. Die nette Dame und der ebenfalls nette Herr an der Fachauskunft helfen hier weiter.

Finden Sie Rat bei einer kompetenten Person, die Ihnen die Suchrichtung erleichtert, Grundlagenwerke oder Übersichtsartikel zu finden. Falls sie nichts weiß, weiß sie jemanden, der einen kennt, der etwas weiß!

Suchen Sie in fachspezifischen Sammelwerken.

Das Internet mit seinen Suchmaschinen kann hier äußerst hilfreich sein.

Beispiel: Die *Psychological Abstracts* sind große Sammelbände, die stetig ergänzt werden. Geordnet nach Sachgebieten sind hier Literaturhinweise zu finden, sogar kurze Zusammenfassungen. Also eine wahre Fundgrube, wenn man damit richtig umgehen kann.

In gleicher Weise gibt es die *Dissertation Abstracts* in allen Universitätsbibliotheken. Darin sind alle registrierten Dissertationen in Zusammenfassungen von ca. Postkartenumfang enthalten.

Nutzen Sie Datenbanken

Für die unterschiedlichen Fachbereiche gibt es Datenbanken. So verwaltet z. B. die Datenbank *psyndex* folgende Fachgebiete: Literatur & AV-Medien: Psychologie, einschließlich Psychiatrie, Medizin, Erziehungswissenschaft, Soziologie, Sportwissenschaft, Linguistik, Betriebswirtschaft und Kriminologie. Tests: Psychologie, Pädagogik. Ihr Datenumfang beinhaltet: Literatur & AV-Medien: ab Erscheinungsjahr 1977 fast 200 000 Literaturnachweise (jährlicher Neuzugang ca. 7850). Ähnlich wie bei der Internetsuche können über Suchwörter Suchprofile zum Artikel oder zum Autor erstellt werden, die wenige oder zahlreiche Beiträge zum Profil finden. Als Ergebnis erscheinen die Artikelangaben, auch die Zusammenfassung eines Artikels bzw. das Inhaltsverzeichnis eines Buches. Mediziner greifen unter anderen auf die Datenbanken *Medline* und *pubmed* zurück, die ähnlich arbeiten.

Für Studenten ist der Zugriff auf diese Datenbanken kostenfrei; sie sind über die Universitäts- und Institutsbibliotheken zugänglich. In manchen Büchereien können auch nichtstudentische Mitglieder die Datenbanken kostenfrei benutzen.

Sehr sinnvoll ist es, eigene leere Datenträger wie Disketten in die Bibliothek mitzunehmen, um sich die Informationen abzuspeichern und zur weiteren Sichtung und Bearbeitung mit nach Hause nehmen zu können.

Mitunter kann der Datenumfang so groß sein, dass man Stunden und Tage benötigt, ihn zu sichten. Auf die harmlose Frage nach »Depression« werden mit Sicherheit mehrere zigtausend Fachartikel und Bücher genannt. Nach der Durchsicht der Daten kann man relativ leicht entscheiden, ob man nun die Fachzeitschrift bzw. das Buch in der nächsten Bücherei oder Universitätsbibliothek heraussucht oder über die Fernleihe bestellt.

Sie sehen: Die Datenflut wächst bereits. Wichtig ist, dass Sie das gesammelte Material gut sortiert verwalten, um es bei Bedarf wieder zu finden und dann wieder richtig zurückzuordnen. Andernfalls verkramen Sie wahre Informationsschätze, zu denen Sie nur schwer wieder Zugang erlangen. Das Wiederfinden ist bei geringer Ordnung mitunter gar nicht so einfach. Für meine Tätigkeit als Fachbuchautor habe ich mehrere Datenbanken angelegt. Dennoch hatte ich einen wichtigen Artikel falsch eingeordnet. Nach vielen Wochen begegnete ich ihm in einer Fachzeitschrift wieder. Die genaue Einordnung hätte mir viele unnötige Arbeitsstunden erspart.

Internet

Zu Datenbanken kann man auch die diversen Suchmaschinen des Internets rechnen. Gibt man nur das geeignete Suchwort ein, wird man überschüttet mit tausenden von Antwortquellen. Hier kann die Datenfülle nahezu erschlagen und die Auswahl sehr erschweren. Da jede Person ungefiltert ihre persönliche Ansicht in das Internet stellen kann, sind einseitige und sogar falsche Informationen durchaus alltäglich. Da auch Firmen und Institute z. B. für ihre Lern- und Studienangebote Reklame machen, finden wir auch Ratschläge, die den hier vorgetragenen teilweise entsprechen. Zu finden sind dort aber auch einseitige und wissenschaftlich kaum oder nicht belegte Angaben, die mitunter nur der Fachmann als problematisch beurteilen kann. Also sollten Sie generell sehr vorsichtig mit diesen Quellen umgehen – es sei denn, sie stammen aus Universitätsinstituten, was ja leicht erkennbar ist.

Bedenken Sie bitte auch, dass Sie bei direkten Zitaten die Quellen angeben müssen – auch die aus dem Internet. Lehrer und Professoren haben inzwischen Suchprogramme, mit denen feststellbar ist, ob gegebenenfalls im Internet zu viel abgekupfert wurde.

2.13 Ab nun wird gegliedert

Sobald Sie sich halbwegs im Thema auskennen, sollten Sie bereits eine Struktur grob erkennen und festlegen – auch wenn sie später umgeändert wird. Das ist normal! Aber Sie haben durch diese erste Grobgliederung eine Orientierungshilfe.

> **Beginnen Sie Ihre Grobgliederung bereits, wenn Sie grundlegende Informationen vorliegen haben.**
> Eine Gliederung, die später umgeändert wird, ist besser, als bereits mit Feinheiten zu beginnen, die in Sackgassen führen können.

Falls Sie die Strukturierung bzw. Gliederung erst vornehmen, wenn alle Daten (Artikel, Karteien …) vorliegen, verlieren Sie den Überblick. Erst durch die Grobgliederung erkennen Sie möglicherweise, nach welchem Ordnungssystem Sie Ihre Karteien oder Dateien anlegen (ändern) müssen.

> Die Grobgliederung ist eine Denkhilfe und dient zum Anwärmen für die umfassende Arbeit.
> Sammeln Sie deshalb anfangs alles, was Ihnen einfällt, untereinander auf einem Blatt.
> Ordnen Sie diese Stichworte nun nach einem bestimmten fachspezifischen Prinzip.

Schemabeispiel für eine Gliederung

Viele naturwissenschaftliche Abhandlungen haben einen ähnlichen Aufbau, der meist während der Ausbildung (Schule, Fortbildung, Studium) vermittelt wird.

Gliederung: Grobgerüst für eine naturwissenschaftliche Arbeit (Vorschlag)

- (Danksagung) (wird zum Schluss formuliert)
- Einleitung
  1. Historische Entwicklung, Vorgeschichte des Themas
  2. Definition des Hauptanliegens (Themas, Gegenstandes)
  3. Abgrenzungen zu Nachbardisziplinen und Nachbartheorien und deren Sichtweisen bezüglich des Themas bzw. Hauptanliegens
  4. Darstellung des speziellen Hauptanliegens in der vorliegenden Arbeit
  5. Erarbeitungsmethoden: Methoden der Untersuchung, des Vorgehens, Experimentaldesigns, Apparatedarstellung, diverse Modelle
  6. Darstellung der Ergebnisse
  7. Diskussion der Ergebnisse aus unterschiedlichen kritischen Sichtweisen (auch aus verschiedenen Theorierichtungen)
  8. Kritische Anmerkungen: Eigenkritik zu den Ergebnissen und Aussagen, Kritik am System, Grenzen der Arbeit bzw. der Ergebnisse
  9. Schlussfolgerungen
  10. Ausblick: Vorschläge für weitere Sichtweisen, Untersuchungen
  11. Literaturverzeichnis
  12. Anhang: Zusatzbemerkungen, Definitionen, Glossar, Materialien, gegebenenfalls Stichwort- und Autorenverzeichnis

Diese Rasterung kann selbstverständlich nur als Groborientierung dienen. Sie werden merken, dass Sie einige Überschriften für Ihre individuellen Themen ändern müssen. Weiter stellen Sie eventuell fest, dass Ihre bisherige Sammlung über eine andere Gliederung verfügt: mag durchaus zutreffen – die Kernarbeit liegt nun vor Ihnen, und Sie können die dann folgenden Gliederungspunkte konkreter benennen. Sie haben dann jedoch schon eine mögliche Zukunftsorientierung und Richtungshinweise für die weitere Ausarbeitung.

Sehen Sie sich die Inhaltsverzeichnisse der verschiedenen für Ihr Thema relevanten Bücher oder Artikel an. Das kann Ihnen Anregung für Ihre Gliederung geben.

Von Lehrern der Schule, von Universitätsinstituten, Prüfungsämtern und auch von Redaktionen wissenschaftlicher Zeitschriften werden als Ausarbeitungsrichtlinien häufig Grobgliederungen für wissenschaftliche Abhandlungen herausgegeben.

Mit zunehmendem Umfang der Materialsammlung bzw. der Gliederung wächst nicht nur die Informationsmenge, sondern auch die Verwirrung. Es besteht die Gefahr, mit der Zeit die Übersicht zu verlieren, im Detail stecken zu bleiben etc. – Aber diese Phase ist normal. Sie zeigt an, dass Umstrukturierungen in unserem Kopf erfolgen. Nach dieser *scheinbaren* Chaosphase werden Sie mit größerer Klarheit die Strukturen Ihrer Arbeit erkennen: Es hat sich dann alles in Ihrem Kopf neu geordnet.

Nach Fertigstellung der Grobgliederung sind wiederholt Umstellungen erforderlich.

Die Grobgliederung sollte zur besseren Übersicht auf einem einzigen Blatt stehen.

Die dann folgenden Neufassungen heften Sie stets davor in den Ordner.

Langsam entstehen nun Ideen für die Feingliederung.

Für die Feingliederung legen Sie nun eine Karteisammlung der Ideen an.

Auf einem jeweils getrennten Karteiblatt bzw. Datenblatt notieren Sie einen der möglichen Unterpunkte der Feingliederung. Auf diese Weise können Sie schnell und äußerst flexibel Ergänzungen und Umsortierungen vornehmen. Später werden Sie die vorläufige Fassung der jeweiligen Untergliederung ähnlich wie die Grobgliederung behandeln: auf einer Seite eine Grobsammlung anlegen, diese abheften, dann Karteien mit Feinpunkten anlegen, diese sortieren und dann auf ein Blatt übertragen usw.

Ihre Sammlung wird nun zunehmend systematischer und differenzierter.

Sammeln sollte nicht zum Selbstzweck werden.

Ist Ihre Grobsammlung einigermaßen richtungweisend, sollten Sie dann bereits mit dem Schreiben beginnen.

Fangen Sie nun an zu schreiben!

Gern vermeidet man den Schreibanfang, da es nun ernst wird, da man sich festlegen muss und schwarz auf weiß die Geistesprodukte für jeden zugänglich werden. Da Sie jedoch zwischenzeitlich während des Schreibens weiter Anregungen sammeln, können Sie bereits in der Phase der Grobplanung auf einen kleinen Packen an Karteikarten und Notizen zurückgreifen. Bedenken Sie auch, dass erst beim Schreiben die wesentlichsten Schwachstellen offenkundig werden – aber auch die besten Ideen kommen erst beim Schreiben.

> Hier nun einige Vorschläge, die Ihnen das Schreiben oder zumindest den Anfang der Ausarbeitung erleichtern (so ein großes, weißes Stück Papier oder eine neue Datei am Bildschirm erscheint anfangs fürchterlich leer):
>
> Lesen Sie die Materialsammlung für den jeweils geplanten Abschnitt ruhig durch.
>
> Überlegen Sie nun mögliche Grundideen und logische Abfolgen der Darstellung.
>
> Machen Sie nun eine schöpferische Pause, indem Sie ungefähr zehn bis 20 Minuten etwas völlig anderes tun. (Darüber werden Sie später in Kapitel 3.7 mehr erfahren.)
>
> Fangen Sie nun einfach an zu schreiben.

Genau! Legen Sie einfach los! So wie Ihnen der Schnabel oder die Tasten gewachsen sind.

Anfangs hat man meist Angst vor diesem weißen Papier, das *scheinbar* über jedes darauf geschriebene Wort meckert und kritisierend Falten wirft, oder vor diesem leeren Bildschirm, der einen hämisch angrinst. Sie müssen diese Leere und die typische Anfangsangst einfach durch Schreiben überwinden. Hinzu kommt, dass Sie sich »warm laufen« müssen. Wenn man das Schreiben von Gutachten, Ausarbeitungen, Artikeln nicht ständig ausübt, muss man sich tatsächlich darin eintrainieren. Mit der Zeit werden Sie merken, dass Ihnen die Formulierungen zusehends schneller und leichter aus der Feder fließen oder auf die Tasten fallen.

> Achten Sie anfangs weniger auf Feinformulierungen (feine Stilistik etc.), sondern entwickeln Sie mit Ihren Worten die anstehenden Grundgedanken.

> Richten Sie sich darauf ein, dass Sie alles mehrfach überarbeiten werden. Das ist zwar zeitaufwändig, aber normal!
> Lassen Sie, sofern Sie mit Papier arbeiten, stets einen breiten Korrekturrand rund um Ihr Blatt (mindestens 3–4 cm). Hier können Sie bei der Überarbeitung die Veränderungen eintragen.

Besonders die Benutzer einer Computertextverarbeitung sind gut gestellt, da sie ihre Versionen nur an den erforderlichen Stellen korrigieren müssen (hoffentlich). Das erleichtert die Arbeit besonders bei umfangreichen Darstellungen erheblich (siehe Kap. 2.14 bis 2.16).

Während der nun folgenden Weiterbearbeitung gewinnen Sie zunehmend an Schreibvermögen. Sie werden dann auch feststellen, dass Sie während des Schreibens immer mehr Ideen zur Ergänzung und Ausweitung Ihrer Materialsammlung entwickeln. Diese Ideen sollten Sie dann sofort auf Karteikarten schreiben und dann später einordnen.

Weiter werden Sie feststellen, dass Sie Textblöcke, mitunter ganze Kapitel umstellen müssen, um eine logisch angemessene Reihenfolge zu erhalten. Das ist auch normal und zeigt, dass Sie das Thema immer differenzierter beurteilen können.

> Letztlich sollten Sie die Möglichkeit in Anspruch nehmen, die sich durch die Mithilfe anderer, so in Ihrer eventuellen Arbeitsgruppe, ergeben. Das sind Korrekturen, kritische Anmerkungen, Verbesserungsvorschläge etc.
> *Viel Erfolg!*
> Den nun noch anfallenden »kleinen« Rest werden Sie schon gut bewältigen.

Der PC als schneller Helfer

PC, Notebook oder Laptop sind kaum noch aus einer Lernsituation, Ausarbeitung vom Schreibtisch wegzudenken. Durch dieses Gerät bekommen wir schnelle Hilfen, Übersichtlichkeit, Struktur in unsere Arbeit – vorausgesetzt, wir beherrschen die Technik angemessen. In diesem Abschnitt (Kap. 2.14 bis 2.16) werden zahlreiche Tipps zur Gestaltung der Computerarbeit gegeben; gleichzeitig werden auch Problemzonen aufgezeigt.

2.14 Hilfe durch die multimediale Technik? – Lernen am PC, entspannen mit PC und Musik?

Lernen vom Bildschirm

Angesprochen sind hiermit Personen, die entweder über Lernsoftware lernen oder Texte (z. B. vom Internet heruntergeladene Texte) vom Bildschirm lernen.

Im Gegensatz zu gedrucktem Material sind am Computerbildschirm die jeweils vorher gelesenen Seiten (wie auch die folgenden) unsichtbar. Ein Blättern wie im Buch oder Manuskript ist kaum möglich. Da diese kleine Bildfläche beim »Weiterblättern«, also beim Wechsel zur nächsten Bildschirmseite stets mit neuen Informationen gefüllt wird, fällt eine Gesamtorientierung wesentlich schwerer als in einem Buch. Eine Erinnerung an einen Buchtext wie »Die Passage über XY war ziemlich vorne auf einer rechten Seite in der Mitte« erleichtert uns das Suchen erheblich, sie ist aber, was Bildschirmseiten betrifft, so kaum möglich. Sicherlich gibt es dazu den Suchauftrag, nach dem eingegebenen Stichwort im Text zu suchen – falls wir dieses dann passgenau wissen bzw. uns an es erinnern.

Speziell für den PC konzipierte Lernsoftware ist oft multimedial überfrachtet und erschwert das Behalten. Für Kinder sind oft viel zu viel ablenkende Elemente enthalten, die sich lernbeeinträchtigend auswirken. Viele Hersteller von Lernsoftware wollen unterhalten und vermischen dies mit dem Auftrag der Lernvermittlung. Da müssten sie sich eindeutig entscheiden, denn die Überfrachtung bremst den ökonomischen Lernzuwachs.

Da zur Weiterbearbeitung stets neue Bildseiten aufgerufen werden müssen, wird das Kurzzeitgedächtnis überstark beansprucht. Zur Entlastung des Kurzzeitgedächtnisses müsste bei einer neuen Bildschirmseite der Lerntext nochmals erscheinen. Diese Redundanz hilft zwar, den Zusammenhang weiterhin zu erkennen, wird aber mit der Zeit als öde und langweilig empfunden und reduziert dadurch die Lernmotivation.

Die Augenermüdung am Bildschirm ist wesentlich größer als beim Buchlesen; deshalb ist hier zu Pausen zu raten und zu entsprechenden Entspannungsübungen – wie in Kapitel 3.12 beschrieben.

Warnung: PC-Spiele vernichten Gedächtnisdaten

Viele nutzen ihren PC dazu, in der Pause nach dem Lernen zur Ablenkung oder Belohnung mit ihm ein Spiel zu machen. Das lenke ab und entspanne.

Im Gehirn wird Folgendes bewirkt: Das frisch gelernte Material befindet sich noch im Kurzzeitspeicher, bis es später in den Langzeitspeicher aufgenommen wird und dann fest im Gedächtnis verankert ist. Wenn wir jedoch sofort nach dem Lernen unseren frisch gefüllten Kurzzeitspeicher z. B. durch ein Computerspiel stark beanspruchen, dann wird die Kapazität dieses Kurzzeitarbeitsspeichers für die neue Aufgabe (= Spiel) benutzt und das vorhergehende »alte« Lernmaterial rausgeworfen. Das vorher mühevoll Gelernte wird durch das PC-Spiel aus dem Kurzzeitspeicher gedrängt und somit vergessen. Aller vorheriger Energieeinsatz war somit vergeblich. Das kann dann schnell zur Einstellung führen: »Ich kann mich beim Lernen anstrengen, wie ich will – ich behalte einfach nichts!«

> • Computerspiele und andere Tätigkeiten, die hohe Konzentration, schnelle Reaktion und besonders intensive Reizverarbeitung (z. B. durch viele Bilder) erfordern, benötigen komplexe Verarbeitungsmechanismen und Speicherkapazitäten des Gehirns. Diese Spiele sollen nicht sofort nach dem Lernen, sondern ungefähr 30 Minuten danach erfolgen. Dann sind die Daten alle auf der Gedächtnisfestplatte, und der Arbeitsspeicher kann nun für andere Zwecke benutzt werden.

Bildschirmschoner belasten

Mit Bildschirmschonern wird zwar, wie der Name sagt, unser Bildschirm geschont, nicht jedoch unsere Verarbeitungssoftware im Gehirn: Bildschirmschoner ziehen durch ihre Bewegungen den Blick auf sich und lenken dadurch vom Lernen, Denken, Ausarbeiten ab. Die Konzentration auf unsere Arbeit muss somit immer wieder willentlich hergestellt und ausgerichtet werden. Das erfordert unnötigen Energieeinsatz, der besser genutzt werden kann.

Musik beim Lernen?

Viele Schülerinnen, Schüler, Studierende oder allgemein Lernende lassen während des Lernens Musik laufen, mitunter sogar das Fernsehen. Sie sind der Überzeugung, dadurch besser lernen zu können.

Musik löst bei uns Emotionen aus. Diese sind abhängig von den mit der Musik gemachten individuellen Erfahrungen. Unabhängig davon haben bestimmte Rhythmen und Tongeschlechter übergreifende Emotionswirkungen. Langsame und sanfte Musik wirkt beruhigend, rasche erzeugt Spannung und wirkt für den Puls beschleunigend. Dur stimmt eher heiter und Moll traurig. Diese Fähigkeit, auf Musik mit Gefühlen zu reagieren, ist möglicherweise tief in der Evolution des Menschen verankert und kann als Voraussetzung für die nonverbale Kommunikation zum Gruppenzusammenhalt angesehen werden.

Hintergrundmusik belegt den Arbeitsspeicher

Werden unterschiedliche Sinneskanäle mit Botschaften bedient (hier Musikhören und Textlesen), so können diese nur nacheinander verarbeitet werden.

Wirkungen der Hintergrundmusik beim Lernen:

- Das optische Aufnehmen von Text (= lesen) wird durch das Musikhören stets unterbrochen, da beide Aufnahmekanäle konkurrieren.
- Sollen verschiedene Informationsquellen verfolgt werden, so muss das Gehirn ständig schnell umschalten. Das bedeutet kognitive und körperliche Anstrengung und dadurch Lernbeeinträchtigung.
- Lesen ist ein inneres Mitsprechen; Musik hindert an diesem Mitsprechen.

- Wenn jemand behauptet, er beherrsche Multitasking (= er könne mehrere Aufgaben gleichzeitig erledigen), so überfordert er sich ständig und wird auf keine der parallel ablaufenden Informationen oder Aufgaben angemessen reagieren können. Seine Lernergebnisse werden bei hohem Energieaufwand sehr gering sein – also ist Lernen dann unökonomisch.
- Der je nach Musikart entstehen könnende seelische und körperliche Stress beeinflusst das Lernen und die Lernmotivation.
- Da Musik unsere *Emotionen* beeinflusst, kann sie dadurch während des Lernens unterschwellig auch unsere *Motivation* beeinflussen. So kann eventuell unsere Lernfreude abnehmen, ohne dass wir klar erkennen, warum.

Unser Gehirn verfügt nur über eine begrenzte Kanalkapazität (siehe Kap. 3.6). Die optimale Menge an Datenfluss kann nicht ausgetrixt werden.

2.15 Lernen und Ausarbeiten mit dem PC – Praxistipps

Die Nutzung eines PC kann für das Lernen und Ausarbeiten von sehr großer Hilfe sein – vorausgesetzt, man nutzt ihn angemessen. Als Autor von Fachartikeln und Büchern habe ich auf unterschiedlichen Ebenen intensive PC-Erfahrungen mit Textverarbeitung gemacht. Als Therapeut stellte ich sehr oft fest, wie umständlich manche Lernende diese Technologie handhaben.

Zur Auswahl eines geeigneten Rechners und eines entsprechenden Textverarbeitungsprogramms ist heute kaum noch etwas zu sagen, da die Geräte für unsere Zwecke sehr leistungsfähig sind und die Standardsoftware wie Word von Windows kaum noch Gestaltungs- und Verarbeitungswünsche offen lässt.

- Viele nutzen ihren Rechner bei der Textverarbeitung (= Referat schreiben etc.) sehr wenig arbeitsökonomisch. Deshalb sollen gleich einige Ratschläge folgen.

Veränderung des Arbeitsstils

Bereits kurze Zeit nach der Expansion des PC-Marktes gab es Untersuchungen über die durch den PC veränderten Arbeitsstile, die ich durchaus bestätigen kann. Während man früher an der Schreibmaschine vor einem leeren Blatt saß, das man nicht unnötig »beschmutzen« wollte, entstand leicht eine Blockade. (Von manchen wurde dies als Weißschock oder Horror Vacui = »Angst vor der Leere« benannt bzw. empfunden.) Man wollte möglichst von Anfang an gut formulierte Sätze zu Papier bringen, denn jede Änderung erforderte ein erneutes Abtippen. Das war ein hoher Aufwand, besonders bei umfangreichen Ausarbeitungen.

Am PC kann man viel freier und »spielerischer« mit seinen Ideen und vorgedachten Texten im Kopf umgehen. Ohne Aufwand können wir unsere Gedanken am PC aufschreiben, sammeln, umgruppieren, löschen, hinzufügen, verändern. Bei Korrekturen müssen ja nur jeweils Textteile verändert und nicht immer ganze Textpassagen nochmals neu abgeschrieben werden.

Diese Flexibilität schafft Befreiung, kann jedoch auch dazu führen, zu flexibel zu werden bis hin zu unvollkommenen Sätzen und losen bis zerfahrenen Darstellungen. Trotz dieser Freiheiten sollten Sie sich weiterhin an strukturierende Vorgehensweisen gewöhnen.

Ordner, Dateiname, Kopfzeilen und Seitennummern

Sobald Sie eine Ausarbeitung beginnen, sollten Sie dazu im PC einen eigenen Ordner zum Abheften der Ausdrucke anlegen, in dem sie alle dazugehörenden Dateien ablegen. Nur so können Sie bei den später zahlreichen und stetig zunehmenden Ordnern und Dateien die Übersicht behalten.

Bereits nach der ersten Zeile sollten Sie Ihre Datei sinnvoll benennen. Gleichzeitig ist zu empfehlen, sie in der Kopfzeile (Menü: *Ansicht/Kopf- und Fußzeile*) mit einem Arbeitstitel zu versehen und die Seitennummerierung (Menü: *Einfügen/Seitenzahl*) einzuschalten. Wenn Sie mehrere Papiere zu bearbeiten haben, können Sie dadurch stets die richtigen zuordnen und sogar schnell wieder finden. Das spart sehr viel Zeit.

Was Sie sich angewöhnen sollten
Automatische Speicherung

Sie können Ihrem PC eingeben, immer nach einer bestimmten Zeit abzuspeichern. Als sinnvoll erweisen sich ca. 5 Minuten. Falls in diesem Zeitraum Bösartiges wie Systemabsturz oder Schlimmeres eintritt, dann ist nur die Arbeit der letzten 5 Minuten verloren, die sich schnell wieder rekonstruieren lässt.

Sicherheitskopie

Die Horrorgespenster jedes PC-Nutzers sind: der Totalabsturz des Gerätes, Systemdefekte oder Festplattendefekte. Ich kann hier aus Erfahrung sprechen: Für den nächsten Tag hatte ich mir vorgenommen, eine Sicherheitskopie anzufertigen, aber wenige Stunden vorher gab die Festplatte ihre Funktion auf. Damit waren mehrere hundert umfassende Dateien von Seminaren, Vorträgen, Buchmanuskripten, Veröffentlichungen usw. unwiederbringlich verloren. Trotz hoher Kosten zur Datenrekonstruktion durch eine Spezialfirma blieben sie verloren oder extrem verstümmelt. Das waren dunkle Wochen.

Also bitte daran denken, je nach anfallender Datenmenge *regelmäßig* eine Sicherheitskopie auf einem externen Datenspeicher wie z. B. auf einer CD anzufertigen, die Sie getrennt vom PC aufbewahren.

Büros mit großem Datendurchlauf erledigen das täglich abends. Für den Normalbedarf wird ein Abstand von zwei bis vier Wochen ausreichen. Die CD dafür ist sehr preiswert oder sogar wieder beschreibbar. Vor einer Reise sollten Sie ebenfalls eine Sicherheitskopie anfertigen und diese weit getrennt vom PC sicher aufbewahren. Wasserschäden, Diebstahl oder Zerstörung können somit nicht wertvolle Ausarbeitungsdaten vernichten.

Zeilenumbruch, Trennungen

Wenn eine Zeile gefüllt ist, dann beginnt der PC automatisch eine neue Zeile. Schreiben Sie also Ihren Text durch. Nur wenn unbedingt eine neue Zeile z. B. für einen Absatzbeginn erforderlich ist, dann ist die große Taste *Enter* zuständig.

Ebenfalls sollten Sie keine manuellen Worttrennungen vornehmen. Es gibt die Funktion der automatischen Trennung (Menü: *Extras/Sprache/*

Silbentrennung/Automatische Silbentrennung), mit der der PC recht gut umgehen kann. Manuelle Trennungen sind dann nur noch in Ausnahmen erforderlich.

Damit falsche Leerzeichen besser zu erkennen sind, empfehle ich bei langen Ausarbeitungen, die automatische Trennung und besonders den Blocksatz, erst fast zum Schluss einzuschalten. Da der Blocksatz nicht immer zuverlässig arbeitet, können unschöne Kahlstellen im Text auftreten, die meist nur von Hand zu beheben sind. Hier sind dann mitunter auch manuelle Trennungen erforderlich, die bei geändertem Zeilenumbruch mitten in der Zeile stehen können und dadurch unschön erhalten bleiben.

Rechtschreibprüfprogramm

Mit dem automatischen Rechtschreibprüfprogramm werden orthografische Fehler relativ häufig gefunden und vom PC rot markiert; grammatische Fehler werden grün gekennzeichnet. Das ist später für die Korrektur sehr hilfreich.

Falls Sie bei Ihren ersten Ausarbeitungsschritten Formulierungsschwierigkeiten haben sollten, dann schalten Sie erst einmal das Rechtschreibprüfprogramm aus und schreiben Sie so, wie es Ihnen einfällt. Das reduziert die anfangs möglichen Ideen- und Schreibhemmungen. Wenn dieser Text fertig ist, haben Sie Ihre ersten Formulierungsprobleme überwunden und können dann mit der automatischen Fehleranzeige auf die Feinheit von Tippfehlern etc. eingehen.

Textgestaltung, Formatierungen, Nummerierungen etc.

Ihre Endfassung des Textes wird wahrscheinlich Untergliederungen, Kapitelnummerierungen, Einrückungen und Hervorhebungen enthalten. Damit sollten Sie sich in den Anfangsversionen Ihrer Ausarbeitungen nicht aufhalten, denn diese strukturierenden Elemente werden Sie im Verlauf Ihrer zahlreichen Ausarbeitungsphasen noch öfter umändern müssen, bis Sie endgültig zufrieden sind.

Fußnoten

Mitunter hat man das dringende Bedürfnis, seinen Text weiter zu erklären, wozu Fußnoten dienen können. An dieser Stelle sollte man jedoch kritisch prüfen, ob man nicht doch besser den Haupttext präziser formuliert, damit er keine Interpretationen erfordert.

In bestimmten Wissenschaftsbereichen (wie z. B. Geschichte) wird intensiv mit Fußnoten gearbeitet, um auf der gleichen Seite die zitierte Literatur anzuführen. Glücklicherweise bieten hier die meisten Textverarbeitungsprogramme die Option *Fußnoten*. Dort sind zahlreiche Operationen zum Umgang mit Fußnoten, deren Veränderung usw. zu finden.

Dennoch können Fußnoten für die Endbearbeitung mit erheblichem Arbeitsaufwand verbunden sein, da sich bereits bei kleinen Veränderungen des Textes der Seitenumbruch verändern und man schnell den Überblick verlieren kann. Deshalb haben viele Bücher die Anmerkungen als Endnoten am Ende des jeweiligen Kapitels oder am Ende des Buches aufgelistet. Hier bekommt jeder Leser und jede Leserin die erforderlichen Zusatzinformationen ganz ausführlich.

Pfiffig mit Kürzeln arbeiten

In den meisten Ausarbeitungen kommen ganz bestimmt Fachbegriffe immer wieder vor. Besonders bei langen Fremdwörtern ist das lästig und fördert die Tippfehlerquote. Hier kann ich Ihnen einen Vereinfachungstrick anbieten: Denken Sie sich für diese Fachbegriffe Abkürzungen aus, die sonst in anderen Wörtern nicht vorkommen. Da in der Normalschrift nie mehrere Großbuchstaben aufeinander folgen, wähle ich etwa folgende wie SS für Suggestibilität, SST für Suggestibilitätstest, HH für Hypnose und HK für Hypnotisierbarkeit. Für umfangreiche Ausarbeitungen sollten Sie sich sogar eine Liste Ihrer gewählten Abkürzungen anlegen.

Ihren PC füttern Sie mit dem Menü: *Einfügen/Autotext/Autokorrektur/ Ersetzen … Durch …/Hinzufügen*. Nun geben Sie dort Ihr Kürzel nach *Ersetzen …* ein und das Vollwort nach *Durch …*. Wenn nun noch *Hinzufügen* angeklickt ist, wird diese Kombination in das Verzeichnis übernommen. Beim schriftlichen Ausarbeiten verwenden Sie nun vorerst nur noch die Kürzel. Von nun an haben Sie direkt nach dem Schreiben des Kürzels stets das Vollwort ausgeschrieben – ohne Tippfehler und Fingerdreher! Lediglich bei Pluralendungen und ähnlichen grammatischen Varianten des Vollwortes müssen Sie es leicht verändern.

Springen im Text

Selten wird man einem Text linear, also von der ersten bis zur letzten Zeile kontinuierlich durcharbeiten. Im Buch oder bei Manuskriptseiten blättern wir und machen eine Markierung an den Rand. Beim PC müssen wir innerhalb des Textes springen. Oft wissen wir, an welches Textziel wir springen müssen – und verlieren dann schnell die Rückorientierung zum bisher bearbeiteten Text.

Sehr simpel und in der Praxis gut bewährt hat sich Folgendes: Wenn Sie den Text zu einem Sprung verlassen wollen, setzen Sie dort ein unverwechselbares Zeichen wie z. B. ###. Wenn Sie nun wieder dorthin zurückwollen, geben Sie im Menü ein: *Bearbeiten/Suche/###/Weitersuchen* und sind schon wieder an der richtigen Stelle. Falls Sie öfter an bestimmte Stellen springen müssen, können Sie diese mit unterschiedlichen Kürzeln markieren und diese dann individuell mit dem Suchbefehl auffinden.

Regelmäßige Korrekturen

Eine umfassende Ausarbeitung wird nie »in einem Rutsch« geschrieben. Langsam entwickeln sich Gedanken, Bezüge, Zusammenhänge und Strukturen, nie ist von Anfang an alles vollkommen klar. Entsprechend müssen relativ oft Veränderungen und Korrekturen vorgenommen werden. Erst im Verlauf der Ausarbeitung werden vom Verfasser besondere Zusammenhänge und Folgerungen erkannt. Diese sieht er jedoch nur, wenn er seine bisherigen Ausführungen immer wieder durchliest und überarbeitet. Wie bei einem Werkstück werden Feinheiten »ausgefeilt«.

Korrekturausdrucke

Damit man seine bisherigen Gedankengänge und erarbeiteten Strukturen besser erkennen kann, sollten zwischendurch immer wieder Korrekturausdrucke erfolgen.

Der Bildschirm lässt immer nur den Blick auf 13 bis 20 Textzeilen frei. Das erschwert das Lesen und erschwert es besonders, den Überblick über die Unterkapitel und Absätze zu behalten. Deshalb sollten Sie nach Erstellung eines Sinnabschnitts oder Kapitels, also etwa nach drei bis fünf Seiten, Ihren Text ausdrucken. Der dann vorliegende Text auf dem Papier erleichtert es, die Übersicht zu gewinnen und zu behalten.

Da der Text dann noch nicht perfekt ist und wahrscheinlich mehrere Überarbeitungen erfordert, sollten die Zeilen den Abstand von 1,5-zeilig oder sogar 2-zeilig haben (Menü: *Format/Absatz/Zeilenabstand*) und der rechte Korrekturrand 4 cm. Dann ist meist ausreichend Platz, handschriftliche Korrekturen einzufügen. Die Randbreiten der späteren endgültigen Fassung sind meist durch Richtlinien von Lehrer, Professor, Prüfungskommission vorgegeben und einzuhalten. Führen Sie die Korrekturen auf Ihrem Korrekturausdruck manuell aus. Benutzen Sie dazu möglichst einen dünnen blauen oder – noch besser – einen roten Korrekturstift. Dieser hebt sich farblich vom Drucktext ab und ist bei der Übertragung in den PC leichter zu sehen. Die Textbearbeitung am PC erfordert dadurch zwar relativ viel Papier, liefert jedoch immer gut lesbare Unterlagen.

Nur die sehr geübten Textprofis können ihre Korrekturen ohne Korrekturausdruck direkt am PC erarbeiten. Das verlangt jedoch sehr viel an Übung.

Spartipps: Aus Sparsamkeitsgründen kann die Rückseite vom alten Konzeptpapier wieder verwandt werden. Der alte Text sollte jedoch deutlich erkennbar durchgestrichen sein, da sonst gern Verwirrungen eintreten. Zum Tinten- oder Tonersparen lässt sich mit dem Modus *Entwurf* ausdrucken. Die letzte Fassung für den Lehrer oder das Prüfungsgremium wird dann mit *Druckqualität Optimal* ausgedruckt.

Korrekturlesen

Das Korrekturlesen ist am ergiebigsten, wenn der Autor bzw. die Autorin mehrere Stunden oder sogar Tage Abstand von der Texterstellung hat. Mit dieser nötigen Distanz können Fehler unterschiedlichster Art leichter erkannt werden. Da man Korrekturen erst handschriftlich einfügt, muss dafür ausreichend Platz sein. Entsprechend sollte für diesen Korrekturausdruck der Zeilenabstand mindestens 1,5-zeilig sein und links und rechts ein Rand von mindestens 3 cm vorgesehen werden.

Korrekturen erfordern oft Einfügen neuer Textpassagen oder Umgruppierungen von Textblöcken. Bei fehlender Systematik und Routine können hierbei schnell Verwirrungen entstehen. Mit den in Tabelle 1 dargestellten einfachen Tricks und Markierungen schaffen Sie sich trotz vieler Korrekturen immer Übersichtlichkeit.

Tabelle 1: Beispiele für manuelle Korrekturhinweise zur Textverarbeitung: Verschiebungen und Einfügungen von Textblöcken

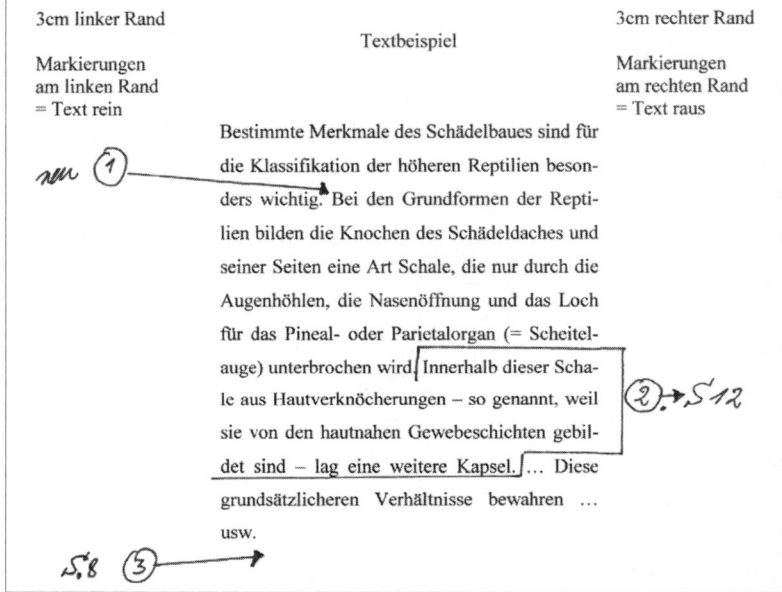

Erklärungen:

Am *linken Rand* stehen immer die Hinweise, die *eingefügt* werden. Also wird Text 1 als neue Stelle eingefügt. Text 3 wird von Seite 8 hier her verlegt. Auf Seite 8 ist dieser Text mit der Zahl 3 gekennzeichnet.

Am *rechten Rand* wird vermerkt, was *entfernt* wird, um es an anderer Stelle zu verwenden, so soll der durch Umrahmung markierte Text 2 auf Seite 12 verschoben werden. Auf Seite 12 verweist dann auf dem linken Rand die Zahl 2 auf dem Einschub dieses Textes.

Die vorletzte und letzte Fassung des Textes sollten möglichst außen stehende Personen lesen, die zwar mitdenken können, aber kritisch genug leichter Fehler, Widersprüche und stilistische Probleme erkennen können.

> Gmäeß eneir Sutide eneir elgnihcesn Uvinisterät ist es nchit withcg, in wlecehr Rneflogheie die Bstachuebn in eneim Wort snid, das Ezniige, was wcthiig ist, ist, dass der stre und der leztte Bstabchue an der rtihcegn Pstoiion snid. Der Rset knan ein ttoaelr Bsinöldn sein, tedztorm knan man ihn onhe Pemoblre lseen.
>
> Das ist, weil wir nicht jeedn Bstachuebn enzelin leesn, snderon das Wort als gseatmes.

Jetzt haben Sie praktisch nachvollzogen, warum Fremde Ihren Text zur Korrektur lesen sollten. Ihr Gehirn ist von Ihrem eigenen Text so vorgebahnt, dass Sie meist in Sinnabschnitten lesen und dann auch nur noch das lesen, was Sie gedanklich präsent haben und zu lesen erwarten. Dadurch verlieren Sie den genauen Blick für Details, also auch für Tippfehler und Unstimmigkeiten.

Das Literaturverzeichnis erstellen

Bei allen wissenschaftlichen Werken müssen Ergebnisse, Zitate, Textstellen belegt werden, damit jeder Leser und jede Leserin diese notfalls selbst nachlesen kann. Hinter dem Hinweis, dass Müller (2005) eine Technologie zur Mehlkonservierung entwickelte, verbirgt sich also die genaue Angabe seines Artikels, Buches, Fachbeitrages. Von solchen Literaturzitaten wimmelt es nur so in Fachartikeln und Referaten. Viele denken erst am Ende ihrer Arbeit daran, ihre Literaturangaben vollständig in einem Literaturverzeichnis zu ordnen. Dann wird das Suchen in dem Wust von bearbeiteter Literatur zur großen Aufgabe.

Für das Zitieren von Fachliteratur gibt es je nach Land und Fachgebiet verschiedene Standards. Lehrer, Assistent, Professor, Prüfungsordnung, Verlag etc. können Ihnen diese für ihre Bereiche geltenden Zitierstandards nennen.

Praxistipp: Legen Sie für das Literaturverzeichnis eine extra Datei an. Sobald Sie im laufenden Text eine Literaturangabe machen, schalten Sie danach bitte sofort in das Literaturverzeichnis und nehmen dort die vollständige Eintragung auf. Auf diese Weise können Sie kaum Angaben vergessen.

Im letzten Schritt werden dann gegebenenfalls erforderliche Einrückungen vorgenommen, durch die nach jeder ersten Zeile einer Literaturangabe die dazugehörenden nächsten Zeilen um ein bis drei Buchstaben eingerückt sind. Die Einrückungen erhöhen die Leserlichkeit langer Literaturverzeichnisse und erleichtern Leserinnen und Lesern das Suchen.

Warnung: Bedenken Sie, dass beim Sortierbefehl alle Textblöcke sortiert werden, die zwischen zwei Zeichen für »Neue Zeile« = ENTER-Taste liegen. Also sollten Sie lieber das Literaturverzeichnis fein säuberlich als getrennte Datei bearbeiten, sonst kann aus versehen Ihre Arbeit nach Textblöcken sortiert werden. Das drückt die Stimmung und fördert Nervosität.

Getrennt schreiben, zeichnen und rechnen – gemeinsam drucken

Falls eine Ausarbeitung im laufenden Text mehrere Abbildungen oder Tabellen enthalten soll, so gehen Sie bitte wieder ökonomisch trickreich vor.

> Bearbeiten Sie den laufenden Text getrennt von den Tabellen und von den Abbildungen.

Wenn Sie *Tabellen* in einer getrennten Datei (jedoch mit den gleichen Seitenrändern wie beim Text) bearbeiten, dann können Sie viel leichter Breite, Spalten und sonstige Abmessungen einheitlich gestalten. Bei *Abbildungen* können Sie die Bildgröße, Koordinatenachsen und Beschriftungen ebenfalls viel leichter im gleichen System erstellen. Auch die mehrfache Korrektur von Tabellen und Abbildungen ist dadurch vereinfacht.

Praxishinweis: Gewöhnt an audiovisuelle Kommunikation und Darstellungen wollen wir oft viel zu schnell diese Möglichkeiten des PC ausnutzen. Fragen Sie sich bitte, ob wirklich alle numerischen Daten in Diagrammen, Torten oder Balken dargestellt werden müssen.

Beispiel: In einem offiziellen Bericht fand ich die Aussage: »… enthält 30 Prozent A und 70 Prozent B, siehe Abb. 12 …« Diese Aussage war anschließend in einem halbseitigen Tortendiagramm ausgedruckt. Das ist Platz- und Papiervergeudung und Leserverdummung. Diese simple Aussage musste keinesfalls in einem Diagramm veranschaulicht werden, da sie jede Leserin und jeder Leser sofort aus dem Text heraus versteht.

Die Bearbeitung des durchgehenden Textes erlaubt ein schnelleres Vorgehen, da z. B. Tabellen sehr umfangreich und damit beim Seitenscrollen sehr sperrig sind. Im laufenden Text sollten Sie die geplante Position mit einer besonderen Markierung kennzeichnen wie z. B.: **** Abbildung 2 »Vergessenskurve« hierher***.

Praxistipp Farbreduktion: Konzipieren Sie bereits bei Ihren Ausarbeitungen, ob in Text/Abbildungen/Tabellen/Grafiken usw. farbige Elemente unbedingt erforderlich sind. Für mediengewohnte Menschen ist die Farbe möglicherweise selbstverständlich, jedoch für Ausarbeitungen, Examensarbeiten etc. mitunter wenig hilfreich oder sogar hinderlich.

Das Windows-Programm *Excel* bietet viele kolorierte Torten-, Säulen- und Balkendiagramme. Überlegen Sie, ob tatsächlich Balken- und Tortendiagramme etc. in Farbe erforderlich sind. Teilweise suggerieren sie nur Genauigkeit und lenken sogar von den Grundaussagen ab. Falls Sie Ihre Arbeit im Copyshop vervielfältigen, müssen die Farbseiten jeweils getrennt und für viel Geld gedruckt und dann wieder in die Gesamtarbeit eingeordnet werden. Das kann viele Fehlerquellen mit sich bringen.

Erst wenn alle Korrekturen in Text, Tabellen und Abbildungen abgeschlossen sind, werden die Tabellen und Abbildungen in den Text eingefügt. Nun erkennen Sie nämlich, dass der Seitenumbruch keine Rücksicht auf Ihre Tabellenlängen oder Abbildungsgrößen nimmt. Entsprechend müssen Sie Tabellen und Abbildungen dann auf die nächste Seite verschieben, um sie nicht zu zerstückeln. Das erfordert, eine in der Länge entsprechende Textpassage vorzuziehen – oder die Abbildung bzw. Tabelle etwas früher im Text einzufügen als dort zitiert.

Praxistipp zum Seitenumbruch: Dieser »Nachteil« des Seitenumbruchs hat zur Folge, dass Sie nie schreiben sollten: »Die folgende Tabelle zeigt …«, denn bedingt durch den Seitenumbruch könnten vielleicht zwei Tabellen folgen – oder die Abbildung bzw. Tabelle kann ein paar Zeilen früher erscheinen. Das kann zur Verwirrung führen. Also werden alle Tabellen und alle Abbildungen getrennt voneinander nummeriert. Im Text steht dann z. B.: »Die Tabelle 3 zeigt … Wie in Abb. 7 ersichtlich …« So lassen sich die relevanten Abbildungen/Tabellen/Grafiken sowohl für den Autor, die Leser, die Layouter des Verlages sehr schnell finden und zuordnen.

Praxistipp Pufferplatz: Bei sehr langen Ausarbeitungen kann sich durch spätere Korrekturen, Einfügungen oder Änderungen im Seitenumbruch eine sehr starke Verschiebung der nachfolgenden Seitenumbrüche ergeben. Das kann sehr unangenehme Folgen haben, da dann diese folgenden Seiten wieder im Seitenumbruch verändert werden müssen usw. Wenn wir hier ungeschickt vorgehen, wird eine Dauerbaustelle eingerichtet. Deshalb sollten Sie bei langen Ausarbeitungen am Ende von Hauptteilen oder Hauptkapiteln nicht auf der Seite mit dem nächsten Kapitel weiterfahren. Fangen Sie dieses Kapitel erst auf der nächsten Seite an. Dadurch haben Sie meist am Ende des Kapitels etwas Platz, der bei Verschiebungen durch Zeilen- und Seitenumbrüche als räumliche Puffer dient. Erforderliche Verschiebungen betreffen dann nicht mehr die nachfolgenden Kapitel.

Praxistipp wiederkehrende Fehler: In eine umfangreiche Ausarbeitung schleichen sich gern viele immer wiederkehrende Fehler ein.

Beispiele:
- Anstatt nur eines Leerzeichens werden mitunter zwei Leerzeichen nach Satzende oder zwischen Wörtern gesetzt.
- Am Ende der Arbeit entdecken Sie, dass Sie doch lieber anstatt *Kassette* hätten *Cassette* schreiben wollen.

Diese Änderungen können Sie sehr leicht durchführen, indem Sie unter Menü: *Bearbeiten/Ersetzen* das Wort eingeben, nach dem gesucht werden soll, damit es durch das Wort ersetzt wird, das im Feld *Ersetze durch* eingetragen wird.

2.16 Endkontrolle vor dem vorletzten Ausdruck – die Generalprobe

Nachdem Sie alle Kapitel, Abbildungen, Tabellen etc. in ihrer Endfassung zusammengestellt und (mehrfach) haben, sollten Sie das Gesamtwerk nochmals redigieren, also korrigieren. Das hört sich sehr zwanghaft, pingelig und übertrieben an. Für einen Text von zehn Seiten hat es keine Gültigkeit. Sobald jedoch viele Seiten für eine Haus-, Seminar- oder Examensarbeit zusammenkommen, ist die nachstehende Vorgehensweise zu empfehlen.

Die folgenden Vorschläge können als Checkliste dienen:
Phase am Bildschirm:

1. *Zusammenfügen* aller Texteinheiten, Abbildungen und Tabellen.
2. *Fehlstellen erkunden.* Nun nachsehen, ob an den Nahtstellen der einzelnen zusammengefügten Text- und Darstellungselemente durch Übertragungsfehler Lücken oder Überschneidungen auftreten.
3. *Seitenränder* nach den (von Lehrer, Prüfer etc.) vorgegebenen Richtlinien einstellen.
4. *Kopf- und Fußzeilen* inhaltlich definieren, Seitenzahl mitdrucken lassen.

5. *Schrifttypen:* überprüfen, ob überall die gleichen (von Lehrer, Prüfer, Verlag geforderten) Schrifttypen (meist Times New Roman oder Arial) benutzt wurde und die Schriftgröße (meist 12 pt) einheitlich ist. Falls Wechsel in der Schriftgröße erforderlich sind, so notieren Sie das bitte genau, damit Sie es auch einhalten werden.

6. *Form des Satzspiegels* festlegen, d. h.: Soll die Zeile rechts jeweils mit unregelmäßiger Länge enden (= Flattersatz), oder soll sie links und rechts bündig sein (= Blocksatz)?

7. *Textformatierungen* definieren: Für Hauptüberschriften, Kapitelüberschriften etc. jeweils unterschiedliche Schriftgrößen festlegen und daraufhin einheitlich im Text realisieren. Oft ist dies in den Prüfungsrichtlinien vorgegeben.

8. *Nummerierungen* von Kapiteln, Abschnitten, Aufzählungen spätestens nun einfügen und durchgehend durch die ganze Arbeit einhalten.

9. *Alle Nummerierungen* im Gesamttext auf Vollständigkeit und Reihenfolge überprüfen.

10. *Einrückungen* bestimmen und vornehmen, so bei Spiegelstrichen, Aufzählungen usw. Soll der Text bei Aufzählungen eventuell hängend sein, d. h., die nach der jeweils ersten Zeile folgenden sind um einen bestimmten Betrag (z. B. 0,3 cm) eingerückt?

11. *Hervorhebungen* durch Kursiv-, Fettdruck oder Unterstreichungen kennzeichnen.

12. *Leerzeilen festlegen.* Bestimmen Sie nun, ob und wie viele Leerzeilen vor und nach einer Tabelle, Abbildung, einer Überschrift etc. eingefügt werden sollen.

13. *Automatische Trennung* nun aktivieren.

14. *Automatische Trennung überprüfen* und gegebenenfalls von Hand korrigieren. Möglicherweise können falsche Trennungen erfolgen, die zu beheben sind.

15. *Seitenumbruch* überprüfen; bei Beginn eines neuen Abschnitts sollte nie eine einsame einzige Zeile oder auch die neue Überschrift allein am Seitenende stehen. In einem solchen Fall erfolgt der Seitenumbruch vor dieser Zeile. Je nach Tabellen- und Abbildungsstand auf der Seite nochmals kleinere Verschiebungen von Text oder Tabelle bzw. Abbildung vornehmen. Ebenso sollte am Seitenanfang nie eine einzige

Zeile der Vorseite einsam übrig bleiben. Das muss mit dem Umbruch entsprechend ausgeglichen werden.

16. *Inhaltsverzeichnis* erstellen, nachdem nun alle Nummerierungen überprüft wurden und endgültig feststehen.

17. *Korrekturvorschläge* beachten; das heißt, die roten Zeichen der Rechtschreibkorrektur und die grünen der Grammatik nochmals im gesamten Text in Ruhe ansehen und entsprechende Änderungen vornehmen.

18. Im Modus *Seitenansicht* nochmals in Ruhe durchgehen, ob Zeilenabstände, Überschriften, Flatter- oder Blocksatz, Seitenumbruch angemessen und durchgehend eingehalten sind.

19. *Anhänge* wie Literaturverzeichnis, Stichwortverzeichnis etc. ebenfalls nach vorgehenden Aspekten überprüfen.

Nun sind (nahezu) alle Fehlerquellen erkannt und beseitigt, sodass kaum noch Veränderungen zu erwarten sind. Deshalb folgen die letzten Schritte:

20. *Inhaltsverzeichnis* nochmals überprüfen und mit Seitenzahlen versehen, die durch den vorherigen Seitenumbruch nun feststehen.

Endphasen auf dem Papier:

21. *Ausdruck des Gesamttextes* – vom Deckblatt bis zur allerletzten Seite.

22. *Endkorrektur* vornehmen: Nochmals alles lesen – so wie oben bereits vorgeschlagen. Es klingt entmutigend, es kann jedoch vorkommen, dass erst jetzt Fehler erkannt werden.

23. *Sicherheitskopie* der Endfassung auf einem externen Datenspeicher wie der CD vornehmen.

24. *Endausdruck* (nun keinen Konzeptausdruck mehr, sondern in guter Druckqualität.)

25. *Vervielfältigung* und Einband des Werkes, falls erforderlich.

26. *Abgabe der erforderlichen Exemplare.*

27. *Kaffe trinken*: Nun in Ruhe und Beschaulichkeit.

Ohne Druck der letzte Druck

Vorräte für alle Fälle: Dem Bastler gehen Schrauben, Nägel und Batterien meist am Samstagnachmittag aus, wenn gerade der Baumarkt schließt.

Dem Examenskandidaten gehen meist Papier und Druckertinte oder -toner ebenfalls am Wochenende aus oder bei dem letzten Ausdruck vor dem Abgabetermin. Also sollten Druckerpapier und Tinte bzw. Toner stets ausreichend bevorratet sein.

> **Warnung:**
> **Wechsle nie beim letzten Ausdruck ohne Not den Drucker!**

Insbesondere lange Hausarbeiten, Examensarbeiten etc. sollten sorgfältig gestaltet und sauber ausgedruckt sein. Das führt manche Kandidaten oder Autoren dazu, ihre Arbeit auf einem fremden PC oder fremden Drucker auszudrucken, besonders wenn ihr Drucker sehr langsam ist. Ich habe mehrfach Kandidaten berichten hören, dass ihr gesamtes Rand- und Seitenumbruchsystem vom anderen PC nicht angemessen »verstanden« wurde, sodass in Stunden dauernder Hektik die Seitenränder und Seitenumbrüche geändert werden mussten, damit verbunden mitunter auch die Platzierung von Abbildungen und Tabellen usw. Das ist Stress in Kompaktform – und sollte vermieden werden.

Wenn eine Arbeit in mehreren Exemplaren anzufertigen ist, dann sollten Sie überlegen, ob Sie sie am Drucker anfertigen. Das lohnt sich nur bei wenigen Exemplaren. Wenn Ihre Arbeit sehr umfangreich ist oder viele Exemplare benötigt werden, ist die Vervielfältigung im Copyshop schneller und preiswerter. Der gesamte Stapel der Ausarbeitungsseiten wird über den Schnelleinzug kopiert und sofort sortiert. Die meisten dieser Shops bieten sogar unterschiedliche Heftungs- oder Bindungsarten an, sodass Sie nach relativ kurzer Zeit mit Ihren schön gebundenen Exemplaren in Ruhe nach Hause gehen können.

Ihre Ausarbeitung ist nun endlich fertig

Die meisten Zweifel an der eigenen Ausarbeitung kommen auf, sobald man sie abgegeben hat. Plötzlich meint man, noch besondere Ideen zu haben, etwas nicht berücksichtigt zu haben usw. … Das ist normal!

In der Fachsprache ist das a) eine *kognitive Dissonanz* oder b) ein *Nachentscheidungskonflikt*.

Das heißt:

Zu a) Sie stehen im Widerspruch zwischen unterschiedlichen Argumenten, den Sie zu lösen versuchten. In Ihrer Arbeit mussten Sie zwangsläufig eine Richtung vertreten und sind nun verunsichert, ob Sie alles berücksichtigt haben, ob doch eine andere Darstellungsform sinnvoller gewesen wäre usw.

Zu b) Nach einer wichtigen Entscheidung gibt es oft eine kurze Phase, in der man an der Richtigkeit seiner getroffenen Entscheidung zweifelt, wie z. B.: »Die grünen Schuhe hätten mit besser gestanden … So viel Geld für ein Auto aus dem Mittelklassebereich … Warum habe ich mich in meiner Arbeit für diese Theorie entschieden?«

Da Sie lange Zeit an Ihrer Ausarbeitung verbrachten, ist anzunehmen, dass Sie gut recherchierten und real alles Relevante in dem erforderlichen Rahmen berücksichtigten. Also wird Ihre Darstellungsperspektive sicherlich richtig sein. Das schließt auch mit ein, dass Sie nach kurzer Zeit andere Aspekte und vielleicht modernere Theorien dazu entdecken werden.

Beispiel: In dem Bereich der Hypnose hat sich in den zurückliegenden Jahren in der Forschung sehr viel Neues ergeben. Entsprechend habe ich in meinem bereits zitierten *Lehrbuch Hypnose* kontinuierlich Veränderungen und Ergänzungen vornehmen müssen, sodass inzwischen die vierte, überarbeitete und modernisierte Auflage vorliegt.

Uns allen sei zum Trost als Metapher erwähnt: Nichts ist so unmodern wie die Tageszeitung von gestern …

Kursteil 3

Methoden und Techniken zum besseren Lernen und Behalten

In diesem Kursteil werden Ihnen zahlreiche Kniffe aus der Lernpsychologie verraten, die Ihr Lernen und Arbeiten erleichtern werden.

Wenn Sie diese Lerngesetze beachten, können Sie zügiger lernen, mehr behalten und später auch wieder gut abrufen.

Beachten Sie also bitte diese kleinen, aber wirkungsvollen Kniffe, die Sie sofort verstehen und auch sofort in die Praxis umsetzen können.

Da zum Lernen auch Pausen gehören, werden Sie mit ihren unterschiedlichsten Arten bekannt gemacht.

Da gerade das Ende eines Lerntages über Ihre Lernmotivation und Ihre Freizeiterholung bestimmt, werden Sie auch über den sinnvollen Abschluss eines Lerntages informiert.

Die Psychologie der Lerngesetze

Während man früher darüber nachdachte, wie ein Mensch lernt, werden in der modernen Lernpsychologie zahlreiche und umfangreiche Experimente durchgeführt, um dadurch naturwissenschaftlich nachprüfbar festzustellen, durch welche Faktoren z. B. unser Lernen, Behalten, Erinnern bestimmt und beeinflusst werden. In den Kapiteln 3.1 bis 3.10 werden Sie in die grundlegenden Lerngesetze eingeführt. Unter Fachleuten werden darüber sehr komplexe Diskurse geführt. Für Sie als Anwender sind die für Sie relevanten Lerngesetze ganz einfach und anwenderfreundlich dargestellt. Grundsatz ist hierbei: »Learning by Doing.« Das heißt: Lesen Sie einfach die jeweils kurze Erklärung, und setzen Sie diese sofort in die Praxis um. Allein dadurch wissen Sie sofort, wie alles wirkt, und können diese Lerngesetze sofort – und ohne sonderliches Üben – in Ihr Lernrepertoire übernehmen.

3.1 Arbeitsplanung – Dank Zetteln kein Verzetteln

(K)ein modernes Märchen:

Es war einmal eine große, moderne Fabrik. In ihr wurden nach modernsten technischen Kenntnissen auf einem anheimelig surrenden Fließband wunderschöne Haushaltsgeräte produziert (ich glaube, es waren Kühlschränke). Trotz zunehmender weiterer technischer Verbesserungen nahm die vom Chef geschätzte Produktionsquote jedoch nicht der Erwartung gemäß zu. Psychologische Studien der Hausgelehrten wurden über die Belegschaft erstellt. Sie ergaben, dass die Arbeitslust dieser fleißigen Menschen abgenommen hatte und ihre Fehlzeiten zunahmen. Nach vielen freundlichen Interviews erkannte man, dass die Arbeiter sich kaum mit ihrer Tätigkeit identifizieren konnten. Ihre Arbeit war anonym und fremd für sie geworden. Sie gingen abends heim, ohne zu wissen, wofür sie gearbeitet hatten. Nun kamen die Hausgelehrten auf die Idee, dass die lieben Arbeiter ob ihrer Arbeit frustriert sein könnten. Deshalb wollte man nun die Tagesproduktion nicht mehr wie bisher sofort abtransportieren. Das Lager wurde direkt sichtbar neben das Fließband verlegt. So konnte jeder Fließbandarbeiter ständig beobachten, wie der von ihm produzierte Berg wuchs – und abends konnte er zufrieden mit seiner geleisteten Leistungsmenge sein.

Von nun an war das Betriebsklima besser, die Fehlzeiten sanken, die Produktionsraten stiegen, und so lebten alle glücklich, besonders der Fabrikbesitzer – bis zur nächsten Tarifrunde.

Mag man zu dem realen »modernen Märchen« zur Fließbandarbeit und den angewandten Methoden unterschiedliche Standpunkte vertreten ... Den Lernenden geht es ähnlich wie den Fließbandarbeitern. Sie benötigen ebenfalls Hilfen zur Motivationsverbesserung ihrer schier nie enden wollenden Lernproduktion, deren Effektivität nie so richtig plastisch erkennbar ist.

Differenzierung der Tätigkeit bringt Abwechslung

Zu schnell ist man dazu geneigt, das große Paket der anstehenden Lernaufgaben an einer Ecke zu beginnen und dann loszuarbeiten, bis das Pensum geschafft ist oder bis man selbst geschafft ist.

Arbeit muss vor Beginn strukturiert und geplant werden.
Verschaffen Sie sich vor Beginn Übersicht über folgende Aspekte:
- Inhalte, die erarbeitet werden müssen
- Tätigkeiten, die erbracht werden müssen (z. B. Lesen, Schreiben, Sammeln, Auswendiglernen)
- benötigte Bearbeitungszeiten
- Dringlichkeit in Bezug auf die einzelnen Inhalte und Tätigkeiten

---

Sie wissen nun, was Sie in den nächsten Stunden erwarten wird, also kann es schon mal keine bösen Überraschungen mehr geben.

Nun beginnt die Zettelwirtschaft

Nehmen Sie kleine Zettel von der Größe einer Spielkarte, und notieren Sie auf jedem Zettel einzeln, welche Arbeiten für den folgenden Zeitabschnitt von 2 bis 4 Stunden zu verrichten sind, und versuchen Sie, die dafür erforderlichen Arbeitszeiten abzuschätzen.

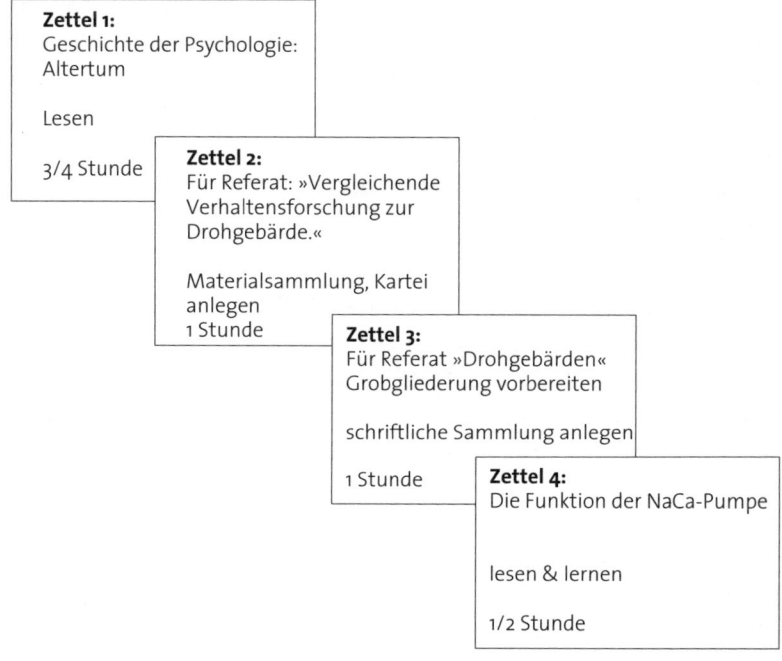

Abb. 3: Beispiel, wie man mit Stichworten auf Zetteln seine Arbeit umreißen kann, um sie danach in der optimalen zeitlichen Reihenfolge zu sortieren.

Insgesamt liegen nun mehrere Zettel vor Ihnen, die dann in der Reihenfolge sortiert werden, wie sie in der folgenden Arbeitseinheit bearbeitet werden sollen. Dann werden sie in dieser zeitlichen Reihenfolge an die Pinnwand (die Tischkante, die Tür, den Fensterrahmen) geheftet.

Diese Planung hat nun eine sinnvolle Ordnung geschaffen, die unser Lernen erleichtert. Der Managerkalender ist perfekt und gibt durch die Übersichtlichkeit Sicherheit.

Das Lustvolle an der Zettelwirtschaft

Immer, wenn eine Tätigkeit beendet ist, wird der betreffende Zettel wonnevoll von der Pinnwand (etc.) abgerissen, zerknüllt, zerknittert, zerrissen, weggeworfen. Sie merken dann richtig, wie schön es ist, diese Portion Arbeit abzuschließen. Gleichzeitig merken Sie, dass die Reihe der Zettel immer kürzer wird. D. h., Ihnen wird der Erfolg Ihrer Bemühungen plas-

tisch vorgeführt. Diese »Zettelwirtschaft« mag sich wie eine Kinderspiele-
rei ansehen, hat aber tatsächlich erstaunlich motivierende Wirkung, besonders wenn viel zu bearbeiten ist oder lange Arbeitsphasen vor einem
liegen.

> Letztlich haben Sie durch den Erfolg der Zettelvernichtung automatisch ei-
> nen positiven Abschluss Ihrer Arbeit. Entsprechend wird der Wiederbeginn
> nach der Pause leichter fallen.

Für langwierige Schreibarbeiten wie Ausarbeitungen oder umfassende
bzw. komplexe Tätigkeiten benutze ich diese Planungstechnik ebenfalls
und erlebe sie stets als äußerst hilfreich.

Wenn ich lange Wochenendseminare von mitunter über 20 Stunden
abhalte, haben alle Teilnehmer (inklusive meiner Person) Angst vor diesem immensen Stundenumfang und den damit verbundenen Anstren-
gungen. Am Anfang gebe ich deshalb stets einen Überblick und hefte dabei
die einzelnen Themenzettel als Stichwort an die Wand. Es ist immer wieder mit Freude zu beobachten, wie alle es genießen, wenn wieder ein Zettel
entfernt werden kann und die Reihe immer kürzer wird, bis dann das
Ende greifbarer wird. Herrlich befreiend ist das für alle!

3.2 Lernoptimierung: Der geistige Motor muss warm laufen und gepflegt werden

Bei jeder Sportart muss man sich vor Beginn des Wettkampfes oder der
entsprechenden Tätigkeit warm machen, um dann für den Einsatz angemessen körperlich und mental vorbereitet und aktiviert zu sein. Das Gleiche gilt bei Instrumentalisten; vor dem Konzert spielen sie sich ein. Auch
Maschinen erreichen erst nach einer Warmlaufphase nach dem Start ihre
optimale Leistung.

> • Neuere wissenschaftliche Studien zeigen, dass auch unser Denkapparat
>   eine Warmlaufphase benötigt.

Am Anfang einer längeren Lernphase ist die Aufnahme- oder Lernfähigkeit noch relativ gering. Erst nach einigen Minuten ist dann die volle Leistungsfähigkeit erreicht. Möglicherweise hängen damit Eingewöhnungsfaktoren zusammen, da man sich auf die Inhalte neu einstellen muss. Wahrscheinlich ist jedoch, dass die für das vorliegende Arbeitsthema relevanten Speichereinheiten und Hirnareale angeregt werden und untereinander ihre Verbindungen herstellen müssen. Das heißt: Die vorhandenen Wissensbereiche werden der Aufgabe gemäß aufgerufen und miteinander verknüpft, und bestehende Verknüpfungen (= Synapsen, Assoziationen) werden aktiviert, damit dann den Erfordernissen gemäß verfügbar sind. Schließlich braucht der Computer ebenfalls ein paar Sekunden, bis sein Betriebssystem einsatzbereit ist, und dann erst können die Arbeitsprogramme bereitgestellt werden.

Die praktische Konsequenz aus diesen Erkenntnissen

Empfehlung für Hausaufgaben und einfachere Arbeitstätigkeiten:
Da wir zum Lernbeginn eine Anlaufphase von wenigen Minuten brauchen, sollte deshalb mit möglichst leichten Arbeiten begonnen werden.

Leichte Arbeiten für die Warmlaufphase sind:

- Vokabeln durchlesen und damit für das Lernen vorbereiten
- aus dem Sachregister eines Buches entsprechende Begriffe zum bevorstehenden Thema heraussuchen und kennzeichnen, die Seitenzahlen auf einen Notizzettel schreiben
- einfache Texte lesen, Karteikarten ordnen und schreiben, Skripte, Artikel etc. abheften.

Empfehlungen für umfassende Ausarbeitungen
Wenn Sie Ihre Arbeit an Ihrem Referat (Hausarbeit, Seminararbeit, Examensarbeit, Veröffentlichung etc.) nach einer Pause wieder aufnehmen, erwarten Sie bitte nicht, sofort wieder zu 100 Prozent im Thema zu sein. Auch bei diesen sehr komplexen geistigen Arbeitsstrukturen müssen Sie wieder »warm laufen«.

Das Warmlaufen kann durch Folgendes geschehen (oft reicht *ein* Aspekt dieser Vorschläge aus):

- Gehen Sie die Feingliederung für den geplanten Teil langsam durch.
- Gehen Sie ein bis zwei Seiten im Text zurück und lesen sich dadurch wieder in das Thema ein.
- Lesen Sie Ihre Planungsnotizen für den folgenden bzw. geplanten Abschnitt.

Danach werden Sie mit einem Aufwand von wenigen Minuten wieder voll im Thema sein.

Warmlaufen, Vorbereiten, Erleichtern

Erleichtern Sie sich das Warmdenken, indem Sie am Ende der Arbeitsphase jeweils kurze Merksätze oder Stichworte darüber notieren, mit welchen nachfolgenden Inhalten, Tätigkeiten, Gedanken etc. Sie nach der Pause weiterarbeiten wollen.

Vorteile dieses leichten Starts sind:

- Wir überfordern uns anfangs nicht.
- Der Start wird erleichtert.
- Durch den Anfangserfolg wird die Arbeitsmotivation gefördert.
- Dadurch belohnen wir uns selbst für den Beginn – also wird er demnächst leichter fallen.
- Die später erforderlichen »schweren und komplizierten« Programme werden nun in der Anlaufphase bereitgestellt für nachher.

Erst nach dieser Phase sollten Sie nun die schwierigen Arbeitsprozesse einplanen.

Mit diesen Notizen können Sie wieder sehr schnell Ihre Gedankengänge aktivieren und Ihrem Gesamtkonzept folgen. Sie werden dadurch wieder schneller am Thema weiterarbeiten.

Beispiel: Warmlaufen. Wir befinden uns innerhalb eines Referates zum Thema »Bindungstheorie, Kap. 2: Grundlagen«. Notizen am Ende einer Arbeitsphase können sein:

- historisch: Artikel von Bowlby beachten
- Kritik von Feingold an der Theorie Freuds einarbeiten
- Vergleich der Befunde von Müller und Moore – in Tabelle gegenüberstellen
- nachlesen in Oerter & Montada, ob andere Theorien ebenfalls empirisch belegt wurden
- beachten für Folgekapitel 3: Besteht ein Widerspruch meiner Darstellungen der Befunde von Müller und Moore, wenn ich neuere Befunde hinzuziehe?

Den Lernmotor vor Überbelastungen schonen

Eine maximale körperliche und geistige Leistungsfähigkeit kann nur für einen begrenzten Zeitraum erbracht werden. Bei Überschreitungen setzen Leistungsminderungen und Fehler bis hin zu Schädigungen ein.

Vor Eintreten dieser Negativphase sollten unbedingt Pausen eingelegt werden, die zur Erholung und Verbesserung der Aufnahmefähigkeit dienen. Das Pausenmanagement ist in Kapitel 3.7 ausführlich dargestellt. Falls Sie jedoch unter großem Zeitdruck stehen, sollten Sie dennoch Pausen einlegen, die Sie dann aber zum Teil ausschließlich dazu nutzen, Ihre Arbeitsunterlagen zu sortieren, abzuheften, bereitzustellen. Das sind mehr motorische Abforderungen, durch die Sie Abstand zu den vorherigen Lerninhalten gewinnen, aber sich dennoch nicht überfordern.

> Trotz aller Zeitnot müssen Sie unbedingt entspannende Ruhephasen zur Arbeitsoptimierung einlegen.

3.3 Lernportionen: Einteilung des Lernpensums

In öffentlichen Gebäuden gibt es Richtwerte dazu, wie stark Räume und Fußböden belastet werden dürfen. Werden diese Werte überschritten, kann nicht mehr für die Sicherheit der Leute und z. B. in Fußballstadien nicht mehr für den angemessenen Spielverlauf gesorgt werden. Es gibt also eine optimale Menge der Belastbarkeit oder Übersichtlichkeit. Im Lernbereich der alten Pädagogik war man mehr der Auffassung, dass eine unbegrenzte Menge an Daten verarbeitet werden könne. Daraus erwuchs dann auch, dass Riesengedichte wie *Die Bürgschaft* auswendig beherrscht werden sollten.

Die perfekte Informationsübertragung beim Lernen wäre dann gegeben, wenn bei steigender Informationsmenge stets die dazugehörende Datenmenge gleichzeitig verarbeitet werden könnte. Dann hätte das Verarbeitungssystem eine unbegrenzte Kanalkapazität. Die menschliche Verarbeitungsrate ist auf eine Kanalkapazität von ca. 2,5 Bit begrenzt. Das entspricht der »magischen Zahl 7« ($\log_2 7 = 2,8$, gerundet 2,5).

Die Forschungsergebnisse der Lern- und Gedächtnispsychologie sowie der Linguistik zeigen, dass ein Lernumfang von ca. 5–7 Elementen (= *chunks*) leicht auf einmal gespeichert werden kann. Wird diese Menge überschritten, wird weniger behalten. *Chunks* sind Sprach- oder Merkeinheiten, die gleichzeitig im Arbeitsgedächtnis (= Kurzzeitgedächtnis) verarbeitet werden können, egal ob es sieben Silben, Wörter oder Definitionen sind (z. B. 1919 bis 1933 Weimarer Republik mit den Merkmalen …) etc. etc. Der Umfang dieser Merkeinheiten hängt sehr vom Vorwissen des Lernenden ab.

> Im Kurzzeitgedächtnis können 5 bis 7 Chunks für ungefähr 15 bis 30 Sekunden gespeichert werden.
> - Die Genauigkeit der Abspeicherung wird durch die zunehmende Menge der Chunks beeinträchtigt.
> - Der Kurzzeitspeicher wird optimal genutzt, wenn Chunks durch sinnvolle Gruppierungen der Informationen gebildet werden.
> - Je unterschiedlicher die einzelnen Chunks sind, umso besser werden sie behalten. (Man kann sich eher 5 unterschiedliche als 5 sehr ähnliche Begriffe merken.)
> - Beim Abspeichern der Lerneinheiten werden so viele Gehirnaktivitäten (Programmaktivitäten) benötigt, dass für andere Handlungen kaum noch Kapazitäten frei bleiben. D. h., Zusatzhandlungen stören die Speicherprozesse.

In unserem Sprachgebrauch wird von alters her diese Siebenermenge selten überschritten: die 7 Todsünden, die 7 Schwaben, die 7 Raben, 7 auf einen Streich, Schneewittchen und die 7 Zwerge, Der Wolf und die 7 Geißlein, die 7-Meilen-Stiefel usw.

> Für die Lernpraxis bedeutet dies:
> • Bereiten Sie Ihre Lerndaten so auf, dass die Zahl vom maximal 7 – Begriffen, Definitionen, Merksätzen etc. – beim Lernen und Abspeichern nicht überschritten wird.

Beispiele sind im schulischen und studentischen Lernbereich: Vokabeln, Merksätze, chemische Verbindungen, Jahreszahlen, Epochen und damit verbundene Ereignisse, anatomische Termini, allgemeine Fachbegriffe, Definitionen oder Kategorien von Systemen.

Mit dieser Art der Portionierung haben Sie sich das Lernen bereits erleichtert. Umfangreichere Begriffssammlungen (z. B. beim Vokabellernen) sollten entsprechend in die optimale Verpackungsmenge umgefüllt werden.

Dieses Einteilen bereitet kein Problem, da man jederzeit derartige Großmengen schnell und leicht in hirnhandliche Einheiten gruppieren kann. Vielleicht lassen sich dabei sogar Untergruppierungen finden, die zusätzlich lernerleichternd sind.

> Sinnvoll gruppiertes Lernmaterial wird besser behalten als beziehungslos nebeneinander stehende oder voneinander isolierte Elemente.

Ein alter Grundsatz der Pädagogik lautet: Es sollen bis zum nächsten Tag maximal zwölf bis 15 Vokabeln zum Neulernen aufgegeben werden. Das entspricht den Ergebnissen der Lernforschung, denn bei einer zu großen Lernmenge wird die Zuordnungssicherheit unseres Langzeitspeichers beeinträchtigt. Bedingt durch ihren Lehrplan, können sich die Lehrer jedoch sehr selten an diese optimale Lernmenge halten.

3.4 Lernposition: Der kleine, effektive Trick

Im Kino und Theater, aber auch auf dem Sportplatz und in der Schulklasse gibt es begehrte und weniger geliebte Plätze, also solche, auf denen man besonders gut oder nicht gut dem Geschehen folgen kann. Tatsächlich finden wir auch beim Lernen bevorzugte Plätze – wie von der Forschung der Lern- und Gedächtnispsychologie bestätigt.

Anfang und Ende einer Lernreihe werden besser behalten als die Mittelteile.

Lerntipp: Wenn wir also eine Menge von z. B. 15 Vokabeln zu lernen haben, so sollten wir daran denken, hier eine Einteilung von optimalen Lernportionen vorzunehmen. Lernen wir alle 15 Vokabeln in einem einzigen Block, dann haben wir zwei Randelemente (erste und letzte Vokabel), die besser behalten werden. Das sind 13,3 Prozent, die sich ohne besonderes Zutun besser einprägen. Bei zwei Lernpaketen haben wir vier Randelemente bzw. ca. 27 Prozent besser aufgenommen.

Wenn wird nun drei Pakete mit jeweils 5 Vokabeln lernen, haben wir dadurch 6 Randelemente, die bevorzugt abgespeichert werden. Das sind 40 Prozent Verbesserung durch Nutzung der Lerngesetze und ohne Mehraufwand. Bei der Lernwiederholung nach ein bis zwei Stunden wird man dann eine andere Aufteilung und Reihenfolge der Vokabeln vornehmen – und schon haften andere Vokabeln ebenfalls besser; usw.

Sind viele Vokabeln oder Begriffe zu lernen, so teilen Sie die Gesamtmenge in Portionen zu jeweils 5 bis 7 Elementen auf.

Das hört sich fast nach dem marktschreierischen Versprechen eines Wundermittelverkäufers in der Fußgängerzone einer Großstadt an? Probieren Sie's aus!

Die Ergebnisse der Lern- und Gedächtnisforschung müssen tatsächlich nicht so kompliziert anzuwenden sein, wie die dicken Fachbücher sie mitunter darstellen.

Der einmal erlernte Stoff muss regelmäßig wiederholt werden, damit er flexibel und dauerhaft verfügbar ist. Darüber erfahren Sie mehr in Kapitel 3.6 und beim Umgang mit der Vokabelkartei in Kapitel 3.15.

3.5 Die Lernbremsen: Ähnlichkeit und andere Hemmungen

Verschiedene Faktoren können beim Lernen hemmend wirken und dadurch seine Effektivität reduzieren. Aus den nachfolgenden Beispielen können Sie selbst ableiten, wo bzw. wie Sie diese Lernbremsen beseitigen können.

Ähnlichkeitshemmung

Lange Zeit konnte ich den Namen einer wirklich netten Freundin meiner Frau nicht behalten. Das wurde mir immer wieder erneut peinlich, wenn ich sie ansprechen wollte. Nach einiger Zeit erkannte ich, dass ich bereits eine andere Person mit diesem Namen kannte. Also war mein Speicher bereits mit diesem Namen besetzt und ließ eine Neudefinition oder einen Parallelgebrauch nicht zu. Nach dieser Erkenntnis habe ich mir deutlich die Unterschiedlichkeiten beider Personen vor Augen geführt und konnte danach beide auseinander halten.

> **Sind Lernelemente einander zu ähnlich, so hemmen sie sich gegenseitig beim Lernen = Ähnlichkeitshemmung.**
> - Diesem psychischen Lernfaktor sollten wir unbedingt Rechnung tragen:
> - Lernen Sie Vokabeln verschiedener Fremdsprachen stets zeitlich deutlich voneinander getrennt.
> - Unterschiedliche Inhalte werden besser behalten als ähnliche.
> - Lernen Sie deshalb ähnliche Inhalte stets zeitlich deutlich voneinander getrennt.

Dank des zeitlich und inhaltlich getrennten Lernens werden Sie unterschiedliche Abspeicherungen vornehmen und diese dann verwechslungssicher abrufen können.

Beispiel: Kennen Sie den Unterschied zwischen folgenden Vokabeln?

Decken Sie die linke Seite mit einem Papier zu und denken Sie nach!

selfconfident	selbstbewusst
selfconscious	befangen (philosophisch: bewusst)
self-confidence	Selbstvertrauen, Selbstsicherheit
1. self-consciousness	Selbstbewusstsein, Selbstvertrauen
2. self-consciousness	Befangenheit

Das braucht einige Zeit und macht sogar den Fachmann und die Fachfrau kirre.

Wörter, die ähnlich klingen, identisch geschrieben werden oder gleiche Wortteile haben, können aufgrund dieser Ähnlichkeiten leicht verwechselt werden, da sie sich im Gedächtnis gegenseitig hemmen. Benutzen wir diese Wörter häufiger, werden diese Hemmung abgebaut.

Beispiele:
- Astronomie – Astrologie
- gleichschenkliges Dreieck – gleichseitiges Dreieck
- Gourmand – Gourmet
- sensibel – sensitiv

Was kann man tun, um diese Verwirrmöglichkeit zu verhindern? Sie sollten die Inhalte – wie oben erwähnt – zeitlich und inhaltlich getrennt erlernen und abspeichern.

> Erst wenn Sie die ähnlichen Begriffe gut beherrschen, dann sollten Sie die Unterschiedlichkeiten herausarbeiten und sich diese präzise (mit Worten oder Bildern) verdeutlichen.

Vorauswirkende Hemmung und rückwirkende Hemmung

Aktionen oder Lerngeschehen der Gegenwart kann das Behalten zukünftiger Lernprozesse beeinträchtigen.

Beispiele:
Jetzt wird über die Geografie Nordamerikas gelernt und später über die Tierwelt Australiens. Das erlernte Wissen über die Geografie Nordamerikas belegt gegebenenfalls gleichzeitig Bilder der dort lebenden Tierwelt. Mit diesen mehr nebenbei abgespeicherten Bildern können Speicherplätze für die Tiere Australiens blockiert werden. Eventuell werden Kontinente und Tiere miteinander vermischt.

Die Lerninhalte, die die unterschiedlichen Arten der Zuckergewinnung einerseits und die Chemie von Zucker andererseits betreffen, können zukünftige Lerninhalte zum Thema Zuckerkrankheit (Diabetes) beeinflussen, da *scheinbar* ähnliche Inhalte interferieren (= sich gegenseitig in die Quere kommen).

Die Vokabeln einer Fremdsprache können das darauf folgende Erlernen der Vokabeln einer anderen Fremdsprache beeinträchtigen.

Die umgekehrte Hemmung ist ähnlich möglich, sodass der eben neu erlernte Stoff frühere Gedächtnisspuren beeinträchtigt. Falls man sich derartiger Beeinflussungen bewusst ist, sollte man die konkurrierenden Inhalte zeitlich relativ weit auseinander liegend erlernen und dabei immer wieder ihre Unterschiede hervorheben. Beim Lernen von Fremdsprachen sollte stets ein Zeitpuffer zwischen den unterschiedlichen Sprachen liegen.

Hemmung durch Gleichzeitigkeit

Wenn wir morgens die Zeitung lesen, und uns spricht jemand mit einer anderen Information dazwischen, kann diese Gleichzeitigkeit der Vermittlung beide Informationen blockieren, sodass wir nur noch wenig oder gar nichts von ihnen wissen. Damit verbunden ist dann vielleicht noch der Vorwurf des Freundes oder der Freundin: »Das habe ich dir doch heute früh genau erklärt.« Die häufigste Hemmung durch Gleichzeitigkeit bewirken wir durch Multitasking, wenn wir also meinen, mehrere Anforderungen gleichzeitig erledigen zu können.

Hier hilft nur, sich konsequent auf eine einzige Informationsquelle zu beziehen und die anderen abzustellen.

Affektive Hemmung

Wie bereits öfter dargestellt, können unsere negativen und auch unsere positiven Gefühle unser Lernen und Behalten stark beeinflussen. Ärger, Enttäuschung, Frustration, Angst, Freude können uns in unserer Arbeit beeinträchtigen. Also sollten wir die Ursachen dieser Hemmfaktoren angehen, so z. B. durch ein Gespräch mit den Konfliktpartnern wie den Eltern, der Freundin, dem Freund, dem Lehrer usw. Mitunter hilft auch Abreagieren durch körperliche Betätigung wie Sport oder mehrmals die Treppen im Haus rauf- und runterrennen.

Körperliche Beeinträchtigung

Übermüdungen, der Kater nach einer Discotour, die beginnende Erkältung usw. reduzieren unsere Lernfähigkeit erheblich. Oft ist es dann sinnvoll, das Lernen erst einmal beiseite zu legen und sich auszuschlafen oder auszukurieren. Ansonsten würden nur Scheinaktivitäten ergriffen, mit denen wir uns die Produktivität lediglich vorgaukelte.

3.6 Lernen, Vergessen, Lernplateau und verteiltes Lernen

Wie wir gesehen haben, ist unsere Aufnahmefähigkeit nicht mit einer beliebig großen Kiste vergleichbar, in die wir beliebig viel und beliebig schnell hineinstopfen können. Wir unterliegen hier zahlreichen Lerngesetzen – die wir uns nutzbar machen sollten.

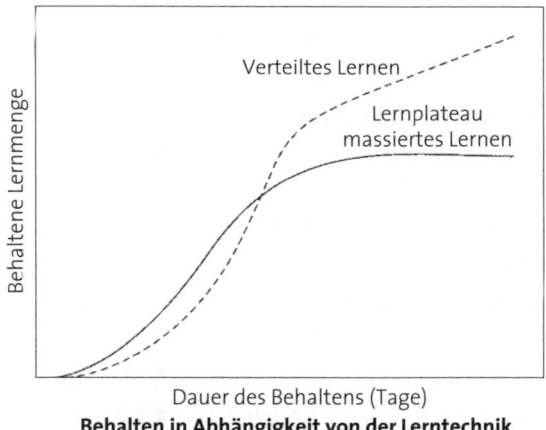

Behalten in Abhängigkeit von der Lerntechnik

Abb. 4: Behalten in Abhängigkeit von der Lerntechnik. Das verteilte Lernen ist anfangs weniger effektiv, nach wenigen Übungen übertrifft es jedoch deutlich das massierte Lernen.

Nachdem die Anfangsphase im Lernen überwunden ist und das Gehirn nun mit schwierigerer Kost gefüttert werden kann, dürfen wir nicht mit einer linearen Zunahme unseres Wissens rechnen. Denn es ist doch recht enttäuschend, wenn man nach längerer Lernzeit meint, immer weniger behalten zu können. Das trifft tatsächlich zu!

Schon 1882 stellt der Gedächtnispsychologe Hermann Ebbinghaus Lerngesetze auf, nach denen bereits eine kleine Zunahme der Lernmenge die Zahl der erforderlichen Wiederholungen wesentlich stärker anwachsen lässt. Die behaltene Lernmenge nimmt also nicht linear zu. Diese Lern-

oder Vergessenskurve wird auch heute noch durch moderne Forschungsergebnisse bestätigt.

> **Unser Gehirn hat Verarbeitungsgrenzen, die es zu berücksichtigen gilt.**
> Wenn wir zu lange oder zu häufig den gleichen Stoff lernen (Vokabeln, Texte, Begriffe), kommt es zu einem Lernplateau.
>
> Weiteres Lernen bewirkt im Moment dann keine Lernverbesserung, sondern Stagnation.
>
> Es wird dann ohne Gewinn unnötiger Energieaufwand betrieben.
>
> Falls wir dann weiterlernen, bewirken wir sogar eine Abnahme des bereits erworbenen und abgespeicherten Lernstoffes.
>
> Es gibt also eine Übersättigung.
>
> Mehrarbeit schadet dann nur.

Verteiltes Lernen ist effektiver

Ein grundlegendes Ergebnis der Gedächtnis- und Lernforschung und die praktische Konsequenzen für uns sind: Der Lernstoff sollte nicht massiert, also nicht mit viel Aufwand in mehreren sofort aufeinander folgenden Wiederholungen aufgenommen werden. Das forcierte Büffeln oder Pauken ist demnach unproduktiv! Der Lernstoff sollte zeitlich verteilt mit Zwischenpausen bearbeitet werden. Der Arbeitsaufwand ist dabei geringer und weniger mühevoll. Das Erlernte wird anfangs vielleicht etwas schlechter behalten, wird jedoch nach diesen verteilten Arbeitsphasen wesentlich besser aufgenommen – und natürlich auch wesentlich besser und länger im Gedächtnis bleiben.

Das Gehirn benötigt einiges an Zeit, neu Erlerntes vom Kurzzeitspeicher in den Langzeitspeicher zu übernehmen. Durch kleine Zwischenpausen geben wir dem Gehirn die Gelegenheit, den Lernstoff aufzunehmen und zuverlässig abzuspeichern. Die neuronale Fixierung ist dann stabiler. Für z. B. Vokabeln sind Lernabstände von 20 bis 40 Minuten zu empfehlen.

Bei großen Textblöcken wie Buchkapiteln sollten sogar mehrere Stunden dazwischen liegen.

Der Ablauf des verteilten Lernens

1. Langsam und aufmerksam durchlesen: Also bloß nicht gleich einprägen und büffeln wollen.

2. Pause: Es wird etwas völlig anderes getan.
3. Nun die einzelnen Begriffe einprägen.
4. Pause: Wieder ganz andere Dinge tun. Das kann durchaus geistiges Arbeiten sein, jedoch nicht Ähnliches wie gerade Angewandtes. (Also sollte man in der Zwischenpause nach den Englischvokabeln Mathe machen und sich nicht Französischvokabeln vornehmen.)
5. Wieder Einprägen der Begriffe.
6. Usw.

Das Gehirn hat dann Zeit genug, die richtigen geistigen »Schubladen« (= Zuordnungen) zu finden, um diese neuen mentalen Karteikarten oder Datenströme verwechslungssicher und dauerhafter zu definieren. Das heißt, man sollte klar strukturierte neuronale Verbindungen im Gehirn (= Synapsen) bilden, die später unverwechselbar wieder gefunden werden können. Beim nächsten Wiederholen nach der Zwischenpause treffen wir dann vereinzelt auf schon bekannte Inhalte, und die Freude nimmt zu, weil wir den Lernzuwachs deutlich beobachten können. Also erfolgt dadurch zusätzlich und automatisch eine förderliche Lernverstärkung!

3.7 Pausen: geliebt und gefürchtet

Beobachten wir nun Schüler und Studenten, wenn sie ein umfangreiches Arbeitspensum zu bewältigen haben! Fast immer können wir bei dieser Beobachtung feststellen, dass einige meist mehrere Stunden fleißig-verbissen arbeiten, die Welt um sich herum vergessen. Danach sind sie oft erschöpft, aber glücklich, so viel gearbeitet zu haben. Die Lernüberprüfung am gleichen oder am nächsten Tag bringt es dann an den Tag: Gemessen am immensen Zeitaufwand, ist unglaublich wenig hängen geblieben! Die dunklen Wolken der Angst und Frustration verhüllen dann das Antlitz, der überdrehte Motor der Panik treibt wieder zu neuen Kraftanstrengungen an – um den gleichen Frust wieder zu bereiten. Das muss nicht so sein!

Tatsächlich lernen viele Studenten bis zu zehn oder mehr Stunden täglich fleißig und erzielen in Relation dazu minimale Lerngewinne. Die genauen Analysen in meiner Praxis zeigen dann, dass sie kaum angemessene Lerntechniken beherrschen und sich meist zeitlich überfordern.

> Unsere »Lernmaschine« Gehirn kann nicht beliebig lange mit Eingaben gefüttert werden.
> Sie benötigt Speicher- und Verarbeitungszeiten und Wartungspausen.

In jedem gewerblichen Betrieb sind Pausenzahl und Pausendauer tariflich festgelegt. Der Arbeitnehmer hat einen gesetzlichen Anspruch darauf, und der Arbeitgeber hat die Fürsorgepflicht dafür, dass die Pausen eingehalten werden. Sie dienen der Erholung, der Nahrungsaufnahme, Entspannung, Wiederherstellung der Leistungsfähigkeit, Verminderung von Unfällen, Verbesserung der Produktion … usw. Die Pausen sind somit nicht nur Fitmacher für den Profit, sondern auch Selbstschutz.

Warum Pausen wichtig sind

Pausen haben arbeitsphysiologische Wirkungen:

- Häufige Pausen nach ungefähr 20 bis 40 Minuten Arbeit sind sehr effektiv.
- Häufige Pausen von weniger als 20 Minuten Dauer sind für Körper, Seele und Geist erfrischend. Sie verhindern im Körper den Aufbau von Ermüdung.
- Gerade zu Beginn einer Pause ist der Erholungswert am größten.
- Deshalb sind häufige kurze Pausen wesentlich effektiver als wenige lange Pausen.
- Pausen sollten nicht mit Nebentätigkeiten ausgefüllt werden.
- Pausen sollten an einem lärmfreien Ort möglich sein. Dies trifft auf jeden Fall für gewerbliche Betriebe zu. Die überlaute Musik via Kopfhörer wird wahrscheinlich auch darunter fallen.
- Pausen haben psychologische Wirkungen:
- Die Freude auf die Pause kann einen positiven Arbeitseffekt bewirken, der bereits vor der Pause eintreten kann.
- In den Pausen arbeitet unser Gehirn weiter, es knüpft Verbindungen, bearbeitet Suchprozesse. (Deshalb fällt uns oft nach einer Pause die gute Lösung ein, die wir davor nicht finden konnten.)
- Pausen werden meist als Belohnung für die vorherige Leistung erlebt. Dadurch wirken sie verstärkend für das weitere Lernverhalten.
- Richtig gestaltete Pausen wirken zusätzlich zur Lernmotivation als »Lernmotoren«, also Antriebskräfte, die uns nicht nur körperliche Erholung bringen, sondern auch die Arbeit erleichtern und uns motivieren können, weiterzuarbeiten.

Deshalb sollten Pausen stets gut geplant und eingehalten werden.

Aus der elektronischen Datenverarbeitung

Wollen wir ein Programm oder Texte im Computer abspeichern, so benötigt dieses durch seine gerühmte Geschwindigkeit bewunderte Kraftpaket dennoch ein paar Sekunden an Laufwerkaktivitäten, bis der Speichervorgang beendet ist. Diese Zeit ist systembedingt und allein für das Speichern vorbehalten, andere Operationen sind dann meist nicht möglich (es sei denn, das Maschinchen ist sehr gut und besteht eigentlich aus mehreren). Geben Sie dem Computer oder dem einfachen Taschenrechner zu viele Daten ein, so reagiert er mit »Error« oder »Overflow« oder wird langsamer. Die bewundernswert schnelle Technik ist hier konsequent und signalisiert dadurch sinnvoll ihre Grenzen. Nur der (fleißige) Mensch meint, er könne seine Biomasse der »grauen Zellen« stetig auspowern.

> Pausen sind in gleicher Weise wichtig wie die Arbeitsphasen.
> **Arbeit + Pausen = sinnvolle Arbeitszeit**

Wahrscheinlich werden so selten Pausen eingelegt, weil man meint, sie seien vergeudete Zeit. Man vermeidet somit eine Pause aus Angst vor Zeitverlust. Angst und Vermeidungsverhalten (siehe Kap. 2.3) sind jedoch schlechte Begleiter.

> Pausen müssen fest eingeplant werden.

Wenn man Pausen fest einplant, so werden sie feste Bestandteile des Arbeitens.

Ich habe ein Recht auf meine Pausen.

Auch wenn das erhoffte Pensum nicht erreicht wurde, muss die Pause genommen werden. Je besser man dadurch abschaltet, umso besser kann man danach wieder lernen.

> Es besteht die Verpflichtung, die Pause zu nehmen, unabhängig vom Lernerfolg.

Auf diese Weise können Pausen als Erholung lernfördernd wirken. Sie bereiten dann keine Angst vor vertaner Zeit. Es kommen dann auch keine Schuldgefühle mehr auf, wenn man seine eingeplante und verdiente Pause nimmt. So weit nun zur gesunden und effektiven Pausenmoral.

> Pausen müssen mit gutem Gefühl genossen werden.

In der Lernpraxis sollten sechs verschiedene Pausenarten unterschieden werden (vgl. unten und Tab. 2).

Tab. 2: Die sechs verschiedenen Pausenarten

Art der Pause	Dauer	Beginn	Inhalte, Ziele
1 Abspeicherpause	10–20 Sekunden	jeweils nach: Definitionen, Begriffen, Formeln, auch nach komplexen Inhalten	Konzentration und sicheres Abspeichern
2 Umschaltpause	3–5 Minuten	nach ca. 20–40 Minuten Arbeit	Abstand zum vorher Gelernten bekommen – dadurch besser Neues aufnehmen
3 Zwischenpause	15–20 Minuten	nach ca. 90 Minuten intensiver Arbeit (also nach zwei Arbeitsphasen)	Erholung, abschalten
4 lange Erholungspause	1–3 Stunden	nach ca. 3 Stunden Arbeit	Erholung, abschalten Essenspausen, Feierabend
5 freie Tage	1–2 Tage	nach mehreren Arbeitstagen	Erholung, intensive Entspannung
6 Urlaubszeit	1-XXL Wochen	nach umfangreicher oder sehr langer Arbeit	Erholung vollkommene Entspannung

1. Die Abspeicherpause

Wie bereits dargelegt, können wir nicht kontinuierlich zu viel und zu schnell und zugleich optimal lernen. Nach jedem neuen Begriff (jeder Vokabel, Formel, Definition) sollen wir unbedingt kurze Abspeicherpausen einlegen, damit unser Hirncomputer ausreichend Zeit hat, die Daten ordnungsgemäß abzulegen. Sie nutzen diese Zeit, indem Sie sich den Begriff nochmals intensiv vorstellen und mit einem treffenden Namen belegen. Auf diese Weise haben Sie der geistigen Karteikarte nun einen Namen gegeben, mit der sie später wieder abgerufen werden kann. Das ist für Prüfungen wichtig, in denen wir uns besonders schnell an wichtige und komplexe Daten erinnern und sie verknüpfen müssen.

Später werden Sie noch lernen, dass Sie sinnvollerweise auch Pausen zum Erinnern (zum Abrufen des Begriffs) benötigen.

> Konzentrieren Sie sich während der Abspeicherpause nur allein auf den Inhalt, und schließen Sie sogar während dieser wenigen Sekunden die Augen.
> Bei bildhaften Inhalten (Tabellen, Formeln, Diagrammen) nehmen Sie nach dem Lernen das Gesamtbild über einige Sekunden in sich auf.

2. Die Umschaltpause

Ist ein Lernstoffbereich abgeschlossen oder eine neue Arbeitsmethode (Lesen, Schreiben, Lernen) beendet, sollte eine kurze Umschaltpause eingelegt werden. Das heißt nach ungefähr 20, spätestens nach 40 Minuten – je nach Belastungs- und Aufnahmefähigkeit.

> Nach Abschluss eines Lernstoffes oder bei Methodenwechsel guten Gewissens 3–5 Minuten Pause machen.

Diese Pausenart soll nun erklärt werden: Während unseres täglichen Lebens bilden wir fortlaufend Kategorisierungen und relativ sinnvolle Speichergruppierungen. Wenn wir ein Lerngebiet verlassen und nahtlos zu einem neuen übergehen, dann kann es dadurch zu Grenzverwischungen kommen. Es treten also Unsicherheiten auf, in welcher Akte abgespeichert wird oder in welcher Akte dann später gesucht werden soll.

Jeder Handwerker wird, wenn er zu einer anderen Arbeitsmethode wechselt, die alten Arbeitsgeräte reinigen und weglegen, dann die neuen vorbereiten usw.: Der Anstreicher setzt den Kleister an, reinigt nun den Tapeziertisch und legt sich die Tapetenrollen bereit, holt die Schere, Bleistift etc. und beginnt dann erst, die Bahnen auf Länge zu schneiden usw. Der

Vergleich mit der Computerarbeit veranschaulicht dies ebenfalls. Bei Wechsel eines Verarbeitungsprogramms (z. B. von *Word* auf *Excel*) benötigt auch der geliebte PC einiges an Zeit, bis mit dem anderen weitergearbeitet werden kann. Der Lernstoffwechsel ist mit einem Programm-, Laufwerk- oder Diskettenwechsel vergleichbar, da wir im Kopf unterschiedliche themenbezogene »Programme«, »Laufwerke« oder »Disketten« benutzen.

> **Die Umschaltpause ist systembedingt.**
> Die Umschaltpause sollte konsequent eingeschaltet werden.
> Sie dient der Verbesserung der Lern- und Speicherkapazität.
> Der Umfang von 3–5 Minuten sollte eingehalten werden, da es sich hier um eine wissenschaftlich erprobte optimale Größe handelt.

3. Die Zwischenpause

Bei jedem körperlichen und geistigen Arbeitsprozess treten nach einiger Zeit Ermüdungen ein. Man kann dann nicht mehr so schnell oder so gut arbeiten, die Fehlerquote steigt, die Arbeitseffektivität nimmt ab. Deshalb müssen z. B. Busfahrer gesetzlich vorgeschrieben nach vier Stunden eine Mindestpause einlegen, deren Einhaltung überprüft wird.

> Nach ca. 90 Minuten Arbeit sollte eine kurze Zwischenpause von 15–20 Minuten eingehalten werden.
> Sie erhöht die vorhergehende und nachfolgende Aufnahme- und Lerneffektivität.
> Halten Sie diese Pause ein. Sie ist Ihr Vorteil.
> Verlassen Sie während dieser Pause den Arbeitsplatz.
> Wählen Sie eine angemessene Freizeitaktivität zum Abschalten.

Wenn Sie sich an diese Zwischenpause gewöhnt haben, wird sie Ihnen sehr lieb und willkommen werden. Sie sollten dabei tatsächlich wegtreten, abschalten, entspannen, loslassen, sich erholen. (Falls es Ihr Diätplan erlaubt, wäre hier eine kleine Zwischenmahlzeit willkommen.) Der Fantasie für Pausentätigkeiten sind hier nur räumliche und zeitliche Grenzen gesetzt. Die Pausentätigkeit sollte jedoch nicht ermüden wie z. B. ein Krafttraining.

4. Die lange Erholungspause

Nun geht es rund, es ist endlich so weit – Mittags- oder Feierabendzeit! Alle freuen sich darauf, vom Lehrling bis zum Chef (der gibt es nur nicht zu).

> Nach ca. 3 bis 4 Stunden sollte eine große Pause (z. B. Mittagspause, Feierabendzeit) von 1 bis 3 Stunden eingelegt werden.

Der Pausenbeginn hängt davon ab, ob man einen festen Termin wahrnehmen muss (wie z. B. Verabredung), günstige Tischzeiten bei …, Schließungszeiten von (z. B. Bibliothek, Institut, Geschäften). Berücksichtigt werden sollte auch, dass man beim Lernen einen sinnvollen Abschnitt erreicht hat, der nun eine Pause gut zulässt.

> Für Arbeitswütige und Vergessliche sollte ein Wecker an die Pause erinnern.

Da vorher Verlockungen jeglicher Art am Wegesrand lauerten, kann nun die Mittagspause besonders erholsam werden. Verbissene Abfragereien oder Lerndispute sollten also unterbleiben. Gerade dann wird eine Pause besonders sinnvoll.

Der Pausenumfang hängt etwas von den äußeren Gegebenheiten ab. Wenn längere Fahrzeiten nach der Schule oder Wartezeiten in der Mensa erforderlich sind, dann wird die Pause länger sein, als wenn alle Angebote nebenan sind. Die Verlockungen in der Pause können solche Intensität annehmen, dass vorgefasste Arbeitsprinzipien schnell vergessen und verlassen werden.

Beispiele: Großeinkauf, Autoreparatur, »günstige« Angebote, Flirt.

Bitte beachten Sie, dass Computerspiele nach dem Lernen das mühsam Erlernte im Arbeitsgedächtnis auslöschen! (Mehr dazu in Kap. 2.14.)

Das Pausenende

Das Pausenende erfreut sich unterschiedlicher Beliebtheit: Für die »Arbeitstiere«, die gern arbeiten und dabei übertreiben, müssen Pausen nahezu zwangsweise eingeführt werden. Entsprechend wollen Sie die Pause früher beenden. Für die Lernenden mit Arbeitsproblemen ist jede Pause willkommen: je länger, je lieber. Sie vermeiden dadurch das Weiterarbeiten.

> **Pausen sind zum Umschalten und Erholen sehr wichtig.**
> Pausen sind ein fester Bestandteil des Lernens.
>   Das Pausenende sollte ebenfalls eingehalten werden. Ein festes Signal kann daran erinnern (z. B. Wecker).

Diese festen Signale für das Pausenende sollten bewusst gesetzt werden. Nur auf diese Weise gewöhnt man sich leichter daran, auf sie einzugehen und dann weiterzuarbeiten.

Als Signale können gelten:
* Weckerton
* Ende einer Rundfunksendung, z. B. Nachrichten
* Ende der nächsten Musik im Rundfunk oder auf der CD
* Erledigung z. B. des Abwaschs
* falls andere Personen einbezogen sind, so seien Sie selbstsicher, und bestehen Sie darauf, nun weiterzuarbeiten.

> In der Gruppe müssen Sie sich für das Weiterarbeiten nicht rechtfertigen. Es ist Bestandteil der Vereinbarungen.
>   Also entwickeln Sie keine Schuldgefühle, wenn Sie lerneffektiv arbeiten wollen.

> **Das Pausenende sollte bereits vor Pausenbeginn festgelegt werden.**
> Zeigen Sie Selbstsicherheit, indem Sie die Kontakte zum Pausenende hin freundlich beenden und eine neue Verabredung treffen.
>   Zeigen Sie Konsequenz, wenn Sie eine angenehme Pausentätigkeit beenden (unterbrechen) sollen.
>   Denken Sie daran, dass Sie in der Mittagspause eventuell wichtige Dinge erledigen müssen, die für die weitere Lernphase erforderlich sind:
> * Bankbesuch, Einkäufe, Verabredungen.
> Denken Sie auch an:
> * Bücher aus der Bibliothek oder dem Buchgeschäft abholen oder dort bestellen
> * Sachkataloge im Institut konsultieren

- Fotokopien anfertigen
- Materialen wie Karteikarten, Füllerpatronen etc. einkaufen
- etc.

Verführerisch sind z. B. kleine Spaziergänge oder ein Blick in das Fernseh-programm, Beginn einer CD. Hier bedarf es schon höherer Disziplin, nach der vereinbarten Zeit wieder zur Arbeit zurückzukehren.

Halten Sie Ihre Pausen stets ein. Sie werden dann mit Ihrem Lernfortschritt immer zufriedener werden.

Bitte überprüfen Sie, ob Sie die bisher gelesenen Lern- und Arbeitstech-niken in die Praxis umsetzen.

Benutzen Sie die Checkliste zur Lernkontrolle in Anhang A.

5. Freie Tage

Falls in einer sehr kurzen Zeit ein sehr umfangreiches Arbeitsprogramm zu absolvieren ist, so sollte niemand länger als 5–7 Tage ununterbrochen intensiv arbeiten. Bei einer lang anhaltenden intensiven und konzentrier-ten Tätigkeit sinken mit der Zeit die Aufnahmefähigkeit und auch die Kri-tikfähigkeit. Dann wird nicht mehr optimal gearbeitet. Also sollten Sie sich dann mit gutem Gewissen 1 bis 2 tage Freizeit kompakt gönnen.

6. Urlaubszeit

Nach mehreren Arbeitswochen oder sogar Arbeitsmonaten stehen Ihnen ein paar Tage Totalerholung zu, in denen Sie vollkommen abschalten müs-sen. Das belebt und gibt wieder neue Motivation für die nächste lange Ar-beitsperiode. Übrigens sind Kurzurlaube von 2–3 Tagen (verbunden mit einem Tapetenwechsel) besonders erholsam.

3.8   Ende gut, alles gut: Der positive Abschluss

Endet eine insgesamt schöne Feier mit einer unangenehmen Auseinander-setzung, so werden wir in unserer Erinnerung diese Feier rückwirkend als insgesamt unangenehm einstufen und erleben. Diese psychische Bewer-tung machen sich oft Pensionen nutzbar. Der clevere Küchenchef wird am

121

vorletzten und letzten Tag besonders attraktive Mahlzeiten servieren. Wenn wir uns später an den Aufenthalt dort erinnern, werden wir geneigt sein, das Essen des gesamten Aufenthaltes positiver zu bewerten.

> Wenn eine Tätigkeit positiv endet, wird sie insgesamt als eher positiv erlebt. Eine längere Arbeitsphase (von ca. 1,5 bis 3 Stunden) sollte deshalb stets mit positivem Lernerfolg enden.

Durch dieses positive Erlebnis sind wir dann umso motivierter, das Lernen wieder aufzunehmen. Wir werden es dann als angenehmer empfinden weiterzulernen. (Der aversive Charakter des Arbeitsbeginns ist also vermindert, und wir werden unser Vermeidungsverhalten reduzieren.)

Positive Abschlüsse beim Lernen gestalten

1. Bewusst feststellen, wie viel Sie bereits geschafft haben. Beachten Sie demnach weniger die unbearbeitete Menge, die ja eigentlich *scheinbar* immer die größere ist.
2. Vergleichen Sie, was Sie am Anfang der Lernphase bzw. Arbeitsphase des Halbtages konnten (nicht konnten) – und was Sie nun bereits beherrschen.
3. Legen Sie Karteikarten an, die festhalten, was Sie können, wie viel Sie schon können, wie z. B. Vokabelkartei (kommt noch in diesem Buch), Literaturkartei, Definitionskartei, gelesene Menge, geschriebene Menge (Grobkonzept, Feinkonzept etc.)

An der zunehmenden Menge ersehen Sie dann Ihren Lernzuwachs.

3.9 Am Ende eines Arbeitstages: Rituale für das Finale

Von bestimmten Berufsgruppen werden zu Arbeitsbeginn bestimmte Berufskleidungsstücke angelegt (Monteur: Blaumann, grauer Kittel; Arzt: weißer Kittel; Jäger: grüner Anzug). Nach Arbeitsende werden sie abgelegt und gegen die so genannte Freizeitkleidung ausgetauscht. Ebenso wird in bestimmten Berufen das Arbeitsende durch bestimmte Zeichen signalisiert wie z. B. Werkssirene, Bürouhr. Diese Zeichen fördern die Differenzierung zwischen Arbeit und Freizeit, also auch das Abschalten vom Beruf zur Freizeit und umgekehrt. Sie erleichtern dadurch die Umstellung auf die jeweils relevanten Anforderungen.

Kopfarbeiter wie Lernende haben extrem selten derartige Signale. Meist arbeiten oder lernen sie, bis sie merken, dass nun eine Pause oder der Abschluss für heute angesagt ist. Im Freizeitbereich kreisen dann immer noch ihre Gedanken um ihre Arbeit, und sie kommen nicht zur Ruhe, die für die Entspannung so wesentlich ist.

> Neben einer Differenzierung von Arbeits- und Freizeitbereich ist auch die Einführung eines Abschlusssignals erforderlich – so wie die Fabriksirene oder Ähnliches.
>
> Schaffen Sie Abschlussrituale für Ihre Arbeitsphasen, damit Sie nach getaner Arbeit mit gutem Gewissen abschalten und sich erholen können.

Vorschlag für ein Abschlussritual nach getaner Arbeit

- Bereits einige Minuten vor Arbeitsende sollten Sie sich auf das nahende Ende der Arbeitsphase vorbereiten. Denken Sie bewusst daran, dass in z. B. 10 Minuten Ihre Arbeitsphase für heute beendet sein wird.
- Nun überdenken Sie ganz kurz, an welcher Stelle Sie Ihre Arbeit heute beenden werden: z. B. nach der nächsten Buchseite, nach den nächsten 20 Zeilen etc.
- Halten Sie diese Abschlussvereinbarung bitte ein. Die Formulierung »Nur noch eben … erledigen« ist unpräzise und kann zu weiterer sehr lange dauernder Arbeit führen.
- Bei Erreichung des Arbeitsendes sagen Sie sich bewusst: »Ich habe für heute mein Pensum von XX erreicht. Ich beende nun meine Arbeit für heute.«
- Nun verschaffen Sie sich kurz einen Überblick über die heute geleistete Arbeit, indem Sie z. B. die gelesenen oder ausgearbeiteten Seiten durch Ihre Finger gleiten lassen.
- Machen Sie sich nun ganz knappe Notizen, welche Aspekte in der nächsten Arbeitsphase (also morgen) zu berücksichtigen sind. Das erleichtert den nächsten Beginn am Folgetag.

- Klappen Sie Ihr Buch, Ihren Ordner etc. bewusst zu, fahren Sie Ihren PC bewusst herunter. Denken Sie: »Ich beende für heute meine Arbeit. Ich mache das Buch zu. Ich klappe meinen Ordner zu. Ich fahre meinen PC herunter. Ich habe danach Freizeit.«
- Verlassen Sie jetzt Ihren Arbeitsplatz.
- Mitunter ist es hilfreich, sich dann sogar umzuziehen, um im Freizeitlook tatsächlich umschalten und entspannen zu können.
- Falls möglich, sollte der Arbeitsbereich bis zur nächsten Arbeitsphase nicht mehr sichtbar sein. Gegebenenfalls reicht es, in einem Einraumapartment seinen Freizeitstuhl mit dem Rücken zum Schreibtisch aufzustellen.
- Mit diesem täglichen Abschlussritual gelingt es tatsächlich wesentlich besser, zwischen Arbeit und Freizeit umzuschalten und dadurch ein psychologisch relativ geregeltes Arbeitsfeld zu bekommen.

3.10 Vorbereitung der nächsten Lerneinheit

Am Ende eines Halbtages sollten Sie möglichst die Inhalte und Arbeitsprozesse für die nach der Pause folgende Lernphase grob vorplanen.

> Vor der Mittagspause oder am Abend wird nachgesehen, was in der nächsten Lernphase gefordert sein wird. Entsprechend wissen Sie dann schon, welche Bücher, Texte, Materialien benötigt werden.

Wünschenswert ist es nun, dass Sie diese Materialien jetzt schon sichten und bereitstellen. Das sieht im ersten Augenblick vielleicht zwanghaft und bürokratisch aus.

Die Vorbereitung der Lerneinheit hat folgende Vorteile:

- Man ist von der Lernphase vorher noch warm gelaufen und hat den Überblick. Man wird also schneller wissen, was bald zu erledigen sein wird.
- Auch wenn man nun vom Lernen abgespannt und müde ist, kann man diese Tätigkeit noch ohne viel Energieaufwand bewältigen, denn es kommt hier mehr auf motorische Sortier- und Sichtungsarbeiten an.

- Durch diese Sichtung wird festgestellt, ob alle erforderlichen Materialien vorhanden sind. Falls nicht, kann die Zwischenzeit dazu genutzt werden, Ergänzungen vorzunehmen: das Buch aus der Bibliothek leihen, den Artikel fotokopieren, den verliehenen Artikel abholen, Karteikarten kaufen ... etc.
- Es wird bereits eine positive Erwartung und Arbeitsmotivation für die nächste Lernphase geschaffen.
- Das lästige Anfangen wird später erleichtert.
- Die Warmlaufphase der nächsten Arbeitseinheit ist dadurch vorbereitet und erleichtert.
- Vermeidungsverhalten, das das Anfangen hinauszögert, wird verringert.

Vom Sehen, Hören und Verstehen

Viele Lernende stellen sich die Frage, wie sie in Ergänzung zu den Lerngesetzen den umfangreichen Lernstoff noch besser aufnehmen, verstehen und wiedergeben können. Der Wunsch nach dem im ersten Kapitel erwähnten Nürnberger Trichter wird dadurch indirekt artikuliert.

Der folgende Kursabschnitt befasst sich mit den geeigneten Lernkanälen und damit, wie Lesetexte, Vokabeln, Formeln, Fachbegriffe und Vorträge besser verstanden und in das Gedächtnis aufgenommen und zuverlässig integriert werden können.

3.11 Lernkanäle: Viele Wege führen zum Gehirn

In der Lernforschung versucht man herauszufinden, durch welche Sinnesverarbeitung Lernmaterial am besten aufgenommen werden kann. Das ist teilweise müßig, da das unterschiedliche Material fast nur für den für ihn typischen Kanal vermittelt werden kann:

- Geschichtswissen wird primär über gelesene Texte dargestellt
- Turnübungen sind primär motorisch erfahrbar
- Musiklernen ist sowohl über die unterschiedliche Motorik als auch über das Gehör erfahrbar
- Anatomiewissen wird über Abbildungen, Präparate und zusätzlich erläuternde Texte aufgenommen
- usw.

> **Wir lernen durch unterschiedliche Aufnahmekanäle:**
> Lesen – Sehen – Hören – Sprechen – Schreiben – Bewegen
> Je nach Begabung oder Angewohnheit bevorzugen wir die Aufnahmekanäle unterschiedlich stark. Wir können also über bestimmte Kanäle besser lernen als über andere.

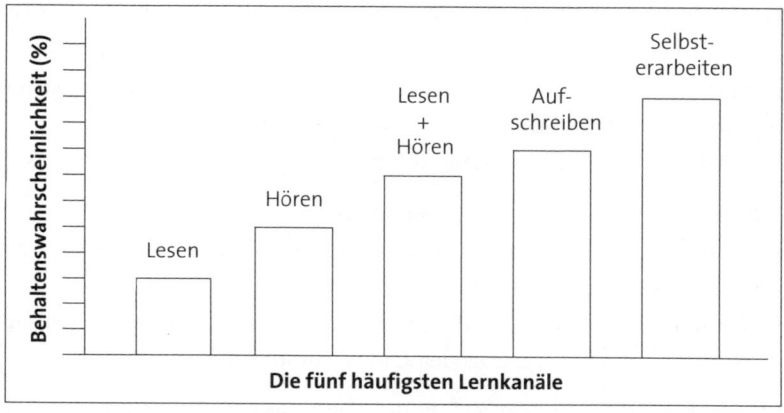

Abb. 5: Effektivität der Lernkanäle – Gegenüberstellung der fünf häufigsten Lernkanäle in Bezug auf ihre Effektivität beim Behalten. Die Angaben sind hier nur als relativ zueinander anzusehen.

Eine alte Weisheit? – Nicht ganz! Viele kennen ihre bevorzugten Aufnahmemöglichkeiten und nutzen sie entsprechend. Dennoch sollte jeder für sich ausprobieren, ob er tatsächlich den für ihn optimalen Kanal benutzt. Dazu benötigen Sie keinen speziellen Test. Auch die angebotenen Kurztest in Büchern und im Internet sind wenig aussagekräftig. Wenn Sie die Effektivität Ihrer Kanäle so getestet haben, werden Sie feststellen, dass es kaum extreme Spezialisierungen gibt.

Angaben über die Wirkung der Lernkanäle kritisch betrachtet:
- Angaben zum Lernkanal »Lesen« berücksichtigen nie, welche Art von Text vorliegt.
- Angaben zum Lernkanal »Sehen« berücksichtigen nie, ob es sich handelt um z. B. Abbildungen im Text, Tabellen, natürliche Situationen (z. B. Meerschweinchen ansehen), PC-Animationen oder Videofilme.
- Der Lernkanal »Handeln« wird extrem selten berücksichtigt, da darunter fallen: »selbst erarbeiten«, »jemandem etwas erklären« oder »eine motorische Aufgabe erledigen wie Klavierspielen oder Stabhochsprung«. Dabei können sowohl die motorischen Aufgaben als auch die zu ihnen führenden Lernkanäle untereinander jeweils sehr unterschiedlich sein.

Fazit: Über die genaue Effektivität in der Nutzung der Lernkanäle wurden bislang sehr wenige wissenschaftlich zuverlässige Untersuchungen durchgeführt. Die Internetangaben der verschiedenen »Lerninstitute« dazu sind sehr ungenau und wissenschaftlich kaum belegbar.

Probieren Sie einfach andere Aufnahmemöglichkeiten aus!

- *Sprechen* Sie die Fragen und Antworten.
- *Lesen* Sie nach bestimmten Methoden (die effektive SQ3R-Methode werden Sie in Kap. 3.13 noch kennen lernen).
- *Hören* Sie Argumente der Mitlernenden, Dozenten, Lehrer. Achten Sie auf die von ihnen vorgetragenen Querverbindungen.

Nur sehr grob lässt sich aussagen, dass Lesen wenig effektiv ist, wenn es nicht mit anderen Lernaktivitäten wie Hören, Ausarbeiten etc. verbunden wird.

> Besonders gut haftet ein Lernstoff, wenn er über verschiedene Kanäle aufgenommen wird.
>
> Trotz aller Optimierung und Spezialisierung im Aufnehmen sollten Sie also nicht einseitig werden.
>
> Wenn es nur irgendwie geht, machen Sie sich den Stoff auf unterschiedlichen Ebenen zugänglich.

Der Vorteil der Benutzung möglichst unterschiedlicher Kanäle

Die Aufnahmemodi sind sehr verschieden und erlauben dadurch unterschiedliche Abspeicherungen in verschiedenen Hirnarealen (= Hirnbereichen). Da Sie gleiche Lerninhalte bei unterschiedlichen Eingabekanälen unter dem gleichen Stichwort abspeichern, werden in der zentralen Verarbeitungseinheit des Gehirns die richtigen Verbindungen hergestellt. Der Lerngegenstand wird durch diese mehrschichtige Aufnahme tatsächlich »plastischer«. Ein Vergleich: Wenn wir ein Foto von einem Haus haben, Pläne vom Haus oder Videoaufnahmen von der Begehung – stets haben wir neue Eindrücke von ähnlichen Inhalten.

Später beim Abrufen, also beim Erinnern, haben Sie mehrere Möglichkeiten des Zugriffs auf das Gelernte. Wenn also das Erinnern über den einen Speicher nicht schnell genug (oder schlecht) erfolgt, können über die anderen Speicherkanäle die anderen Speicher zum gleichen Inhalt zuverlässig erreicht werden.

> Wichtige Begriffe, Definitionen und Formeln sollten gelesen, gesprochen, geschrieben, gehört und in Sinnzusammenhang gebracht werden.
> Weiterhin ist wichtig, dass Sie das Lernmaterial anschaulich machen.
> Bereiten Sie das Lernmaterial für Ihre Innenbilder auf.

Strukturen erkennen und grafisch gegliedert darstellen

Besonders für optisch Darstellbares können Sie Ihre Innenbilder aktivieren. Sie werden dabei behilflich sein, besser zu behalten und gut zu erinnern. Gerade Aufstellungen, Gegenüberstellungen, Querverbindungen haben eine Struktur, die sich leicht in Form von Diagrammen, Tabellen, Flussdiagrammen etc. gut darstellen lässt. Es ist geradezu ein Jammer, dass nur so wenige Fachbuchautoren diese Strukturen so wenig lernfreundlich handhaben und aufbereiten.

Ein Beispiel aus einem Fachbuch, das zwar älter ist, aber auch für manche heutige Fachliteratur exemplarisch:

»Wie die Fische und die Amphibien, so nennt man die Reptilien ›Kaltblüter‹… im Gegensatz zu den ›warmblütigen‹ Vögeln und Säugetieren … Die Reptilien gleichen den Vögeln und den Säugetieren im Gegensatz zu den Fischen darin, dass bei ihnen eine innere Befruchtung der Eier durch das Sperma stattfindet … Die Embryonen der Reptilien entwickeln besondere Hüllen im Ei, die wir als Amnion und Allantois bezeichnen …« (Parker und Bellairs: Die Amphibien und die Reptilien, Lausanne, Edition Recontre, 1969, S. 135). Diese Darstellung erstreckt sich über mehrere Seiten. Der Auszug ist zwar stilistisch und fachlich stimmig, jedoch sehr kompakt, sodass er nicht so schnell verstanden, behalten und zuverlässig erinnert werden kann. Da hier unterschiedliche Merkmale der Wirbeltierklassen verglichen werden, hilft es für das Textverständnis besonders, wenn wir den Text relativ schnell in Form einer Tabelle veranschaulichen. Indem wir die Tabelle selbst erstellen und den Inhalt in eine übersichtliche und visuell anregende Struktur gebracht haben, werden wir uns später sehr schnell und zuverlässig an ihn erinnern können.

Tab. 3: Entwicklung der Reptilien – Vergleich mit anderen Wirbeltieren

Amphibien	Reptilien	Vögel	Säuger
Kaltblüter		Warmblüter	
äußere Befruchtung	innere Befruchtung durch das Sperma (Ausnahme: Brückenechse hat kein Genital)		
Laich	Eier groß, dotterreich		Gebärmutter Placenta
keine Schale	kalkhaltige Außenschale Eihüllen, Amnion, Allantois		Ausnahme: monotreme Säuger wie Schnabeltier und Schnabeligel legen Eier.
4 echte Finger	5 Finger Ausnahme: Schlangen		5 Finger
Jungtiere: Kiemen tragend	Jungtiere: atmen mit Lungen		
Metamorphose: Kaulquappen	ähneln in der Gestalt den Eltern		

Symbolgehalte erleichtern das Lernen

Bei solchen Veranschaulichungen sollten bestimmte Symbolgehalte oder Ausdrucksphänomene berücksichtigt werden. Sie erleichtern das Verstehen.

Um Sachverhalte besser darzustellen, sollten Sie sie aufschreiben und in eine logische Anordnung zueinander bringen. Diese Anordnung sollte nicht willkürlich sein, sondern einer Raumsymbolik folgen, die jeder von uns ohne Absprache versteht. Mit links-rechts und oben-unten verbindet man meist automatisch bestimmte Zustände oder Anordnungen. Wenn Sie diese bei Ihren Darstellungen nutzen, können Sie selbst abstrakte und komplizierte Inhalte relativ schnell vermitteln.

Darstellung von Zeitverläufen

Zur Verdeutlichung von Entwicklungen in Politik, Geschichte, Biologie, Zoologie, Philosophie etc. lassen sich diese Zeitfolgen allein durch die Anordnung der Einzelsachverhalte schnell und prägnant mitteilen. Dass man in unserem Kulturkreis »früher« (Vergangenheit, anfangs etc.) meist mit »links« verbindet und »später« (heute, Zukunft) meist mit »rechts«, sollte in grafischen Darstellungen berücksichtigt werden. So prägt sich der Inhalt wesentlich leichter ein – sowohl für Sie als Verfasser als auch für die Leser Ihrer Ausarbeitung.

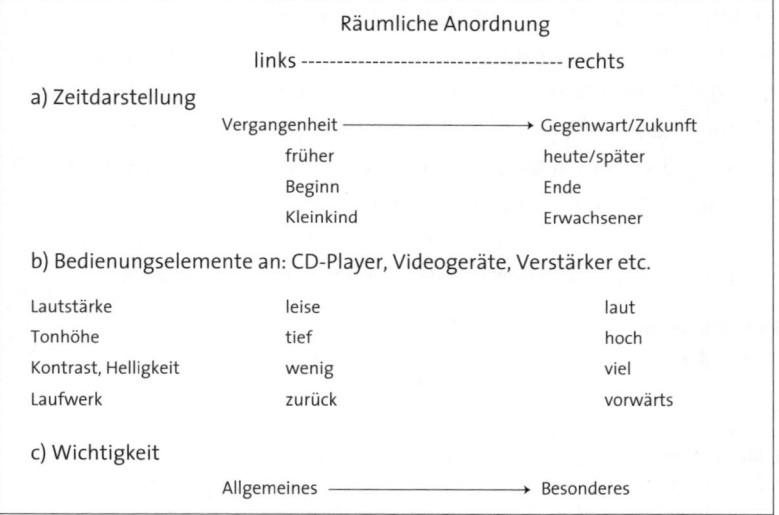

Abb. 6: Nutzung der Raumsymbolik zur Veranschaulichung von teilweise abstrakten Inhalten

Darstellung von Funktionen und von Wichtigkeit
Betrachten Sie bitte Ihre technischen Geräte wie CD-Player, Videogerät, Verstärker. Die Bedienelemente sind bei einer Links-rechts-Anordnung meist einheitlich so festgelegt, dass z. B. von links »leise« nach rechts »laut« geregelt wird, Zurückspulen immer mit der linken Taste erfolgt, Vorwärtsspulen mit der rechten. Diese Anordnung verstehen wir alle sofort und sie erleichtert uns gleichzeitig die Bedienung. Nutzen Sie diese (wahrscheinlich angeborene) Raumorientierung, wenn Sie Funktionen darstellen oder Schwerpunkte und Wichtiges hervorheben wollen.

Darstellung von Übersichten
Wenn sich Lernsachverhalte und Zusammenhänge über viele Seiten oder sogar mehrere Kapitel erstrecken, sollten Sie sich hierzu Übersichtstabellen entwerfen. Durch diese Veranschaulichung haben Sie auch Ihren visuellen Aufnahmekanal beteiligt. Dadurch stellen Sie dann im Bedarfsfall

mehrere Möglichkeiten des Zugriffs bereit. Das erhöht die Lernsicherheit für das weitere Vorgehen – und es reduziert potenziellen Prüfungsstress, da Sie sich auf Ihre Lernsicherheit verlassen können. Ein Beispiel zur räumlichen Darstellung von Wissensfeldern ist in Tabelle 4 wiedergegeben. Die räumliche Anordnung der einzelnen Hypnosebereiche erleichtert hier das Verstehen und Lernen. Oben wird mit der universitären Forschung und Theorie begonnen, dann werden darunter die Praxisbereiche genannt, bis letztlich ganz unten die Grenzbereiche dargestellt sind, die weit entfernt von der Wissenschaftsforschung stehen.

Tab. 4: Einteilung der Hypnose in ihre Forschungs- und Anwendungsbereiche

experimentelle Hypnose (Grundlagenforschung)	Grundlagenforschung Testentwicklung Wahrnehmungserforschung Hirnforschung
klinische Hypnose (Therapieforschung und Anwendung)	Medizin (Schmerz, Geburt, Operationen) Zahnmedizin (Schmerz, Angst, Operation) Psychiatrie (Angst, psychische Störungen) Psychologie (Psychodiagnostik, Psychotherapie)
forensische Hypnose (In BRD untersagt, in USA je nach Bundesstaat verschiedene Funktionen)	Zeugenschutz (Therapie, Angstbehandlung) Zeugenbefragung (Amnesie, Emotionen) Glaubwürdigkeitsbegutachtung
pädagogischer Bereich der Hypnose	Pädagogik (Lernen) Sport (Leistungsverbesserung) mentales Training (Leistungsverbesserung)
Showhypnose	angewandte Sozialpsychologie Zaubertricks (Unterhaltung?) Showtricks und Gruppendruck
Tierhypnose	Tricks (Verwendung von z. B. Schreckstarre) teilweise auch Dressuren

In Abbildung 7 ist die historische Entwicklung der Hypnose durch die Anordnung links-rechts anschaulich gemacht. Die gültigen Theorien sind je nach ihrem »Verwandtschaftsverhältnis« enger oder weiter entfernt zueinander gruppiert, dazu ist ihre Polarisierung in die beiden Theoriegruppen »state« und »non-state« schnell zu erkennen.

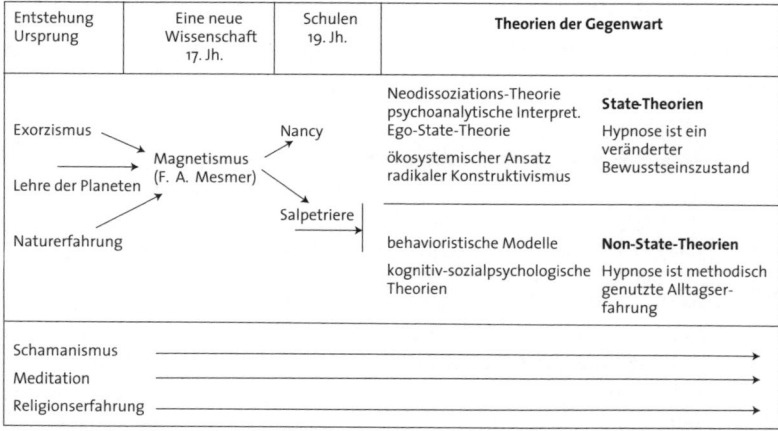

Entstehung Ursprung	Eine neue Wissenschaft 17. Jh.	Schulen 19. Jh.	Theorien der Gegenwart	
Exorzismus	Magnetismus (F. A. Mesmer)	Nancy	Neodissoziations-Theorie psychoanalytische Interpret. Ego-State-Theorie ökosystemischer Ansatz radikaler Konstruktivismus	**State-Theorien** Hypnose ist ein veränderter Bewusstseinszustand
Lehre der Planeten				
Naturerfahrung		Salpetriere	behavioristische Modelle kognitiv-sozialpsychologische Theorien	**Non-State-Theorien** Hypnose ist methodisch genutzte Alltagserfahrung
Schamanismus				
Meditation				
Religionserfahrung				

Abb. 7: Historische Entwicklung der modernen Hypnose

3.12 Sehen und verstehen: Entspannung für die Augen

Mindestens 80 Prozent unseres Wissens nehmen wir mit den Augen auf. Also muss dieses Doppelorgan eine hohe Leistung erbringen – und ermüdet, was zu Anstrengung und zu Konzentrationsstörungen führt.

> **Wenn Sie viel lesen oder am Bildschirm arbeiten, müssen Sie ihre Augen pflegen:**
> - Achten Sie auf eine gleichmäßige Beleuchtung Ihres Arbeitsraumes.
> - Vermeiden Sie also große Helligkeitsunterschiede, besonders bei zu hell eingestelltem Monitor oder bei Arbeit an einem hellen Schreibtisch in einem dunklen Raum.
> - Machen Sie Blickpausen, in denen Sie vom Buch oder Monitor in die Ferne sehen, möglichst weit weg. Das entspannt Ihre Augen und gibt auch Ihrem Geist eine kurze Erholung.
> - Stellen Sie die Schriftgröße auf dem Monitor so ein, dass sie auch aus Ihrer Blickdistanz noch gut lesbar ist. Also kann eine Normalzeilenbreite über die Monitorbreite reichen. Das sind bei Word ca. 125 bis 150 Prozent Größe (Zoom). Wird eine Seitenübersicht erforderlich, so können Sie in der Symbolleiste schnell andere Werte anklicken.
> - Brillenträger benötigen vielleicht eine »Monitorbrille«, die eine größere Lesedistanz von 70 bis 80 cm berücksichtigt.

133

Sicherlich haben Sie bei Ermüdung gemerkt, dass Sie sich Ihre Augen reiben oder mit der Hand über Stirn und Augen fahren. Das ist ein deutliches Zeichen für Ermüdung.

Entspannungsübung für Ihre Augen: Palming – Akupressur

- Dr. William Bates empfiehlt diese einfache und wirkungsvolle Methode, die ursprünglich eine Yoga-Technik ist und von ihm zur mentalen Entspannung, besonders aber zur Augenentspannung entwickelt wird.
- Machen Sie öfter kleine Sehpausen und beachten Sie dabei Folgendes:
- Reiben Sie ihre flachen Handflächen (= *palms*) aneinander, bis sie warm sind. Schließen Sie nun Ihre Augen und legen Ihre Hände darauf.
- Halten Sie dabei mit aneinander liegenden Fingern Ihre Handflächen leicht übereinander, sodass die Augen ganz abgedeckt sind und in völliger Dunkelheit.
- Durch die Wärme und den *leichten* Druck der Handflächen entspannt die Augenregion, was Sie schnell als wohltuend empfinden.
- Bereits nach einigen Sekunden werden Sie sich dadurch entspannter fühlen.

Durch diese wohltuende Intervention haben Sie auch mental eine kleine Pause gemacht. Sie bekommen etwas Abstand zum Lernstoff und können ihn dadurch besser beurteilen, zuordnen und abspeichern.

Wollen Sie in der Pause sofort nach dem Lernen gern ein Computerspiel machen?

Das sollten Sie lieber lassen. Warum? Das wird ausführlich in Kapitel 2.14 erklärt.

3.13 SQ3R: Die Wunderformel des Herrn Robinson

Erinnern Sie sich an Ihren letzten Roman; wahrscheinlich haben Sie ihn mit Interesse gelesen und können jetzt noch wesentliche Inhalte über Drama, Liebe und Wahnsinn klar gegliedert berichten. Einen *Roman* beginnt man halt vorn, wird neugieriger, liest weiter usw. Der Romanautor macht es einem da auch recht leicht (meistens): Anhand einer mehr oder weniger gerechten, aufmüpfigen, vom Schicksal gebeutelten oder neurotischen Person werden Gedanken und Erlebniswelten geschildert, die sich auf einem Zeitstrahl befinden und somit per se einigermaßen logisch sind. Die

SQ3R–Methode	
Survey:	erforschen, Überblick gewinnen
Question:	Fragen stellen
Read:	Lesen des Textes
Recite:	Zusammenfassen der wichtigsten Inhalte
Review:	Nacherzählen, Wiederholen des gesamten Textes

Abb. 8: Die Lesemethode von Robinson (1961)

Charaktere bleiben dabei weitgehend konstant (wenn sie nicht gerade dem plötzlichen Wahnsinn verfallen), und wir können mit ihnen mitdenken und mitfühlen. Der gute Romanautor entwirft meist komplexe Bilder von Landschaften, Situationen, Zeitgeschehnissen, Erlebniswelten, die für uns immer plastischer werden: Wir leben und fühlen schließlich mit den Romanpersonen. Sie haben Einzug gehalten in unsere Leseecke. (Rotkäppchen hat für kleinere Kinder tatsächlich Realcharakter!)

Ein *Fachbuch* dagegen (auch Abhandlungen in Zeitschriften) greifen nicht auf solche eingängigen Mittel zurück, sondern benutzen den Strahl der Sachlogik und entwickeln darauf die Darstellungen.

> Obwohl in Fachartikeln andere Inhalte als in Romanen vermittelt werden, lesen viele Studierende, Schüler, Personen diese Artikel wie Romane: von vorn bis zum Ende (obwohl es selten einen Höhepunkt gibt).

Die Ergebnisse des Lernforschers Robinson

1. Mit der Romanlesemethode erarbeitete Sach- und Fachliteratur wird inhaltlich nur zur Hälfte aufgenommen, d. h. behalten.
2. Die Qualität der Wiedergabe liegt bei der Befragung ebenfalls bei der Hälfte.
3. Auch das nochmalige Durchlesen nach der überlieferten Lesemethode (vorn bis hinten) erbringt kaum Verbesserungen.

Als Folgerung ergibt sich daraus:

4. Fach- und Sachliteratur muss mit besonders dafür entwickelten Lesetechniken erarbeitet werden.
5. Durch besondere Lesetechniken wird die Arbeitseffektivität erhöht.

Herr Robinson (vgl. Robinson 1961) hat aus seinen Untersuchungsbefunden einen Praxisbezug hergestellt. So hat er speziell zur Bearbeitung von Fach- und Sachliteratur eine besondere Methode entwickelt, die sich kompliziert anhört, jedoch sehr einfach anzuwenden ist – und heute immer noch uneingeschränkt effektiv ist.

So gerne man hier englische Begriffe durch deutsche übersetzen möchte, ohne sinnentstellende Wortverbiegungen käme hierbei kein einprägsameres Kürzel heraus. Also sollten wir so gebildet sein, den englischen Begriff SQ3R stehen zu lassen. Anfangs mag die Methode kompliziert erscheinen – ist sie jedoch nicht. Es sind sehr einfache Vorgehensweisen, die sich bei allen Texten sofort ohne Vorbereitung anwenden lassen.

Schritt 1: Survey – Erforschen, Überblick gewinnen

Nähern Sie sich anfangs dem Text, indem Sie noch gar nicht mit dem Lesen des fortlaufenden Textes beginnen. (Das hört sich schon mal gut an!)

Sie sollten erst grob erforschen, was auf Sie zukommen wird:

- Lesen Sie den Titel des Buches (Artikels, Beitrags etc.).
- Lesen Sie bei Büchern den Innentext z. B. auf der Umschlagklappe oder den Text der Rückseite.
- Lesen Sie bei Fachartikeln: Namen der Fachzeitschrift (und Jahrgang), die Überschrift, Autorennamen, die eventuell dazugehörenden Fußnoten.
- Vom Inhaltsverzeichnis werden nun die Überschriften der Hauptkapitel gelesen; bei einem Artikel lesen Sie entsprechend nur die Hauptüberschriften.
- Schauen Sie sich dann Abbildungen und Tabellen an.
- Ist Ihnen der Autor bekannt?
- Lesen Sie das Vorwort des Buches oder die Zusammenfassung des Artikels.

Auf diese Weise verschaffen Sie sich im wahrsten Sinne des Wortes einen fundierten Überblick.

Wenn Sie bereits im Buchtext z. B. eines Kapitels (oder eines Artikels) sind, gehen Sie wie folgt vor:
- Überschrift lesen
- Unterüberschriften lesen

- Abbildungen und Tabellen ansehen und ihre Über- oder Unterschriften lesen
- Texthervorhebungen gegebenenfalls überfliegen.

Durch diesen ersten Schritt erhalten Sie einen Grobüberblick über das, was auf Sie zukommen wird. So haben Sie bereits den Aufbau im Großen und Ganzen erkannt, also das Gerüst des Textes und der darin enthaltenen Aussagen.

Das weitere Lesen wird also nicht mehr auf einen leeren Speicher mühevoll codiert. Durch diese S-Phase wird ein grobes Einordnungskonzept geschaffen, nach dem wir dann schon gezielter zuordnen, behalten und abspeichern können. Das erleichtert Aufnahme und Verarbeitung der Inhalte. (Der Speicher ist quasi vorformatiert für diese Inhalte.) Da wir nun nicht mehr »in den blauen Dunst hinein« lesen, fallen uns danach Orientierungen leichter. In dieser Phase werden allgemein Vorinformationen gegeben, die Neugier und Erwartungen schaffen und so deutlich die Aufnahmebereitschaft begünstigen.

Übrigens dauert diese Phase nur wenige Minuten und ist ungeheuer zeitsparend.

Schritt 2: Question – Fragen stellen
Sie sollen sich immer noch bremsen und bitte noch nicht Ihren Artikel weiterlesen. (Das ist fast so spannend wie Weihnachten.)

Stellen Sie sich nun folgende Fragen wie z. B.:
- Was weiß ich bereits zu dem Stoff?
- Was weiß ich bereits vom oder über den Autor?
- Welche Kapitel oder Überschriften werden genannt?
- Welche unbekannten Fremdwörter oder Fachbegriffe tauchen auf (soweit sie jetzt schon festzustellen sind)? Schlagen Sie diese Begriffe im entsprechenden Buch nach.
- Zu welchem Bereich gehört das Thema?
- Was stelle ich mir unter dem Thema vor?
- Welchen Bezug hat dieses Kapitel zu den vorhergehenden?
- Gibt es Querverbindungen zu bereits früher Gelerntem?

Durch diese Fragen bereiten Sie sich weiter auf den Text vor. Sie werden dadurch den Text nicht passiv aufnehmen, sondern aktiv daran interessiert sein. Das bewirkt dann weiter noch besseres Behalten. (Als Zeuge eines Geschehens werden wir mehr davon berichten können, als wenn wir darüber – passiv – in der Zeitung lesen.)

Weiter werden wir schneller die vorgegebenen Strukturen des Textes erkennen und wesentliche von unwesentlichen Informationen unterscheiden können. Darüber hinaus lernen Sie, Sachfragen zu formulieren – und darauf auch angemessener antworten zu können. Anfangs mag die Fragerei mühevoll erscheinen. Mit zunehmender Übung wird sie dann ein fester Bestandteil Ihres Vorgehens werden.

Schritt 3: Read – Lesen des Textes

Nun sind Sie gut vorbereitet, haben sich warm gedacht und zielgerichtet neugierig gemacht. Jetzt dürfen Sie lesen – aber nur nach bestimmten Regeln!

> Lesen Sie langsam.
> Da Fachbücher selten einen Spannungsbogen haben, müssen Sie die vorgegebene Struktur erkennen und nachvollziehen.
> Fachausdrücke und Fremdwörtern spätestens jetzt nachschlagen und im Kontext klären.
> Beachten sie die Gliederungshierarchien, und ordnen Sie danach ein, was Haupt- und Unterpunkte sind.

Beachten Sie Hervorhebungen

- Beachten Sie die vorhandenen Hervorhebungen wie **Fett-** oder *Kursivdruck,* Einrückungen, Einrahmungen, Farbunterlegungen.
- Finden Sie die Hauptaussage(n) der einzelnen Abschnitte oder Gliederungspunkte.
- Finden Sie die Ordnungsprinzipien des Autors.

Falls ein Autor im laufenden Text Gliederungen vornimmt, dann kennzeichnen Sie diese mit Bleistift durch z. B. Nummerierungen.

Beachten Sie sprachliche Hervorhebungen wie z. B.

- wesentlich, beachtlich, von zentraler Bedeutung
- besonders, äußerst, mindestens, höchstens ...
- abschließend
- im Gegensatz zu
- Randbereich, Grenzbereich von, marginale Bereiche ...
- letztlich

- anfangs
- kritisch ist zu bemerken ...
- zusammenfassend
- wie oben erwähnt (s. o.)
- später dargestellt (s. u.)
- mindestens

Heben Sie zusätzlich prägnante (wichtige) Begriffe oder Aussagen durch Kennzeichnungen hervor wie <u>Unterstreichungen</u> oder Striche am Rand. Später brauchen Sie eventuell nur noch diese Textpassagen zu lesen und wissen dann schnell wieder, was im Gesamttext steht.

Nehmen Sie besondere Hervorhebungen am Seitenrand vor wie z. B.:
Def = Definition   Krit = Kritik   Erg = Ergebnis
vgl = vergleiche   Theor = Theorie   Bez = Bezug

All diese Hinweise sind anfangs *scheinbar* verwirrend. Mit der Zeit werden Sie derartige Worthinweise und Kernideen immer schneller finden. Durch prägnante Hervorhebungen können Sie sich später schnell zurechtfinden.

Heben Sie wirklich nur Wesentliches hervor. Das bleibt dann auch wesentlich besser haften.

Nun machen Sie bitte eine kleine Pause von mindestens 3 Minuten, in der Sie genug Zeit haben, alles bislang Gelesene angemessen abzuspeichern.
Beachten Sie die Kraft der Pause!

Schritt 4: Recite – Zusammenfassen der wichtigsten Inhalte

Nun haben Sie einen Abschnitt (ein Kapitel, einen Gliederungspunkt) sorgfältig gelesen. Sie sind also in der Lage, diese wesentlichen Inhalte ohne das Buch wiederzugeben.

Gehen Sie wie folgt vor:
Schreiben Sie die wichtigsten Begriffe, Stichworte und Kerngedanken kurz auf.
Gebrauchen Sie dabei Ihre eigenen Formulierungen. Nachgeplapperte Sätze versagen im Ernstfall.
Eigene Formulierungen zeigen, dass man den Inhalt verstanden hat.

Schriftliche Kurznotizen sind sehr wichtig:

- Das schriftliche Festhalten ist zwar lästig, zwingt jedoch zu einer genauen Festlegung. (Schummeln und oberflächliches »Antworten« werden dadurch ausgeschlossen. »Frommer« Selbstbetrug wird also aufgedeckt.)
- Diese Notizen können Sie später weiterverwenden, z. B. für Wiederholungen, Querverweise, Sammlungen, wenn das Buch ausgeliehen war und dann für längere Zeit nicht mehr greifbar ist.
- Beantworten Sie die unter Q gestellten Fragen und ergänzen Sie sie gegebenenfalls.
- Erstellen Sie eigenständig Tabellen, Gliederungen, Schemata, Übersichten, Listen, die die eventuell komplizierten Inhalte veranschaulichen. (Greifen Sie also auf Ihr Wissen aus den vorhergehenden Kapiteln dieses Buches zurück, und benutzen Sie danach unterschiedliche Sinneskanäle zur Aufnahme.)

Auf diese Weise haben Sie nun eine aussagekräftige Sammlung von wesentlichen Inhalten und Zusammenfassungen. Speichern Sie diese Notizen gut auffindbar in Ihren diversen Aktenordnern, Daten- oder Karteisystemen. Bei späterer Weiterverarbeitung z. B. für die Examensarbeit oder die Prüfungsvorbereitungen können Sie dann auf eine brauchbare Fachsammlung zurückgreifen.

Der Zeitaufwand ist anfangs mitunter nicht gerade gering. – Aber bei entsprechender späterer Weiterverwertung können Sie dann gezielter und zeitökonomischer arbeiten. Also haben Sie letztendlich Zeit eingespart. Später werden Sie diese Methode schnell und ohne viel Aufwand »automatisch« richtig anwenden.

Schritt 5: Review – Nacherzählen, Wiederholen des gesamten Textes

Jetzt kommt der krönende letzte Schritt, der letztlich nur die logische Konsequenz ist.

> Es wird nun eine Zusammenschau vorgenommen: Bereiten Sie sich auf die mündliche Darstellung vor, indem Sie die Überschriften, Gliederungspunkte, Hervorhebungen und Ihre Notizen nochmals (zügig) durchgehen.
> Stellen Sie nun mündlich die wesentlichen Aussagen des Textes dar.

Erweiterungen

Falls bereits möglich, so ziehen Sie Vergleiche der einzelnen Aussagen und stellen Sie Querverbindungen zu ihnen her, ebenso zu den Vorkapiteln des Themas (oder Beitrages) oder zu anderen Beiträgen des Autors, zu ähnlichen Theorien oder Abhandlungen.

Abschließende Bemerkungen

Anfangs werden Sie bestimmt glauben, dass diese SQ3R-Methode lästig ist. Mit der Zeit werden Sie jedoch feststellen, dass Herr Robinson eine genial einfache Arbeitstechnik entwickelte, die sofort wirkt und von Ihnen schnell beherrscht wird. Vertrauen Sie auf die Methode! Anwendungsbereiche sind z. B. Fach- und Sachbücher, Zeitungsberichte und -kommentare, Wissenschaftsartikel in Fachzeitschriften, Schulbücher usw.

> Was anfangs kompliziert erschien, werden Sie sehr schnell als äußerst hilfreich und effektiv bewerten. Bleiben Sie also konsequent bei der Erarbeitung Ihrer Lernthemen!

Übung

Erarbeiten Sie einen einfachen und nicht zu langen Text nach der SQ3R-Methode. Sie werden bereits bei dieser Bearbeitung bemerken, wie einfach die Methode anzuwenden ist – und wie schnell Sie den Text verstehen.

> • Zu Ihrer Bequemlichkeit sind die wichtigsten Stichworte zur SQ3R-Metode nochmals im Anhang C zusammengefasst. Wenn Sie damit üben, dann haben Sie diese Stichworte schneller greifbar.

3.14 Die differenzierte Vokabel- und Lernkartei: Hohe Erfolgsrate

Wenn Sie Vokabeln lernen, so sollten Sie sie regelmäßig wiederholen, da sie sonst in ihrem aktiven und passiven Wortschatz langsam verloren gehen = vergessen werden. Bitte tun Sie sich den Gefallen, und gehen Sie bloß nicht alphabetisch im Wörterbuch vor, um Vokabeln zu lernen oder zu wiederholen. Unser Wissen ist keinesfalls alphabetisch gespeichert. Es ist auch ungeeignet, stur nach früheren Lektionen von Seite X bis Seite XX zu wiederholen. Die Vokabeln werden dann zu stark an eine bestimmte Seite gebunden. Ohne diesen Kontext würde die einzelne Vokabel bedeutungslos werden und uns nur schwer einfallen.

Dieses lektionsweise oder seitenweise Vorgehen bedeutet auch, dass alle Vokabeln gleich behandelt würden, ungeachtet ihrer für uns individuellen Schwierigkeiten. Aus diesem Grunde arbeiten Sie möglichst mit der hier vorgeschlagenen Wiederholungsform, die über Karteikärtchen vorgenommen wird.

Erstellen Sie die differenzierte Vokabel-Lern-Kartei

1. Jeder neue Begriff wird auf eine kleine Karteikarte (ca. 7 x 10 cm) geschrieben. Auf der einen Seite ist die Fremdsprache, auf der anderen der deutsche Begriff (Definition, Erklärung).
2. Je nach Ihrer subjektiv empfundenen Schwierigkeit werden diese Karten nun in fünf unterschiedliche Pakete eingeteilt.
3. Fertigen (oder kaufen) Sie nun einen Karteikasten mit fünf unterschiedlich großen Fächern.
4. Die schwierigsten Karten kommen in das kleinste Fach, die leichtesten in das größte usw. Auf diese Weise haben Sie nun fünf unterschiedlich schwierige Karteipakete.

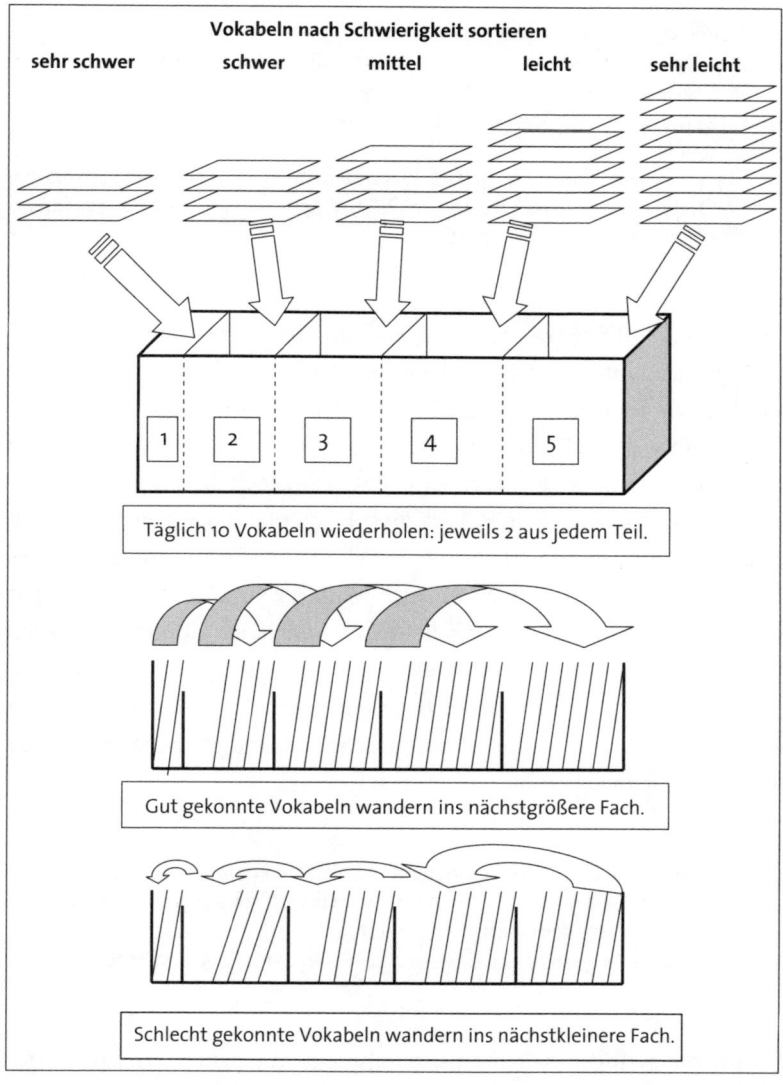

Abb. 9: Die Vokabel-Lern-Kartei. Mit sehr einfachen Mitteln lassen sich Vokabeln sehr effektiv wiederholen.

Arbeiten mit der Vokabel-Lern-Kartei
1. Täglich werden zehn Vokabeln wiederholt, indem aus jedem Fach zwei Karten vom Anfang des Stapels gezogen und abgefragt werden.
2. Wird die Vokabel gut beherrscht, so wandert sie nach hinten in das nächstgrößere Fach.
3. Die schlecht gekonnten Vokabeln wandern ins nächstschmalere Fach. Mittelprächtig gekonnte bleiben im gleichen Fach, werden jedoch wieder ans Ende des Stapels einsortiert.

Durch diese differenzierte Wiederholung ist sichergestellt, dass die schlecht gekonnten Vokabeln, die es nötiger haben, häufiger wiederholt werden. Die gut gekonnten Vokabeln werden dagegen selten wiederholt.

Wenn Sie dieses Prinzip anwenden und stets mit den neuen Vokabeln auffüllen, dann haben Sie Ihren kompletten Vokabelschatz sicher im Griff. Fast alle Schüler mit Fremdsprachenproblemen, die meinem Rat folgten und dieses System konsequent benutzten, verbesserten sich im entsprechenden Fach um ca. eine Note. Auch wenn die Grammatik nicht so gut sitzt, kann man durch viel Vokabelwissen schwierige Grammatikhürden leichter umgehen. Bei starken Defiziten kann es zwar vorkommen, dass ein Schüler die Vokabeln der letzten beiden Schuljahre auf Karteikarten schreiben muss. Das erscheint anfangs sehr aufwändig, macht sich jedoch erstaunlich schnell bezahlt.

Wiederholen Sie täglich konsequent 10 Vokabeln konzentriert.
Schreiben Sie die Vokabeln zusätzlich auf. Sie festigen dadurch nicht nur die Orthografie, sondern auch Ihren Lernerfolg.
Das ist insgesamt ein Aufwand von maximal fünf bis 10 Minuten.

Bei diesem geringen Arbeitseinsatz haben sie in einem Vierteljahr ungefähr 900 (in Worten: neunhundert) Begriffe präsent. Das entspricht ungefähr dem Wortschatz, mit dem man sich in einer einfachen Alltagssprache unterhalten kann – und übersteigt bereits das Sprachniveau manches Fernsehshowmasters.

Es gibt zwar Computerprogramme zum Vokabellernen, aber selten arbeiten sie nach diesem wichtigen selektiven Wiederholungsprinzip. Die

Arbeit mit dem Computer kann hier sogar ablenkend sein. Der Vorteil der Karteikärtchen besteht darin, dass man sie überall anfertigen und benutzen kann, also auch in Freistunden – unabhängig von aller Technik und Maschinerie.

Das mechanische Lernen – ist gar nicht so mechanisch!

Als *mechanisches* Lernen bezeichnet man das Lernen, das sich nicht nach einer logischen Struktur oder durch Einsicht erwerben oder ableiten lässt; das trifft zu auf: Vokabeln einer Fremdsprache, teilweise Fachbegriffe, medizinische Bezeichnungen z. B. in der Anatomie, lateinische Namen bei Zuordnungen in der Zoologie oder Biologie etc. Da wir hier also kaum eine vorgegebene Struktur haben, die uns das Lernen etwas erleichtern könnte, müssen wir auf verschiedene Lerntechniken zurückgreifen, die hilfreich sind (vgl. Kap. 3.3 bis 3.6).

Die Lernkiste hat ein breites Anwendungsfeld, denn die Methode lässt sich auch für andere relativ eng umschriebene Lerninhalte nutzen wie z. B. Begriffe der Anatomie, Biologie, Zoologie oder Physiologie, Formeln, Grammatik, Fakten der Geschichte oder Physik usw.

3.15 Vortrag hören: Langeweile oder aktives Mitarbeiten?

Früher gab es den Spruch: »Wenn alles schläft und einer spricht, so nennt man dieses Unterricht.«

So manche Stunde Schul- oder Vortragsschlaf wurde von uns bislang mit dieser Passivhaltung überstanden. Sicherlich gibt es Referenten oder Lehrer unterschiedlichen Temperaments; einige wissen anschaulich und sogar fesselnd zu berichten, was je nach Art des zu vermittelnden Stoffes eine Kunst sein kann. Dennoch kann man bei einer langweiligen Darstellung die Verantwortung für die Wissensaufnahme nicht auf den Lehrer oder Dozenten abschieben. Es liegt an uns selbst, das Stoffangebot aufzunehmen – schließlich sind wir darauf angewiesen. Da wir den Referenten wahrscheinlich nicht ändern können und (z. B. als Schüler) die Zeit absitzen müssen, sollten wir Methoden benutzen, das Stoffangebot für uns erträglicher oder sogar interessant zu machen.

Reines Zuhören ermüdet leicht.
Aktives Zuhören und Mitschreiben dabei wecken das Sachinteresse.

Als Referent und Gast bei zahlreichen Tagungen, Kongressen, Sitzungen habe ich es mir angewöhnt, bei wichtigen Themen mitzuschreiben. Andernfalls wüsste ich später nur sehr wenig davon wieder- und weiterzugeben. Die Mitschrift hält selbst bei Ermüdungen und faden Referenten wach. Sie erfordert, dass man mitdenkt und die Gedanken des Referenten nachvollzieht. Bereits beim Mitschreiben erkennt man die wesentlichsten Strukturen, Gliederungen, Untergliederungen und versteht mehr vom Inhalt. Entsprechend sollten Sie die Mitschrift ebenfalls in Unterpunkte unterteilen.

Da man nicht alles mitschreiben kann, muss man sich auf wesentliche Teile beschränken, dazu gehören:

- *Name* – von Referent und Thema; Datum, Ort
- *Hauptgliederungen* – lassen besser die Gesamtstruktur und den Verlauf erkennen
- *Definitionen* – bringen Klärung und geben Auskunft über wesentliche Aspekte des Themas
- *Vergleiche* – lassen eine Einordnung und Abgrenzung besser erkennen
- *Tabellen, Diagramme* – in den wesentlichsten Aspekten notieren, da sie relevante Sachverhalte veranschaulichen
- *Abgrenzungen* – machen das Thema fassbarer, genauer, zeigen Randbereiche auf
- *Literaturangaben* – sind wichtige Hilfen als Beleg und Hinweise zur Vertiefung des Themas
- *Schlusszusammenfassung* – wird vom Referenten am Schluss gegeben, sie enthält die wesentlichen Inhalte und Aussagen; also diese bitte ebenfalls notieren.

Oft ist zu einem späteren Zeitpunkt eine intensive Weitervertiefung für z. B. Prüfungsvorbereitungen oder schriftliche Ausarbeitungen erforderlich. In solchen Fällen hängt es von der Qualität Ihrer Aufzeichnungen ab, ob sie nach einiger Zeit noch brauchbar sind. Selten weiß man dann noch die notierten Zusammenhänge, geschweige Details.

- Es ist zu empfehlen, seine Kurzmitschriften von Referaten, Unterricht, Vorlesungen etc. möglichst bald danach auszuarbeiten und daraus einen zusammenhängenden, verstehbaren Text zu erstellen.

Da alle Inhalte noch recht frisch sind, kann dann relativ leicht ein abgerundetes Skript daraus werden. Es wird dadurch selbst wesentlich später noch verstehbar sein – und ist mitunter Gold wert. Während meines Studiums hatte ich dank dieser Vorgehensweise sehr gutes und hilfreiches Material zu den Prüfungsvorbereitungen.

Bei großen Kongressen werden meist Vortragsblöcke von 30 Minuten gehalten. So kann es vorkommen, dass man dann täglich bis zu ca. zwölf Vorträge verarbeiten muss. Bei einem mehrtägigen Kongress kann man somit schnell Zuhörer bei 40–50 Vorträgen werden. Die Grenze des Aufnahmevermögens ist hier natürlich schnell erreicht, und die Ermüdung nimmt zu. Durch aktives Mitschreiben konnte ich stets viele Informationen sammeln und verwerten. In den großen Pausen zwischendurch zog ich mich dann zurück und konnte diese noch frischen Mitteilungen anhand meiner Notizen gleich in mein Diktiergerät geben. Die Kapazitäten waren dadurch wieder für weitere Beiträge frei. Außerdem habe ich so eine Sammlung wertvoller Beiträge, auf die ich bereits häufig zurückgreifen konnte. Diese Art der Kongressteilnahme und Informationsaufbereitung mag ein Extrembeispiel sein, verdeutlicht aber gerade dadurch die Effektivität und Hilfe durch aktives Zuhören und Mitschreiben.

Das Zwischenergebnis

Nun sind Ihnen zahlreiche der wichtigen Lernmethoden bekannt, und Sie haben damit ausreichend Erfahrung sammeln können.

Jetzt ist es an der Zeit, alle Methoden sinnvoll zu integrieren und gleichzeitig anwenden zu können.

3.16 Von der richtigen Reihenfolge

Für sehr komplexe Lerninhalte sollten Sie mit Zetteln festlegen, in welcher Reihenfolge sie arbeiten.

> Sortieren Sie die Reihenfolge der einzelnen Tätigkeiten nach den inzwischen bekannten Gesichtspunkten:
>
> *Anwärmphase:* mit leichtem Lernstoff beginnen
>
> *Abwechslung:* unterschiedliche Inhalte und Tätigkeiten abwechseln lassen
>
> *Pausen:* je nach Lernmethode die richtigen Pausen sofort einplanen
>
> *Vorplanen:* ab Ende der Arbeit nächste Einheit grob vorsichten
>
> *Selbstverstärkung:* Eigenlob und Selbstverstärkung mit einplanen
>
> *Erfolgreicher Abschluss:* das Lernen mit einem positiven Ereignis oder mit Erfolg beenden.

Diese ganze Einteilungsmethodik und Bestimmung der Reihenfolge der einzelnen Schritte sieht anfangs zwanghaft und bürokratisch aus. Mit der Zeit werden Sie jedoch merken, wie hilfreich die Art der Einteilung ist, die nur wenige Minuten in Anspruch nimmt. Gleichzeitig wissen Sie nach der Pause sofort wieder, wo und wie es weitergeht. Vermeidungsverhalten wird somit ebenfalls reduziert.

Ein guter Manager geht ähnlich strukturiert vor, eventuell noch gewissenhafter. Er verwendet teure Terminkalender und verfügt über einen Stab von Mitarbeitern, die ihm bei der Planung behilflich sind. Aber auch

Manager lernen in Spezialkursen, wie sie ihren täglichen Stoff sinnvoll einplanen. Da wir uns im Moment das Hilfspersonal noch nicht leisten können, benutzen wir eben die preiswerte Version und verwenden die Planungszettel.

> Zu Ihrer Bequemlichkeit sind die wichtigsten Stichworte zu den Lern- und Arbeitstechniken in Anhang C nochmals zusammengefasst.
>
> Bitte überprüfen Sie die Beherrschung der Lern- und Arbeitstechniken mit der Checkliste zur Lernkontrolle in Anhang A.

3.17 Kurze Zusammenfassung der wesentlichen Lernschritte

1. *Verteiltes Lernen* – Lerne stets mit Pausen, also zeitlich verteilt. (Lerne sie nie stumpfsinnig hintereinander.)
2. *Optimale Lernportionen* – Unterteile die Gesamtmenge des Lernstoffes in Untermengen von ca. 5 bis 7 Einheiten; lerne und behalte diese dann leichter.
3. *Achte auf Positionseffekte* – Nutze den Vorteil, dass Anfang und Ende einer Reihe leichter behalten werden.
4. *Flexibilität* – Lerne die Begriffe stets in anderer Reihenfolge, damit sie flexibel bereitgestellt werden. Dadurch wird auch der Positionseffekt mehrfach genutzt.
5. *Ähnlichkeitshemmung* – Lerne ähnliche Begriffe anfangs stets deutlich voneinander getrennt.
6. *Verschiedene Eingangskanäle nutzen* – Lerne durch Lesen, Sprechen, Schreiben der Inhalte. Sprich sie auf eine Cassette und höre sie zusätzlich.
7. *Wiederhole regelmäßig* – Stabilisiere das Wissen durch regelmäßiges Wiederholen in kleinen Portionen.
8. *Differenzierte Lernkartei erstellen* – Benutze eine spezielle Karteierstellung zum Wiederholen.

Kursteil 4

Übungen zur Selbsthypnose und zum mentalen Training: Neue Methoden zur Verbesserung von Lernen, Behalten und Arbeitsmotivation

Ziel jedes Therapeuten oder Trainers ist es, seine Klienten so gut mit Ratschlägen zu »versorgen« und in Erkenntnissen, Methoden etc. einzuweisen, dass sie sie zunehmend öfter in ihren Alltag integrieren. Dadurch gewinnen sie an Sicherheit und Autonomie, bis sie letztlich ohne diese hilfreiche Person ihre anstehenden Probleme eigenständig lösen können. So führt das Erlernen der Selbsthypnose dazu, sie spontan und nach Bedarf einzusetzen.

Nicht bei allen Lernarbeiten ist eine Entspannung durch Selbsthypnose erforderlich. Manchmal sind intensive gedankliche Umstrukturierungen angebracht, die man weitgehend als mentales Training bezeichnen kann.

Im folgenden Kursteil werden Sie in zahlreiche Vorgehensweisen der Selbsthypnose und des mentalen Trainings eingeführt.

Die zahlreichen Übungen befassen sich mit folgenden Aspekten:

- Praktische Einführung: Hypnose und Innenbilder. Sie üben nun Selbsthypnose und lernen, mit Innenbildern (= Imaginationen) umzugehen.
- Übungen zur Arbeitsoptimierung. Mit verschiedenen Suggestionen und Imaginationen können Sie das Aufnehmen, Erinnern und Wiedergeben von Gelerntem verbessern.
- Förderung der Arbeitsmotivation. Falls Lern- und Arbeitsmotivation abnehmen, können Sie mit diesen Übungen wieder Aufschwung bekommen.
- Abbau von Hindernissen. Die meisten Lern- und Arbeitshindernisse entstehen in unserem Kopf – und können auch dort durch gezielte Übungen abgebaut werden.

Bereits nach wenigen Übungen mit den einzelnen Methoden können Sie diese recht erfolgreich anwenden. Da unsere Psyche Routine benötigt, sollten Sie die vorgeschlagenen Übungen bei Bedarf mehrfach üben, damit Sie den angestrebten Effekt erzielen können.

> Die nachfolgenden Übungen setzen meist gezielte Anwendungen von Techniken zur Lern- und Leistungsverbesserung voraus (siehe Kursteil 2 und 3).
>
> Sind jedoch die Lernhindernisse zu groß, sodass sie die Aneignung dieser Techniken beeinträchtigen, so empfehle ich, zuerst mit den nachfolgenden Methoden die Motivation zu verbessern, die dann erst das erfolgreiche und effektive Lernen ermöglicht.

Praktische Einführung: Hypnose und Innenbilder

Die nun folgenden konkreten Anwendungs- und Übungsvorschläge führen Sie darin ein, Selbsthypnose zu erlernen und zur Entspannung und zur Regernation nach Arbeitsphasen oder in der Prüfung gezielt einzusetzen.

4.1 Wie wirkt Hypnose?

Bereits bei den alten Ägyptern, den Griechen der Antike und in dem Mahabharata, dem Heldenepos der Inder, werden Hypnoseverfahren beschrieben. Auch die Schamanen der Naturvölker wenden auf allen Erdteilen Rituale an, die wir als Hypnose identifizieren würden. Fast immer werden diese Verfahren zur Krankenheilung benutzt. Oft sind es solche Erkrankungen, die wir als psychosomatisch bezeichnen würden. Aber auch bei Operationen und Schmerzproblemen greifen sowohl Schamanen als auch Chirurgen unseres Kulturkreises auf Hypnose zurück. Bei z. B. Angstproblemen, Depressionen, allgemein bei fast allen seelischen Problemen können Psychotherapeuten mit Hypnose fundierte Heilung erzielen. Bis vor wenigen Jahrzehnten nahm man noch an, dass zum Hypnotisieren besondere Willenskraft des Therapeuten gehöre. Das trifft nicht zu.

> Seriöse und international anerkannte Wissenschaftsexperimente der Psychologie und Medizin haben aufgezeigt, dass Hypnose die aktive Mitarbeit des Klienten voraussetzt.
> Nur wenn Sie wollen, können Sie hypnotisiert werden.
> Sie müssen sich aktiv auf bestimmt Gedanken und Innenbilder einlassen.

Diese *aktive* Auseinandersetzung verlangt also eine gute Kooperation zwischen Therapeut und Patient. Wenn ihre Kommunikation gut ist und ein Vertrauensverhältnis aufgebaut ist, dann wird sich der Patient auf weitere

Vorgehensweisen intensiver einlassen. Die aktive Beteiligung beinhaltet auch, dass der Patient oder die Patientin selbst die Steuerung des gesamten Prozesses in die Hand nehmen kann.

> Sie werden es lernen, Hypnose bei sich anzuwenden und die vielen Vorteile für sich ausnutzen.
>
> Diese Selbstanwendung der Hypnose ist Autohypnose.
>
> Die Vorteile der Hypnose bestehen darin, durch relativ einfache Übungen schnell eine tiefe Entspannung zu erreichen.
>
> Entspannung dient u. a. zur Erholung, zum Stress- und Angstabbau, zur Wiederherstellung von seelischer und körperlicher Ausgeglichenheit.

Beim Lernen, also beim geistigen Arbeiten, treten als Folge der Anstrengung gleiche Ermüdungen auf wie bei körperlicher Anstrengung. Die Aufnahmefähigkeit, Konzentration, Behaltensrate etc. nehmen ab und die Lerneffektivität sinkt dadurch deutlich.

> Durch die Tiefenentspannung mit Hypnose können Sie innerhalb von wenigen Minuten wieder Ihre volle geistige Frische erreichen oder eventuell sogar steigern.
>
> In Prüfungen können Sie nach wenigen Sekunden Tiefenentspannung Ihre Leistungsfähigkeit schnell wiederherstellen.
>
> Durch Ihr regelmäßiges Üben werden Sie diese Methode zielsicher bei vielen Lernbereichen einsetzen können und sich ihr geistiges Arbeiten erleichtern.
>
> Durch Hypnose können Sie lernbeeinträchtigende Blockaden beseitigen.

Das geistige Arbeiten ist ein relativ empfindlicher Prozess, der von Gefühlen (Ängsten, Sorgen), Motivation (Erfolg, Misserfolg) und anderen Befindlichkeiten leicht beeinträchtigt werden kann. Dadurch entstehen emotionale Blockaden. Die Aufnahmefähigkeit ist dann gemindert, das Arbeiten wird immer ineffektiver, und Versagensängste machen sich langsam breit. Wird Hypnose sinnvoll angewandt, können wir sogar unsere Blockaden beseitigen.

> **In Hypnose sind wir für Anweisungen aufgeschlossener.**
> Diese Anweisungen sind Suggestionen.
> Mit geeigneten Suggestionen können Sie Ihr Lernverhalten positiv beeinflussen.
> Sie werden es lernen, sich die förderlichen positiven Suggestionen selbst zu geben.

Der weitere Vorteil der Hypnose besteht also darin, während der Entspannung Instruktionen aufzunehmen und sie besonders gut zu befolgen. Auf diese Weise können mit den geeigneten Suggestionen sogar physiologische Prozesse wie Hautdurchblutung, Hirnaktivität, Herzschlag, Immunsystem beeinflusst werden, aber auch unsere Aufnahmefähigkeit und Zeitwahrnehmung. Hypnose ist dabei keinesfalls ein Wundermittel, sondern bei gezielter Anwendung von Suggestionen kann unsere Leib-Seele-Einheit die vorhandenen Verarbeitungsmöglichkeiten gezielt ansteuern.

Auch im Lernprozess können wir mit entsprechenden Suggestionen Verbesserungen erreichen.

Wo liegen nun die Grenzen der Autohypnose?

Wie jede Methode hat auch Hypnose ihre natürlichen Grenzen. Wenn schon so viele gute Verheißungen gemacht werden, dann muss auch erwähnt sein, wann und warum Autohypnose nicht wirkt.

> **Autohypnose hilft nur, wenn sie regelmäßig und konsequent geübt wird.**
> Wichtig ist also, dass Sie die Übungen gewissenhaft durchführen. Achten Sie dabei auf alle Anweisungen. Üben Sie bitte, wie angegeben, mehrmals täglich.

Belassen Sie die hier angegebenen Übungsschritte in der aufgezeigten Reihenfolge. Lassen Sie Übungsteile nur aus, falls sie nach mehrfachem Üben störend sind. Modifikationen und Veränderungen sollten Sie erst vornehmen, wenn Sie bereits etwas Routine darin haben.

> Das hier empfohlene Lernsystem hilft bereits, wenn allein die Lerntechniken angewandt werden.

> Weitere Verbesserungen können eintreten, wenn die Lerntechniken mit Hypnose kombiniert und geübt werden.

Durch diese Kombination erreichen Sie optimale Arbeitsbedingungen. Wie erwähnt, werden die Hypnoseübungen allein weniger hilfreich sein. Die Lerntechniken für sich allein praktiziert bringen selbstverständlich Zugewinn.

Nun überdenken Sie bitte einiges genau:

1. Falls Sie sehr viele Tagträume haben, so sind Sie bitte sehr selbstkritisch:
   a. Sind Ihre Träumereien sehr angenehme und willkommene Pausenerholungen?
   b. Entgleiten Ihre Gedanken schnell in Fantasien, Angstgedanken, Schwarzmalereien, unangenehme Vorstellungen?
   c. Benutzen Sie Tagträume, um aus der Realität zu entfliehen?

Bei 1b und 1c sollten Sie vorsichtig mit der Anwendung der Autohypnose sein, da Sie sich dadurch eventuell der Realität entziehen.

2. Leiden Sie unter Depressionen, Lebens-, Ehe-, Partnerproblemen, starken Ängsten, Lebenskrisen?

Falls Sie in der oben beschriebenen Weise belastet sind, so konsultieren Sie bitte eine entsprechende Fachperson (Psychologen, Psychotherapeuten) oder eine Fachberatungsstelle (in freier Praxis oder Institution wie Erziehungsberatung für Kinder, Eltern und junge Erwachsene bis 26 Jahre oder Ehe- oder Lebensberatungsstelle). Holen Sie sich dort Rat.

> **Bei besonderen Problemstellungen sollte das hier vorgegebene Lernkonzept durch weitere Hilfen unterstützt und getragen werden.**
> Das vorliegende Konzept ist erprobt und sehr effektiv, kann jedoch eine erforderliche Therapie bei Fachleuten nicht ersetzen.
> Es kann durchaus sein, dass Therapeuten, die sich mit Lern- und Leistungsproblemen befassen, ihre Behandlung mit den Anleitungen dieses Buchs ergänzen.

Bei starken Lern- und Leistungsstörungen kann dieses Buch therapiebegleitend die Behandlungserfolge deutlich beschleunigen.

4.2 Autohypnose – Ruhebild und Einleitung

Vorbemerkungen

In einer Therapie werden die Anleitungen zur Hypnose durch einen Therapeuten oder eine Therapeutin gegeben. Dadurch erlernt man die Methode schneller.

Der Therapeut übt die Hypnose mit seinen Klienten in Stufen ein und verbindet sie dann mit Suggestionen zur Lernverbesserung. Jede gute Therapie besteht darin, die Patienten anzuleiten, ihre Behandlung immer mehr selbst zu übernehmen. Also wird der Therapeut recht schnell dazu übergehen, Instruktionen zur Selbsthypnose zu geben.

> Rat Suchende sollen möglichst bald die Verantwortung für ihre eigenen Veränderungen übernehmen.
> Die Übernahme von Verantwortung begünstigt die Selbstverwaltung, Selbstbestimmung und ist letztlich Befreiung.

Da Sie Ihr Lernprogramm selbst verwalten, werden Sie sich die Anleitungen selbst geben und übernehmen somit selbst die Verantwortung für Ihr Vorwärtskommen. Eigentlich ist es selbstverständlich, dass Sie verantwortlich für sich sind und nicht das Buch. Gewöhnen Sie sich daran, dass *Sie* Ihre Lernerfolge erreichen wollen.

> Halten Sie die dargestellten Schritte konsequent ein.
> Üben Sie konsequent im vorgegebenen Umfang.
> Suchen Sie sich einen ruhigen und bequemen Ort für Ihre Übungen.

Störgeräusche sollten möglichst ausgeschaltet werden (Telefonklingel ausstellen, die Fenster schließen etc.). Achten Sie darauf, dass Sie während Ihrer Übungen nicht gestört werden. Hängen Sie eventuell ein Schild an die Türklinke. Benutzen Sie einen bequemen Sessel oder Stuhl oder ein Sofa, auf dem Sie gut abschalten können.

> • Achten Sie anfangs besonders darauf, dass Sie Ihre Übungen im Freizeitbereich durchführen (siehe Kap. 2.4).

Wählen Sie Ihr Ruhebild

In allen Hypnosesitzungen nimmt das Ruhebild einen zentralen Raum ein. Es dient dazu, die Entspannung zu verbessern und so das innere Gleichgewicht besser herzustellen. Also sollte das Ruhebild besonders angenehm, wohltuend und mit Ruhe verbunden sein.

Meist werden für das Ruhebild Szenen aus dem Urlaub gewählt wie z. B.:

- Blick auf die Hügel der Toskana
- am Meeresstrand liegen
- im Wald spazieren gehen
- in einem Boot auf einem See fahren
- auf einer Wiese liegen
- von einer Alpenwiese aus das Bergpanorama erleben

Lassen Sie sich Zeit, und stellen Sie sich verschiedene Einzelheiten Ihres Ruhebildes plastisch vor.
Spüren Sie die unterschiedlichen Sinneseindrücke.

In den Ruhebildern haben Sie viel Zeit und können beliebig lang bei Eindrücken verweilen. Wichtig ist, dass Sie plastische Innenbilder hervorrufen. Das gelingt Ihnen am besten, wenn Sie dabei die einfachen Sinneseindrücke besonders deutlich auf sich einwirken lassen.

Ruhe am Meer

Spüren Sie die Wärme der Sonnenstrahlen in Ihrem Gesicht. Diese angenehme und wohltuende Wärme, die auf die Stirn und Wangen streicht. Diese Wärme, die auch auf den Armen und dem Brustkorb so wohlig ist, die Sie auf dem ganzen Körper spüren. Merken Sie dabei auch, dass mitunter ein angenehm frischer Luftzug Ihre Stirn kühlt ...

Hören Sie deutlich die typischen Geräusche der Ruheszene: das Kommen und Gehen der Wellen, Rufen der Möwen ...

Fühlen Sie an den Händen unterschiedliche Berührungen, so den warmen, feinen Sand, der kitzelnd durch die Finger rieselt ...

Nehmen Sie die typischen Gerüche wahr: die würzig-salzige Meeresluft ...
Sie spüren sogar etwas Salz auf Ihren Lippen ...

Schließen Sie einfach Ihre Augen, und erleben Sie diese unterschiedlichen Wahrnehmungsqualitäten. Diese verschiedenen »Bilder« Ihrer Sinne werden zunehmend plastischer und reichhaltiger.

> Sie merken: Sie setzen sich aktiv mit Ihren Innenbildern auseinander.
>   Legen Sie zu Beginn der Übung genau fest, wie lang sie dauern soll. Geben Sie sich also die klare Instruktion, dass Sie nach z. B. 15 Minuten die Augen wieder öffnen werden.

Falls Sie die Beendigung der Imaginationen stets vorher festlegen, können Sie also genau einplanen, wie viel Zeit Sie investieren werden. Meist reichen 15 Minuten aus, damit man sich erholt. Dies ist ein Zeitraum, der relativ leicht eingeplant werden kann. Bereits nach wenigen Übungen haben Sie es dann gelernt, sich klare Zeitangaben zu geben und danach wieder fit zu werden.

Verlassen Sie sich darauf, dass Sie nach der eingeplanten Zeit die Augen wieder öffnen werden. Falls Sie sich anfangs nicht zutrauen, nach vorgegebener Zeit wieder aufzustehen, so stellen Sie einen leise summenden Wecker. Sie werden ihn bald entbehren können.

Grenzen der Methode

Die Entspannung klappt natürlich schlecht, wenn Sie durch diverse Mittel wie Kaffee, Tee, Cola zu angeregt sind. Das Wachwerden ist erschwert, wenn Sie körperlich übermüdet sind oder sich Mittel wie Medikamente oder Alkohol auswirken. Bei Übermüdung können Sie sich nur bedingt mit Hypnose anregen. Nach der durchzechten Nacht ist das Schlafdefizit nur durch Schlaf nachzuholen.

Die Hypnoseeinleitung

Die Einleitung der unterschiedlichen Hypnosemethoden besteht darin, die Aufmerksamkeit einzuengen. Das bedeutet, dass wir unsere Aufmerksamkeit von äußeren Geschehnissen weg immer mehr hin zu inneren Erlebnissen richten. Das erreichen Sie ganz einfach, wenn Sie sich ganz bequem hinsetzen.

> Wenn Sie sich nach einigen Sekunden gemütlich zurechtgerückt haben, dann suchen Sie sich einen kleinen Punkt aus, den Sie nun ohne Blinkern ansehen.

Dieser Punkt sollte sich auf einem möglichst ruhigen Hintergrund befinden, damit Sie sich darauf gut konzentrieren können. Gut bewährt hat sich der Papierschnipsel aus dem Aktenlocher. Heften Sie ihn mit Klebestreifen unter die Zimmerdecke oder legen Sie ihn vor sich auf den (leeren) Tisch.

Verwenden Sie immer den gleichen Stuhl und den gleichen Fixationspunkt. Das erleichtert Ihren Lernprozess.

Sie beobachten den Punkt ganz intensiv und werden dann nach wenigen Sekunden bereits feststellen, dass der Hintergrund anfängt, milchig und verschwommen zu werden. Der Punkt dagegen wird sich davon klar abheben.

Betrachten Sie den Punkt weiter mit Ruhe und Geduld. Der Hintergrund wird dann weiter verschwommener. Es kann auch vorkommen, dass der Punkt mal scharf und mal unscharf zu sehen ist.

Mit der Zeit werden Sie dann merken, dass Ihre Augen zu brennen anfangen und immer müder werden. Schauen Sie jedoch weiter auf den Punkt, bis die Augenlider immer schwerer werden, bis sie von alleine zufallen. Nach einigen Sekunden werden die Augen ganz von allein zufallen.

Beobachten Sie dann Ihre Atmung. Bemerken Sie, wie Sie ruhig ein- und ausatmen. Mit jedem Atemzug werden Sie ruhiger und entspannter. Der ganze Körper wird lockerer und entspannter.

Nach einigen Sekunden werden Sie anfangs die Umweltgeräusche vermeintlich lauter hören. Dann aber treten sie immer weiter zurück, sind wie durch Watte zu hören, uninteressant geworden.

Stellen Sie sich nun Ihr Ruhebild vor – so lange, wie Sie es wollen.

Wenn Sie dann ausreichend entspannt und ausgeruht sind, werden Sie von allein den Wunsch haben, die Augen zu öffnen. Sie zählen dann rückwärts von drei bis null und öffnen die Augen.

Nach wenigen Sekunden werden Sie dann aufstehen und erfrischt sein.

Erstaunt werden Sie feststellen, dass Sie gar nicht erstaunt sind. Es sind ganz normale und Ihnen lange bekannte Prozesse abgelaufen. Von Ihren Tagträumen oder Ihrem Urlaubsfaulenzen kennen sie Ähnliches: Sie dösen vor sich hin, und Bilder unterschiedlichster Deutlichkeit und Inhalte tauchen sogar bei offenen Augen auf, während die reale Umgebung stark reduziert wahrzunehmen ist. Sie sind dann in einer anderen Welt, Sie sind in Trance. Weiter haben Sie gemerkt, dass nur das passiert, was Sie selbst zulassen.

Das, was im Alltagsleben ganz normal und unkompliziert auftritt, wird in Hypnose nutzbar gemacht.

> Die uns bekannten Alltagsphänomene werden in Hypnose gezielt methodisch eingesetzt.

Der gute Hypnotiseur wird genau in dieser Weise Ihre Alltagserfahrungen nutzbar machen. Es passiert auch in der Therapie unter Hypnose nichts Außergewöhnliches. Nur dadurch, dass manche Innenbilder in einem anderen Kontext auftreten, werden sie mitunter als Besonderheit eingestuft.

Da Sie nun Hypnoseerfahrungen gezielt zur Verbesserung des Lernens und der Prüfungsleistung einsetzen wollen, benötigen Sie natürlich ein entsprechendes Training darin.

> Üben Sie das Vorgehen der Augenfixation und Entspannung täglich möglichst zweimal.
> Planen Sie diese Übungszeiten fest ein.

Bei dieser Übungshäufigkeit werden Sie schnell Erfolg bemerken. Sie können dann schneller gezielt Ihre Anwendungen vornehmen. Die vorgeschlagene Zeit von ungefähr 15 Minuten können Sie gut und ohne Aufwand in Ihren Tagesplan integrieren. Am günstigsten ist es, wenn Sie die Übungen jeweils am späten Vormittag und am Nachmittag machen, also in den größeren Zwischenpausen. Für Schüler oder diejenigen, die nur nachmittags üben können, sollte die erste Übung nach dem Mittagessen, also vor dem Lernbeginn, liegen. Die zweite Übung wäre dann zum Zeitpunkt des Lerntiefs am Spätnachmittag. Manche genießen es auch, eine Übung direkt nach dem Wachwerden einzusetzen. Andere dagegen werden dabei noch müder. Probieren Sie einfach Ihre individuelle Zeit aus!

> • Falls Sie die Übung anfangs noch als unangenehme Pflicht erleben, werden Sie sie mit der Zeit als sehr hilfreich ansehen und sich sogar darauf freuen.

4.3 Vorbereitung des Lernens mit Autohypnose

Nach ca. einer Woche täglichen Übens werden Sie die Einleitung der Autohypnose relativ zügig und zuverlässig anwenden. Auch Ihre Ruheszene ist Ihnen lieb geworden. Von nun an werden Sie die Autosuggestionen mit genauen Zielsetzungen anwenden.

Empfehlungen zur Lernvorbereitung

Zu Beginn einer Lernphase (z. B. nach der Pause) oder am Anfang eines neuen Stoffes werden Sie nun gezielter vorgehen.

Verschaffen Sie sich einen kurzen Überblick über die gestellte Aufgabe, indem Sie sich orientieren; z. B.:

- Vokabeln: einmal durchlesen
- Kapitel eines Buches: Überschriften, Stichworte etc. ansehen; das S von SQ3R realisieren
- schriftliche Ausarbeitung: Materialgliederung, Stichworte durchlesen.

Dieser Vorgang dauert tatsächlich nur wenige Minuten. Durch die Art der Übersicht haben Sie nun Ihren Arbeitsspeicher auf die zukünftige Arbeit vorbereitet. Gleichzeitig werden bereits Begriffe aufgenommen und Such- oder Einordnungsmodelle ausgewählt. Das Gehirn hat also bereits Grobinformationen über den anstehenden Auftrag und stellt dann seine Mittel bereit.

Nun legen Sie eine Pause von einer knappen Minute ein, entspannen Sie.

Die Aufträge sind nun erteilt, und Sie können zügig mit der Weiterarbeit beginnen.

Gewöhnen Sie sich daran:

Lernen bedeutet:

Lerninhalte mit Übersicht

+ Kurzentspannung

+ Kurzentspannung

= sinnvolles Lernen

Bitte überprüfen Sie weiterhin die Beherrschung der Lern- und Arbeitstechniken mit der Checkliste zur Lernkontrolle in Anhang A.

4.4 Vom richtigen Umgang mit den Innenbildern

Innenbilder, Imaginationen, Vorstellungen spielen sich im Kopf ab. Es sind Repräsentationen von Sinneseindrücken.

> Innenbilder sind Abbildungen der Außen- und Innenwelt
> - Sie werden als real erlebt.
> - Sie sind meist komplexe Bilder.

Auch wenn wir wissen, dass wir uns die Rose nur vorstellen, so können wir doch ihren Duft genießen. Wir können solche Innenbilder so real erleben, als ob wir gerade mitten im Geschehen wären. Das ist besonders gut und sollte uns also nicht beunruhigen.

Weiter merken wir, dass diese Innenrealität am besten wirkt, wenn wir uns vor anderen Informationen wie Außenreizen abschirmen. Deshalb sollten während der Vorstellungen die Augen geschlossen bleiben. Die Innenbilder werden natürlich umso plastischer, je mehr Komponenten daran beteiligt sind: Farbe, Bewegung, Geruch, Geschmack, Temperatur …

> Begünstigen Sie Ihre Innenbilder, indem Sie stets mehrere Wahrnehmungen ansprechen.
> Gleichzeitig mit den unterschiedlichen Wahrnehmungen werden die damit gekoppelten Erlebenskomponenten aktiviert, also die Gefühle.
> Nutzen Sie die positiven Gefühlskomponenten Ihres Innenbildes: Entspannung, Freude, Erfolgserlebnisse …

Da sich unsere Innenbilder mit vielen Verarbeitungsprozessen präsentieren, können auch solche, die unangenehm und von unangenehmen Gefühlen begleitet sind, auftreten. Mitunter sind sie oder ihre Sinnzusammenhänge für uns nicht erklärbar, da unterbewusste Prozesse, Speicher, Verbindungen aktiviert sein können. Da Sie nun über diese Möglichkeit Bescheid wissen, sollte Sie das also nicht weiter beunruhigen. Allein diese Gelassenheit kann schon ihr Abklingen bewirken.

> Falls unangenehme Imaginationen auftreten, so brechen Sie diese abrupt ab. Schalten Sie sofort auf ein schönes Bild um.

Da wir nur lernbegünstigende Bilder nutzen wollen, werden wir Beeinträchtigungen unterbinden. Falls der sehr unwahrscheinliche Fall eintreten sollte, dass Sie diese Negativbilder über längere Zeit nicht abgrenzen könnten, so sollten Sie mithilfe einer Fachperson (eines Psychologen, Psychotherapeuten) ihre Ursachen ergründen.

Benutzen Sie einen konstanten Auslösereiz

Das vorliegende Programm zielt darauf ab, Entspannung ganz schnell und sogar in Stresssituationen einzusetzen.

Benutzen Sie möglichst lange immer wieder das gleiche angenehme Ruhebild. Mit der Zeit reagieren Sie darauf reflexartig mit Entspannung und Wohlbefinden.

> Gewöhnen Sie sich daran, die Entspannung durch einen konstanten Auslösereiz einzuleiten.

Verwenden Sie beim Üben stets den gleichen Anfang des Ruhebildes (z. B. warme Sonnenstrahlen im Gesicht), oder leiten Sie es durch einen tiefen Atemzug ein. Sie werden bald in den erforderlichen Situationen allein mit diesem Auslösereiz Ihr Bild und die Entspannung spontan abrufen können. Das Auslösen der Entspannung und das Umschalten auf angenehme Bilder gelingen leichter, wenn wir sie mit einer kleinen motorischen Aktion einleiten.

> **Die Praxisempfehlung**
> Berühren Sie sich stets zu Beginn Ihrer Entspannungsübung am Handgelenk: Fassen Sie mit Daumen und Zeigefinger Ihrer rechten Hand an Ihr linkes Handgelenk.
>
> Später reicht es aus, sich in der erforderlichen Situation an das Handgelenk zu fassen, um zuverlässig ab- und umzuschalten.

Diese Handgelenkberührung können Sie z. B. während eines Referates, in Besprechungen oder sogar in der mündlichen Prüfung zur Entspannung einsetzen. Ihr »Trick« wird keinesfalls durchschaut. Das gibt zusätzlich Sicherheit!

Nachtrag: Hier handelt es sich also nicht um Energieströme; Sie könnten sich für den Auslösereiz auch an die Nase oder an Ihr Knie fassen. Das würde auffallen, aber wohl kaum die Handgelenkberührung.

Auch Schönes verblasst

Selbst die schönsten Ruhebilder können nach langem Gebrauch »abgenutzt« werden, also ihre Funktion der Entspannung nicht mehr erfüllen.

> Falls Ruhebilder nach längerer Benutzung nicht mehr wirken, so ersetzen Sie diese durch andere entsprechende.

4.5 Schnellhypnose: Kürzer geht es wirklich nicht

Nun ist es an der Zeit, die Kurzform der Hypnose vorzustellen, die Sie innerhalb von wenigen Sekunden anwenden können. Bei Prüfungen und Klausuren, aber auch während der täglichen Arbeit wird Ihnen diese Kurzform sehr hilfreich sein.

> Für Anfänger und Anfängerinnen ist es sinnvoll, die in den vorhergehenden Kapiteln vorgestellte Langform der Entspannung und Autohypnose durchzuführen.
> Bei täglich zwei Übungen werden Sie nach ungefähr zwei Wochen ausreichende Erfahrungen in Entspannung und Autohypnose gesammelt haben.

Bislang haben Sie, wie empfohlen, stets das gleiche Einleitungsvorgehen bei der Autohypnose verwandt. Dadurch haben Sie sich mit der Zeit daraufhin trainiert (konditioniert), bereits durch den Beginn der Übung in Entspannung zu gelangen. Somit sind sie nun für die Kurzhypnose vorbereitet.

Anleitung für die Kurzform der Selbsthypnose

- Sie werden gleich, wenn Sie die typische Sitzhaltung einnehmen und die Augen schließen, schnell und fast automatisch entspannen.
- Die Einleitung können Sie intensivieren, indem Sie etwas tiefer und ruhiger ein- und ausatmen.
- Da Sie bereits intensive Erfahrung mit Entspannung und ruhiger Atmung haben, können Sie nun die Atmung als Schnelleinleitung benutzen.
- Stellen Sie sich nun bei der Einleitung das Ruhebild vor, atmen Sie dabei mehrmals tief durch, und sofort wird tiefe Entspannung einsetzen.
- Fassen Sie sich dabei an Ihr Handgelenk und fördern durch diesen erlernten Auslösereiz die schnelle Entspannung.
- Stellen Sie sich bei der Einleitung immer häufiger nur noch das Auslösebild vor.
- Entspannen Sie ca. 1–3 Minuten, und geben Sie sich vor dem Augenöffnen Ihre gewünschte Autosuggestion.
- Wenn Sie nun die Augen öffnen, sind Sie fit, und es kann mit neuer Energie weitergehen.

Was, so einfach soll die Kurzform sein? Sicher, denn es ist ja eine Kurzform! Dabei greifen Sie auf Ihre intensiven vorherigen Übungserfahrungen zurück. Ihre Seele und Ihr Körper sind so gut trainiert, dass sie ganz schnell mit intensiver Entspannung reagieren können.

Zu empfehlen ist, diese Kurzform anfangs im ruhigen Rahmen anzuwenden. Auch sollten anfangs Kurz- und Langform im Wechsel geübt werden. Mit zunehmender Erfahrung und Sicherheit sollten Sie dann die Kurzform in Situationen mit höherem Schwierigkeitsgrad anwenden: Bibliothek, Geräusche ringsum, Zeitdruck, unterschiedliche Sitzmöbel, Anwesenheit anderer Personen (Arztwartezimmer, Lesesaal etc.), simulierte Klausur.

Sie werden bald innerhalb von wenigen Sekunden intensiv entspannt sein, unabhängig von der Umgebung und der Situation.

Übungen zur Arbeitsoptimierung

Ihre Lern- und Arbeitstechniken haben gute Wirkungen. Sie können durch die nun folgenden Übungen weiter verbessert und stabilisiert werden.

4.6 Mentalübung: Der Knoten im Taschentuch funktioniert!

Sie kennen bestimmt die Volksweisheit, dass man sich durch einen Knoten im Taschentuch besser an etwas erinnern kann.

Mitunter gibt es Situationen, in denen man sich eine Notiz machen möchte, jedoch keine Möglichkeit dazu hat: Auf dem Flur bittet mich eine Kollegin, ihr ein bestimmtes Buch zu leihen. Oder: Beim Einkaufen fällt mir an der Wursttheke ein, dass ich abends den Akku des Camcorders laden will etc. Meine Gesprächspartner verblüffe ich stets damit, dass ich in Situationen ohne Schreibgelegenheit mein Taschentuch hervorhole, einen Knoten hineinmache und sage: »Ich habe es notiert.« Diese Art der Merktechnik enthält Grundelemente, die beim Lernen und Behalten wesentlich sind. Das ist auch der Grund, warum ich den Knoten hier erwähne: Es sind Prinzipien der Konzentration und der Autosuggestion enthalten.

Die wichtigen Schritte bei der Knotennotiz und beim Behalten

1. *Aufgabenstellung* – Z. B.: »Ich will das Buch *Pilzesammeln* an *Andrea* verleihen.«
2. *Konzentration* – Ausschließlich nur auf diesen einen Inhalt konzentrieren.
3. *Signaldefinition zum Abspeichern* – Legen Sie ein eindeutiges Signal fest, an das es sich zu erinnern gilt, wie hier Buch: *Pilzesammeln*. Stellen Sie sich das Buch, seinen Ort im Bücherschrank deutlich vor.
4. *Signaldefinition zum Erinnern* – Legen Sie genau fest, wann, wo und unter welchem Begriff Sie sich an das Abgespeicherte wieder erinnern wol-

len (z. B.: »Wenn ich nach Hause komme und mein Arbeitszimmer betrete«).

5. *Handlungsdefinition* – Legen Sie fest, was mit dem erinnerten Begriff oder Gegenstand geschehen soll (z. B.: »Das Buch *Pilzesammeln* in meine Aktentasche stecken«).

6. *Absicherung* – Ganz in Ruhe den Knoten ins Taschentuch machen.

7. *Abspeicherpause* – Beim Herstellen des Knotens ganz in Ruhe nur an das vorher festgelegte Signal etc. denken.

Versuchen Sie einige dieser Merkmöglichkeiten. Wenn Sie das Signal gut definiert haben und sich eine Abspeicherpause geben, werden Sie sich angemessen erinnern. In gleicher Weise werden Sie demnächst Begriffe und Zusammenhänge codieren, abspeichern und wieder finden – ohne Taschentuch, sondern durch Ihre Autosuggestion. Das ist eine Intensivierung des Abspeicherns, die in den Folgekapiteln vertieft wird.

Durch die klar definierten Schritte wird ein Gesamtsystem angesprochen, das nur bei Eintreten der Voraussetzungen zu arbeiten beginnt. Wenn Sie in Selbsthypnose Ihre Ruhebilder wachrufen, verwenden Sie in gleicher Weise klare Signale (Meeresrauschen, Wärme, Berührung des Sandes …), die dann komplexe Bilder und Erlebnisse aktivieren. Später wird allein der Beginn der Übung schon Ihr Ruhebild und die Entspannung hervorrufen. Das ist besonders für die Kurzform wichtig, die Sie bereits in Kap. 4.5 gelernt haben.

4.7 Genauigkeit und Zeit zum Abspeichern

Sind Sie mit den Vorübungen vertraut? Können Sie gut damit umgehen? Dann können Sie zu der nun folgenden Aufgabe weitergehen.

Nach Abschluss einer sinnvollen Arbeitseinheit (z. B. Definition, Tabelle, Formel) sollte stets eine Abspeicherpause eingelegt werden. Das ist eine Zeit von ca. 30 Sekunden, die man sich gewähren sollte.

> **Der Lernstoff soll in sinnvolle Speichereinheiten portioniert werden.**
> Die Größe der Einheiten hängt weniger vom Umfang, sondern eher von der Dichte und Bedeutung der darin enthaltenen Informationen ab.
> • Am Ende einer Speichereinheit den wesentlichen Inhalt zusammenfassen.

- Einen treffenden Begriff finden, mit dem abgespeichert werden soll.
- Mit diesem Begriff den Inhalt »abspeichern«.
- Während einer Pause von mehreren Sekunden bitte nur auf diesen Inhalt konzentrieren.

Sie haben nun ähnlich gearbeitet wie ein Computer und Ihre biologisch-psychischen Speichermöglichkeiten gut nutzbar gemacht. Ihre Megabytes stehen Ihnen nun im direkten Zugriff zur Verfügung!

Sie werden später bei Bedarf, so z. B. in der Prüfung, in ähnlicher Weise vorgehen:
- Frage lesen
- eine kurze Suchpause einlegen
- Antworteinheiten (wie Formel, Vokabel, Begriff etc.) finden.

Da dieses Vorgehen Ihnen merkwürdig vorkommt und Sie wahrscheinlich lieber diese Kurzpausen nicht machen wollen, sei folgendes Beispiel genannt: Sie wollen sich an einen Namen (einer Person, eines Ortes, Autos etc.) erinnern. Je mehr Sie angespannt nachdenken, umso weniger wird er Ihnen einfallen. Dann plötzlich nach einigen Minuten beim Abendbrot oder Fernsehen fallen Ihnen der Begriff und der gesamte Kontext ein. Durch zu angestrengtes Suchen entwickeln wir wahrscheinlich irreleitende Suchbilder oder blockieren uns darin. In der entspannten, scheinbar »suchfreien« Zeit kann unser Informationsverarbeitungssystem jedoch genaue Suchbilder entwerfen. Ohne unser bewusst aktives Zutun arbeitet unsere Festplatte »graue Zellen« also zuverlässiger.

Machen Sie sich diese Form des Abspeicherns und Suchens unbedingt nutzbar!

4.8 Eile mit Weile – Vom richtigen Abrufen des Gelernten

Als die Autobahn A 45 zwischen Dortmund und Frankfurt (Sauerlandlinie, 295 km) neu war, wurde darauf ein Test durchgeführt: Ein Fahrer (A) sollte maximal schnell in Frankfurt sein; ein anderer Fahrer (B) sollte möglichst zügig und umsichtig fahren. Die mitfahrenden Tester registrierten, dass Fahrer A mehrfach in riskante oder sogar lebensbedrohliche Situationen kam, nicht jedoch Fahrer B. Der Risikofahrer A kam nach einer Gesamtfahrzeit von gut zwei Stunden gestresst an und war nur acht Minuten früher da als sein umsichtiger und ausgeruhter Testkollege B.

> Die schnellste Lösung muss nicht immer die beste sein.
>
> Gerade bei Prüfungen will man besonders schnell sein, setzt sich unter Druck und erwirtschaftet sich dadurch nur minimalen Zeitgewinn.
>
> Ein zu großes Arbeitstempo bei Prüfungen kann unnötige Hindernisse aufbauen und Fehler bewirken.
>
> Da zu große Anspannungen arbeitshinderlich sind, sollten Sie bereits während der Prüfungsvorbereitungen besonders konzentriert und gelassen sein.
>
> Setzen Sie also in Abständen kurze Entspannungspausen ein.
>
> Trotz dieser Pausen gewinnen Sie Zeit.

Diese Vorgehensweise muss natürlich vorher eingeübt werden, damit sie im richtigen Augenblick zur Verfügung steht.

Während des Lernens haben Sie in den Abspeicherpausen geeignete geistige Karteien »beschriftet« (siehe Kap. 3.7).

> Nun werden Sie üben, Ihre gespeicherten Suchwörter wieder zu finden.

Bei der Suche nach den Begriffen gehen Sie wie folgt vor:

1. Die *Aufgabenstellung* ruhig durchlesen.
2. *Nochmals durchlesen* und sichergehen, dass Sie alles gelesen haben.
3. *Kurze Suchpause* (10–30 Sekunden). Dabei gelassen bleiben und entspannt Zeit haben, die richtigen Begriffe zu finden oder zu formulieren.
4. Nun mit dem Gefundenen *weiterarbeiten*.

> Falls Sie in Bedrängnis kommen, so verwenden Sie folgende Autosuggestion während der Selbsthypnose:
> • Die Aufgabenstellung liegt vor mir.
> • Ich sehe sie gelassen an.
> • Nun lese ich sie ganz ruhig durch und nehme alles auf.

- Zur Sicherheit lese ich sie nochmals durch und kenne die gesamte Frage.
- Nun lasse ich mir ein paar Sekunden Zeit.
- Mit dem richtigen Suchwort finde ich alles. Bei dieser Suche bleibe ich ruhig und gelassen.
- Ich kann mich darauf wie gewohnt verlassen.
- Sobald ich die richtige Antwort gefunden habe, kann ich konzentriert und ruhig weiterarbeiten.

4.9 Mentales Training – Für Körpertraining und Etüden

Inzwischen haben Sie einige Erfahrungen mit Ihrem Knoten im Taschentuch, der Hypnoseeinleitung und Ihrem Ruhebild gemacht. Mitunter waren Sie wahrscheinlich recht erstaunt, wie intensiv Sie mit Ihren Innenbildern arbeiten können.

Innenbilder sind so real wie der Stuhl, auf dem Sie sitzen.

Viele unserer Handlungen werden durch unsere Innenbilder bestimmt:

Beispiel 1: Die Angst vor den Vorwürfen des Vaters ist durch Erfahrungen bedingt, und bereits die Aktivierung dieser Innenbilder schränkt das freie Agieren ein.

Beispiel 2: Der vom Freund oder der Freundin geschenkte Ring wird betrachtet, und plötzlich kommen Bilder aus der Vergangenheit hoch, zärtliche Gefühle, Wünsche, körperliche Reaktionen …

»Nicht die Dinge beunruhigen die Menschen,
sondern die Meinungen über die Dinge.«

Epiktet (ca. 50–13)

Dieser weise Ausspruch des griechischen Philosophen veranschaulicht sehr gut die Macht und Realität der Innenbilder. Eine Person mit einer Hundeangst hat einmal eine Negativerfahrung mit einem Hund gemacht. Ihre Meinung über Hunde ist nun angstbesetzt und beunruhigt diese Person – obwohl die Hunde ringsherum vollkommen freundlich sind. Ein vor uns liegendes Buch wird von uns bereits als unangenehm empfunden, da dieser Text mit Mühsal und Arbeit verbunden ist. Muss das so sein?

Es liegt somit an uns, ob wir uns von diesen unangenehmen Innenbildern beeindrucken lassen. Am besten ist es, wenn man dann Kontakt mit dem »Angst«-Objekt aufnimmt: Legen Sie z. B. das bislang gemiedene Buch vor sich auf den Tisch, betrachten Sie seine Umschlagfarbe, berühren Sie es, blättern Sie darin. Allein durch diese Kontaktaufnahme kann Ihre Ablehnung und Vermeidung abnehmen.

Bislang wurden vorwiegend geistige Arbeitsprozesse beschrieben.

> Auch körperliche Tätigkeiten lassen sich mit Autohypnose trainieren. Dies wird meist als mentales Training bezeichnet.

Uns ist nur recht wenig von diesem Bereich bekannt, da er von Trainern und Sportpsychologen als »geistige Geheimwaffe« natürlich nicht veröffentlicht wird. So können Sportler ihre Bewegungsabläufe im Kopf einüben, bis sie später im Wettkampf automatisiert ablaufen.

Die Abfahrtsläuferin hat auf diese Weise die Strecke mit allen Schwierigkeiten mehrfach mental durchgeprobt. Auch die Formationstänzerinnen können damit ihren Bewegungsablauf besser synchronisieren ... usw.

> Machen Sie sich den Vorteil der Innenbilder für Ihr Training nutzbar.

Als Sportler können Sie so Ihr Augenmerk auf bestimmte Kraftansätze, Koordinationen, Bewegungsmomente richten und sie im Kopf einüben und verfeinern.

Auch für andere Tätigkeiten gilt dies in analoger Weise, wie z. B. für:	
• Herstellen anatomischer Präparate	• Durchführen chemischer Analysen
• Spielen eines Musikinstruments	• Vortrag eines Referates
• Anfertigen von Tafelanschriften	• Auftritt auf der Bühne
• selbstsicher auftreten	• angstfrei in einer bestimmten Situation sein
• ruhig eine Arbeitsprobe anfertigen	• in der Prüfungssituation entspannt antworten
• etc.	

> Die Wirkweise des mentalen Trainings beruht nicht auf »Einbildung«, sondern auf physiologischen Faktoren.
> Die intensive Vorstellung einer bestimmten Bewegung bewirkt eine deutlich messbare Nervenaktivität am relevanten Muskel, obwohl der Muskel äußerlich sichtbar passiv ist.

Durch unterschiedliche medizinische und psychologische Experimente konnte diese Macht der Innenbilder nachgewiesen werden. Das Bewegungsprogramm des Muskels liegt im Gehirn abrufbereit und wird angesprochen. Bei realen Muskelbewegungen werden von den ausgehenden (efferenten) motorischen Nervenimpulsen im Gehirn sofort Kopien im Gehirn abgespeichert. Diese so genannten Efferenzkopien sind daran beteiligt, dass wir motorische Aktionen wie z. B. Radfahren, Schwimmen, Schreiben lernen. Während des Übens werden laufend derartige Kopien gespeichert. Darauf greift die Motorik zurück und arbeitet damit weiter, speichert sie wieder ab etc. – sonst müssten wir jede Motorikaktion stets von neuem lernen. Das wäre ja wirklich fatal.

> Unsere Innenbilder bewirken ebenfalls Abspeicherungen von vorgestellten Motorikprogrammen.

Das mit Innenbildern geübte Motorikverhalten kann somit nach dem mentalen Training schnell beherrscht werden. Es greift auf die vorher gespeicherten Programme zurück. Beim mentalen Training von Motorikabläufen sind Ermüdungen gering, da die Muskeln selbst nicht beansprucht werden. Also können Sportlerinnen und Sportler wesentlich länger trainieren – und ohne Verletzungsgefahr.

Innenbilder im laufenden Konzert

Schwierige Passagen stellen sich Musiker Sekundenbruchteile, bevor sie sie spielen, vor und rufen damit ihr gespeichertes Motorikprogramm ab.

Mein Trompetenlehrer empfahl mir unter anderem sehr erfolgreich: »Bei den (gefürchteten) Tonsprüngen nach oben stelle dir den zu erreichenden Ton mit der entsprechenden Lippenbewegung vor. Du bildest den Ton zwar mit den Lippen, aber bleibe nicht dort, sonst klingt er nicht.

Stelle dir vor, du willst mit deinem Ton in einiger Entfernung die Kerzen auf einem Kuchen ausblasen.«

Sehr schnell wurde mein Ton dadurch tragend und kraftvoll.

Probieren Sie derartige Empfehlungen aus; Ihre plastischen Innenbilder, richtig eingesetzt, werden Ihre Übungsarbeit erleichtern.

4.10 Das Suchbild zum »Arbeitsauftrag«: Alles hat Struktur

Die neueste Chaosforschung zeigt, dass alles Struktur hat. So ordnet sich der vom Wind oder dem Wasser traktierte Sand nach Mustern. Fülle einen Topf voller Schmutzwasser, und lasse ihn stehen. Die schweren Schmutzpartikel sinken zu Boden und bilden dort nicht, wie vermutet, eine einheitlich graue Fläche, sondern ebenfalls eine Struktur usw. Die Materie ordnet sich demzufolge nach einer übergeordneten Struktur.

Bei der Vorbereitung eines Referates, einer Hausarbeit oder der Examensarbeit nehmen wir oft viel Material in uns auf. Dann kommt die Phase, in der wir eine Gliederung oder Ordnung herstellen wollen und enttäuscht sind, wie mühselig das geht, obwohl man ja so viel weiß. Wir stehen hier einem vermeintlichen Datenchaos gegenüber, das für uns noch keine sinnvolle Struktur bekommen hat. Das ist in verschiedenen Arbeitsphasen ganz normal.

> Stoffsammlungen haben eine Struktur.
> Wir müssen diese Struktur erkennen.

Während der langjährigen Feierabendarbeiten an meinem Lehrbuch der Hypnose mit über 2000 Manuskriptseiten habe ich immer kapitelweise die Literatur aus letztlich vielen tausend Beiträgen gesichtet. Während dieser Lesephasen von mehreren Monaten machte ich mir zwar stets Notizen zu einer möglichst sinnvollen Strukturierung. Es war jedoch stets erneut frustrierend, mit all dem vielen Wissen im Kopf immer ratloser zu werden und die Strukturen nicht mehr zu finden. Das schafft Arbeitsblockaden.

> Mit der Zeit erkannte ich dann:
>   Man benötigt zeitlichen und inhaltlichen Abstand zum Gelernten, um
> Strukturen zu erkennen.

Der Nobelpreisträger für Wirtschaftswissenschaften, der Psychologe Herbert Simon, hat genau diesen wichtigen Aspekt herausgefunden. Ohne diesen Abstand wären manch geniale Ideen nicht gedacht worden.

Ein kleines Beispiel aus der Malerei veranschaulicht dies: Von nahem besehen, erkennen wir auf einem Bild nur Farbpunkte, aus einiger Entfernung betrachtet entfaltet sich ein wunderschönes Bild. Sie entwickeln mit der Zeit immer perfektere Strukturierungstechniken, auf die Sie sich dann verlassen können.

So können Sie wieder Übersicht gewinnen und strukturieren

1. *Materialsammlung anlegen*
   - Texte lesen, mit Kommentaren versehen etc.
   - Notizen, Stichworte anfertigen
   - Karteikarten anlegen etc.

2. *Vorstrukturierung des Materials*
   - Gliederung vorhandener Texte ansehen
   - Notieren Sie die Hauptabschnitte in der Reihenfolge, wie sie Ihnen einfallen.
   - Notieren Sie Unterbereiche und ordnen Sie sie den Hauptabschnitten zu.

Nun befindet sich das gesamte Material in einem sehr labilen Zustand: Einerseits zeichnen sich Strukturen ab, andererseits ist noch so vieles ungeordnet. Die Fülle der Zuordnungsmöglichkeiten ist zwar groß, aber nur sehr wenige werden für dieses Material die eindeutige und sinnvolle Struktur ergeben.

Nun setzen wir das ein, was bereits beim Suchen von Begriffen sinnvoll war: entspannt abwarten.

3. *Ihr Suchbild »Arbeitsauftrag« ist nun umrissen.* Überlassen Sie jetzt Ihrem Gehirn die Aufgabe, eigenständig aus der Datenfülle eine sinnvolle Struktur zu erkennen.

4. *Tiefe Entspannung.* Ziehen Sie sich nun vom blockierenden Arbeitsplatz zurück und genießen Sie für 10–20 Minuten Entspannung. Da der Arbeitsauftrag bereits erteilt ist, überlassen Sie sich genüsslich Ihrem Ruhebild.

5. In dieser tatsächlich *schöpferischen Pause* gestaltet sich die immanente Struktur eigenständig sinnvoll. (Ohne dass wir es sofort merken.)

6. Nach *Abschluss des Ruhebildes* lassen Sie diese Struktur noch in Entspannung vor Ihrem geistigen Auge absichtslos vorbeigleiten.

7. *Imagination des Arbeitsbeginns*: Stellen Sie sich vor, dass Sie sich an Ihren Arbeitsplatz begeben und mit Ihrer Strukturierung beginnen, z. B. handschriftliche Notizen machen oder auf der PC-Tastatur schreiben (Sie erkennen: Dies ist die Übung aus Kap. #).

8. Nun *beenden Sie die Entspannung.*

9. *Arbeitsbeginn:* Stehen Sie auf, gehen Sie zu Ihrem Arbeitsplatz und notieren Sie diese Struktur.

Sie werden erstaunt sein, wie leicht die Gliederung Ihnen jetzt fällt. Durch den zeitlichen und inhaltlichen Abstand erhalten Sie also Nähe zur Struktur.

4.11 Zeitimagination – Zeit vergeht subjektiv

Herr T. befindet sich in Eile. Endlos erscheint ihm der Weg vom Parkplatz bis zum Zebrastreifen. Die Ampel strotzt scheinbar stundenlang mit rotem Licht, bis er endlich seine Freundin auf der anderen Straßenseite in die Arme nehmen kann. Sie gehen erst ins Kino, dann in die Pizzeria … und verstehen sich prächtig. Diese Stunden vergehen wie im Fluge.

Dieses kleine Melodrama macht deutlich:

> Die Zeitdauer eines Geschehens erleben wir subjektiv.

Je nach Hast geraten wir in Zeitnot oder haben reichlich Zeit. – Begriffe des Materiellen werden auf eine physikalisch abstrakte Größe, nämlich die vierte Dimension Zeit, angewandt.

> Zeitnot bewirkt Hast und beeinträchtigt somit das Leistungsvermögen.
> Wenn der Zeitablauf subjektiv erlebt wird, dann können wir diese Dimension also beeinflussen und für unsere Zwecke nutzbar machen.

Sicherlich haben Sie schon einmal einen Wasserhahn tropfen gesehen. In ruhig gleichmäßigem Abstand fallen die Tropfen. Vielleicht jede zweite Sekunde? Ja, wirklich?

Das hängt ganz von Ihnen ab, wie schnell Sie die Tropfen erleben (wollen). Stellen Sie sich vor, die Tropfen sind nervös, und schon erleben Sie die Abfolge schneller. Wenn Sie viel Zeit haben, beobachten Sie den Tropfen, wie er sich bildet, und alles geht ruhiger und langsamer. Das spielt sich alles auf Ihrer subjektiven psychischen Ebene ab, während objektiv messbar alles konstant bleibt.

> In einer Prüfung vergeht die Zeit ebenfalls subjektiv verändert.

Meist fühlen wir uns in einer Prüfung gehetzt und in Zeitnot. Da es nur im schönen Roman *Momo* eine Zeitsparkasse gibt, von der man in der Prüfung etwas an Zeitkapital abheben könnte, müssen wir uns also auf unsere persönlichen Möglichkeiten der Zeitverwaltung besinnen. Genau diese subjektive Veränderung des Zeiterlebens verwenden Sie als Autosuggestion.

> **Übung zur Vorbereitung: Der Tropfen**
> Stellen Sie sich einen Wasserhahn vor. An seiner Öffnung bildet sich langsam etwas Wasser. Diese glasklare kleine Haube rundet sich allmählich, wird kugeliger und länglicher. Sie sehen genau, wie darin das Licht unterschiedlich gebrochen wird und alles immer verzerrter im Tropfen erscheint. Er wird weiter länglicher, anfangs oval, dann unten rund und oben schmaler. Schließlich ist er oben ganz dünn und schmal, löst sich vom Wasserhahn. Er fällt nach unten. Das dauert eine Weile. Dabei rundet er sich wieder ab zu einer durchsichtigen kleinen Kugel. Durch die Fallbeschleunigung wird die Kugel wieder

etwas länglicher und legt so die Fallstrecke zurück. Der Tropfen fällt dann auf den Untergrund, deformiert sich. Er wird im Moment des Auftreffens flach wie ein aufprallender Ballon. Dann zerspritzt er in mehrere kleine Tropfen, die nach vielen Seiten im Bogen glitzernd wegfliegen. Sie sinken herab und befeuchten den Untergrund.

Wenn Sie sich die Wassertropfen nach ein paar Wiederholungen der Übung plastisch vorstellen können, dann gehen Sie zur folgenden Übung über.

Zweite Übung zur subjektiven Zeitveränderung
Sie beobachten wieder den Wasserhahn. Anfangs tropft er regelmäßig.
   Wenn Sie ihn dann einige Zeit betrachtet haben, werden die Tropfen immer langsamer. Für Sie persönlich vergeht zwischen den einzelnen Tropfen so viel Zeit, wie Sie nur wollen. Mit Ruhe können Sie die Abfolge betrachten, während die objektive Armbanduhr normal weitergeht. Sie können alles beobachten und registrieren, während Ihnen die Uhrzeit weiterhin ruhig zur Verfügung steht.

Nach einigen Übungen werden Sie diesen Effekt gut steuern können. Sie werden feststellen, dass Sie sich in Ihrer Zeiteinteilung keinesfalls verzetteln. Die objektive Zeit wird Ihnen nicht davonlaufen, sie wird normal weitergehen. Durch diese Verzögerung Ihrer inneren Uhr können Sie jedoch tatsächlich gelassen und ohne die Blockade durch Hektik Ihre Suchprozesse z. B. in der Klausur durchführen, um sich an gelernte Inhalte zu erinnern.

Zeitveränderung für Fortgeschrittene
Nachdem Sie mit den unterschiedlichsten Wassertropfen geübt haben, können Sie diese Erfahrung auf Ihr Arbeitsverhalten übertragen und nun abstrakter gestalten.

Autosuggestion zur subjektiven Zeitveränderung
Ich weiß stets genau, dass ich für jede Aufgabe immer die Zeitmenge verwenden kann, die ich gerade benötige.
   Für mich kann ich subjektiv relativ viel Zeit verwenden und ruhig an der Aufgabe arbeiten, während objektiv die Uhr normal und langsam weitergeht.

> Das ist angenehm, stets zu wissen, mit der Zeit gut auszukommen. Ich werde die Zeit gut nutzen.
> Mit großer Sicherheit kann ich locker und geruhsam meine Arbeit beginnen und durchführen.
> Bitte üben Sie regelmäßig.
> Sie gewinnen weitere Sicherheit und Zuversicht!

4.12 Leseverbesserung mit Autohypnose

In der Hypnoseforschung ist noch umstritten, ob die Lesegeschwindigkeit mit Suggestionen gesteigert werden kann. Je mehr ein Lernender mit seiner Materie vertraut ist, umso schneller wird er darin arbeiten, also auch lesen können. Amerikanische Untersuchungen weisen jedoch darauf hin, dass die *Textaufnahme* durch Selbsthypnose verbessert werden kann. Diese Möglichkeiten werden Sie sich nun demnächst nutzbar machen. Da die Methode einiges an Vorübung benötigt, wird sie erst an so später Stelle in diesem Buch beschrieben.

> Vorausgesetzt wird für das Erlernen der Leseverbesserung:
> Erfahrung mit Autohypnose
> Erfahrung mit Autosuggestionen
> Übung in der SQ3R-Methode.

Da Sie bislang alle Übungen mitgemacht haben, wird Ihnen dieser Abschnitt also ebenfalls gelingen. Nachdem Sie die Phasen S und Q der SQ3R-Methode durchlaufen haben, bereiten Sie sich wie folgt auf die Lesephase vor:

> Stellen Sie kurz durch Autohypnose Entspannung her.
> Stellen Sie sich nun die Buchseiten vor ... die Überschriften ... und wie Sie dann aufmerksam darin lesen. Zeile für Zeile lesen Sie und behalten die Inhalte. So lesen Sie diese und die nächste Seite usw. Dann machen Sie zwischendurch ein paar Sekunden Pause, lassen das Gelesene auf sich wirken – und lesen danach aufmerksam weiter.
> Gleich werden Sie ganz frisch und aktiv sein und aufmerksam lesen können. Sie öffnen jetzt die Augen und fangen mit dem Lesen an.

Durch die Übung haben Sie eine positive Aufmerksamkeitseinengung auf Ihr Buch bewirkt, also Konzentration auf den Text. Gleichzeitig haben Sie sich mit der Vorstellungsübung eine anschauliche Autosuggestion gegeben. Insgesamt haben Sie sich also auf eine positive Arbeitseinstellung vorbereitet. Mit der Zeit werden Sie einige Übung darin erwerben und sehr zielgerichtet mit dieser Methode umgehen können.

Bitte überprüfen Sie mit der Checkliste zur Lernkontrolle (Anhang A), ob Sie alle Lern- und Arbeitstechniken noch berücksichtigen.

Förderung von Arbeitsmotivation und Zuversicht

Bei jedem Arbeits- und Lernprozess können Motivationsprobleme seinen Beginn oder seine kontinuierliche Ausführung beeinträchtigen. Eine Auswahl häufig angewandter Interventionen gibt bei den meisten dieser Probleme positive Unterstützung.

4.13 Bist du nicht willig – so brauche Erfolg!

Zu leicht nehmen wir geistiges Arbeiten als selbstverständlich hin. Wir erwarten einfach, dass wir durch Lernen besser werden. Wir erwarten also eine ständige Leistungsverbesserung. Oft neigen wir in unserer Leistungsgesellschaft dazu, nur das als Leistung anzusehen, was einem hohen Vergleichswert entspricht. Beim Lernen ist man ja eigentlich nie richtig fertig und meint stets, man hätte noch besser und mehr arbeiten können. Also liegt es nahe, stets unzufrieden mit der eigenen Leistung zu sein. Folgen dieser Unzufriedenheit sind Frustration und Abnahme der Lernmotivation.

> Machen Sie die erforderliche Arbeitsmenge überschaubar, dann werden Sie leichter Ihre erbrachte Leistung erkennen.
> Verdeutlichen Sie sich Ihre bereits erbrachte Arbeitsmenge (Sie erinnern sich an das Beispiel mit der Fließbandproduktion in Kapitel 3.1).
> Greifen Sie auf die vorgeschlagenen Pausen zurück. Dadurch erkennen Sie leichter Menge und Leistung.
> Lernen Sie Ihre *persönliche* Leistung kennen.

Da jeder von uns sein individuelles Lesetempo hat, kann er nur danach lernen und leisten. Akzeptieren Sie danach die von Ihnen erbrachte Leistung. Akzeptieren Sie auch, dass Sie unterschiedliche Lerninhalte unterschiedlich gut verarbeiten können, sonst sind Sie immer unzufrieden.

Seien Sie fair in der eigenen Leistungsbeurteilung!

Was sind Arbeit und Leistung ohne die entsprechende Anerkennung? Und nun erkennen Sie, warum Sie fair zu sich sein sollen: Sie sollen Ihre Leistungen gebührend anerkennen.

Eigenlob duftet

Wenn Sie Ihre Arbeitsmenge geschafft haben, so loben Sie sich. Das ist Selbstverstärkung. Für die einsam Lernenden gilt: »Wenn mich keiner lobt, dann muss ich es selbst tun!« Wenn Sie in einer Gruppe arbeiten, so sollten Sie sich gegenseitig loben und dadurch Ihre Anerkennung äußern.

Eigenlob stinkt nur, wenn man es anderen gegenüber dick aufträgt. Lobende Anerkennung eigener Leistung ist jedoch ein Stück Selbstbewusstsein. Durch Loben verbessern Sie Ihre Arbeitsmotivation.

Wenn Sie mit Autohypnose arbeiten, so sollten Sie Ihre Selbstverstärkung mit einbeziehen:
- Ich habe gut gearbeitet, halte meine Arbeits- und Pausenphasen gut ein.
- Mir gelingt es, mein Pensum einzuhalten.
- Ich kann die einzelnen Lerninhalte von ... immer besser behalten.
- Ich kann weiterhin gut arbeiten.
- Ich habe schon geschafft, dass ich ... begonnen bzw. erledigt habe.

Falls Sie gerade in einer schlechten Phase sind, dann können Ihnen diese Formulierungen übertrieben positiv erschein. Gerade dann sollten Sie die positiven Ansätze finden, die Ihnen weiterhelfen.

Weitere Vorschläge für positive Formulierungen:
- Ich habe schon etwas länger arbeiten können.
- Mir gelingt es schon etwas besser, die Pausen einzuhalten.
- Mir gelingt es besser, mein Pensum einzuhalten.
- Ich kann die Inhalte von ... schon besser behalten.
- Ich kann besser arbeiten als bisher.
- Meine Bemühungen wirken sich hilfreicher aus.

4.14 Die sich selbst erfüllende Prophezeiung: Warum Pferde rechnen können und Banken Pleite gehen

Etwa zur vorletzten Jahrhundertwende war das Pferd »Kluger Hans« sehr berühmt. Durch Zuruf des Publikums erhielt Hans Rechenaufgaben und teilte das richtige Ergebnis mit der Anzahl der Hufschläge mit. Die Verblüffung war groß. Schlaue Skeptiker verlangten nun, den Trainer des Tieres während des Rechnens auszuschließen, da er geheime Signale geben könne. Zur weiteren Verblüffung dieser kritischen Herren konnte Hans immer noch unvermindert gut rechnen.

Später beobachteten Psychologen nicht Hans, sondern das Publikum. Nach längeren Studien konnten sie dann Folgendes feststellen: Immer wenn das richtige Ergebnis (der entsprechende Hufschlag) erreicht war, bewegten sich die Zuschauer unmerklich. Ihre Spannung war nun gewichen. Genau diese minimalen Signale konnte der tatsächlich im Beobachten kluge Hans umsetzen.

Was war hier passiert? Die Behauptung »Das Pferd kann rechnen« bewirkte bei den Menschen eine Reaktion, die sie durch das Pferd bestätigt bekamen: Eine Prophezeiung hat sich durch ihre Existenz selbst erfüllt. Wird von einer Bank behauptet, sie sei bald nicht mehr liquide, spricht sich dies rum, Kunden heben ihr Geld ab – und nun ist die Bank tatsächlich nicht mehr finanzkräftig.

> Wir stellen für uns oft Prophezeiungen auf, um sie selbst zu erfüllen, ohne ihren Realitätsgehalt zu prüfen.

Beispiele für derartige *negative* Eigensuggestionen sind:

- Ich bin kein guter Sportler.
- Ich bin sowieso unmusikalisch.
- Ich behalte Vokabeln schlecht.
- Das brauche ich erst gar nicht anzufangen.
- Dieser Inhalt … wird für mich immer ein Geheimnis sein.
- Die Prüfung in … wird hart für mich.

Auf diese Weise legen Sie sich bereits fest, etwas nicht oder falsch zu können. Entsprechend gehen Sie mit negativer Einstellung an die Arbeit. Gerade eine schlechte Einstellung der Arbeit gegenüber erschwert die Arbeit. Letztlich hat man dann bewiesen, dass »man« es nicht kann.

> Überprüfen Sie bei sich, wie oft Sie derartige negative Einstellungen äußern oder denken.
> Bitte achten Sie auch auf scheinbar kurze und nebensächliche Bemerkungen oder Gedanken dieser Art.
> Versuchen Sie nun, positive Formulierungen zu finden!

Beispiele für *positive* Vorstellungen und Formulierungen:

- Ich werde es versuchen.
- Ich werde einfach anfangen und sehen.
- Wenigsten die Grundbegriffe werde ich verstehen.
- Ich werde einfach versuchen, dass ich es schaffe.
- Ich beginne jetzt einfach und werde sehen, wie viel und wie gut ich es schaffen werde.
- Wenn ich gut lerne, dann werde ich die Prüfung auch schaffen.

Was meinen Sie? – Das kann in Selbstbetrug übergehen? Nun, die oben genannten Negativbeispiele sind tatsächlich Selbstbetrug: Man denkt von sich negativ und verhält sich, von sich selbst betrogen, negativ.

> Sie sollen lernen, die Möglichkeiten Ihres Denkens und Handelns zu erkennen.
> Die Unmöglichkeiten sollten dann erst einmal beweisen, dass sie unmöglich sind!

Wenn Sie auf diese Weise mit sich (und der Mitwelt) umgehen, dann sind Sie besser motiviert und werden tatsächlich mit mehr Selbstvertrauen anfangen und durchhalten.

4.15 Aktivität entsteht im Kopf – Förderung der Arbeitsmotivation

Nicht jeden Tag sind wir gleich motiviert und begeistert von der vor uns liegenden Arbeit. Die Motivation kann besonders dann niedrig sein, wenn wir eine Arbeit beginnen wollen, die uns noch relativ unbekannt ist. Dadurch können ungewollt Abneigungen entstehen, verbunden mit kaum zu beschreibenden negativen Gefühlen. Das wiederum führt dazu, diese anstehende Tätigkeit blöde zu finden und sie nicht beginnen zu wollen. Sehr schnell können dann Vermeidungsverhaltensweisen auftreten: Alle anderen Tätigkeiten sind wesentlich attraktiver als gerade die bevorstehende. Aber auch mitten in einer Arbeitsperiode kann es zu Motivationsproblemen kommen. Wir fühlen uns dann so, als ob es plötzlich nicht mehr weiterginge, wir keine Ideen mehr bekämen. Unser Ideenreichtum scheint versiegt zu sein, und wir scheinen nicht so recht »die richtige Kurve« zu kriegen.

In beiden Fällen vermeiden wir sehr schnell das Weiterarbeiten. Das wiederum kann dazu führen, dass wir uns noch unangenehmer fühlen, weil wir ja eigentlich weiter produktiv sein wollen. Also addieren sich langsam und mitunter unterschwellig und damit für uns unmerklich negative Gefühle. Unlust, Selbstzweifel, Unzufriedenheit und eine gewisse Machtlosigkeit, auch Hilflosigkeit können sich entwickeln.

Wenn wir in solchen Phasen, die durchaus normal sind, nicht möglichst bald in die richtige Richtung aktiv werden, können Blockaden auftreten, und die Hilflosigkeit oder Passivität kann zunehmen. Auch hier gilt: Wehret den Anfängen.

Falls die im Vorkapitel genannten positiven »Innenbilder zum Erfolg« nicht weiterhelfen, so können wir sehr produktiv auf andere hilfreiche Innenbilder zurückgreifen. Da uns die bisherigen Fantasien blockierten, müssen wir also andere Fantasien oder Innenbilder einsetzen, die uns aktivieren und damit motivieren.

Auch hier kann ich eine vielfach mit Klienten erprobte Vorgehensweise empfehlen, die ich selbst öfter praktiziere: Mitunter merke ich, dass ich bei Ausarbeitungen einen Durchhänger und anscheinend keine Ideen mehr habe oder nach längeren Arbeits- oder Ruhephasen das Weiterarbeiten bzw. der Neubeginn sehr schwer fallen. Inzwischen kann ich mit derartigen anfänglichen Motivations- oder Aktivitätsproblemen gelassen umgehen, da ich wie meine Klienten durchgängig die deutliche Unterstützung durch die Imaginationsmethode erfahren habe.

Innenbild zur Aktivierung

1. *Übersicht:*
   Verschaffen Sie sich eine zumindest grobe Übersicht über die vor Ihnen liegende und zu erledigende Arbeit.
   Welche Inhalte sind gefordert (z. B. Referat über Odysseus und die Ionischen Inseln)?
   Welche Arbeitsmittel sind zu benutzen (Bücher, PC, Ordner ...)?
   Welche Tätigkeiten sind gefordert (Einführung, Übersicht, Abschluss, Zusammenfassung schreiben usw.)?
   Welche Themen sollen abgehandelt werden?
   Hier können wir einige Aspekte der SQ3R-Methode nutzen (s. Kap. #).

2. *Bereitstellung der Arbeitsmittel:*
   Räumen Sie Ihren Schreibtisch leer.
   Nun suchen Sie die Materialien zusammen, die Sie aus der gegenwärtigen Sicht benötigen können (Bücher, Ordner, Skripte etc.).

3. *Entspannung:*
   Nun leiten Sie die folgende Imaginationsarbeit durch eine Entspannungsphase ein.
   Suchen Sie Ihren Ort der Entspannung wie Stuhl oder Sofa auf, machen es sich durch wie gewohnt bequem und entspannen Sie für ca. 1–4 Minuten (je nach Ihrem persönlichen Tempo der Langsamkeit).

4. *Imagination der Aktivität:*
   - Stellen Sie sich nun vor, dass Sie sich dem Schreibtisch nähern.
     Nun lassen Sie sich immer einige Sekunden (ca. 30–60 Sek.) für die weiteren Imaginationen Freiraum.
   - Sie sehen die Arbeitsmaterialien vor sich auf dem Schreibtisch liegen.
   - Stellen Sie sich vor, wie Sie in dem Buch »NN« blättern ... wie Sie den Ordner zu dem Thema »NNN« aufschlagen und die Seiten durch Ihre Finger gleiten lassen.
   - Nun stellen Sie sich kurz das anstehende Thema vor; es heißt: »NNX«.
   - Vorhin haben Sie sich eine kurze Übersicht zu dem Thema verschafft. Bitte lassen Sie nun einige Begriffe zu diesem Thema in Ihrer Vorstellung emporkommen.
   - Sie merken, dass Ihnen durchaus einige Begriffe zum Thema einfallen.

- Nun stellen Sie sich vor, wie Sie in dem vorhin vorgestellten Buch oder Ordner zu diesem Thema blättern und konzentriert verschiedene Stellen intensiver betrachten.
- Nun stellen Sie sich vor, wie Sie sich an Ihren Arbeitsplatz setzen. Ganz plastisch stellen Sie sich vor (Beispiele): Wie Sie den Artikel »NNN« lesen und sich dabei Notizen machen. – Wie Sie Ihre Hände heben und anfangen, Ihre Notizen zu machen. – Oder Sie schalten den PC an und fangen an, auf der Tastatur zu schreiben.
- Sie merken, dass Sie Ihre Tätigkeit gut anfangen können. Spüren Sie dabei deutlich, wie Sie (z. B.) dabei sitzen, das Buch halten, Ihre Finger die Tastatur bedienen usw. Bitte alles ganz plastisch vorstellen.
- Sie merken nun deutlich, wie Sie sich zunehmend aktiver fühlen. Ihre Hände werden aktiv. Ihr Kopf wird klarer und aktiver. Sie werden entspannter und handeln gleich.
- Nun stellen Sie ebenfalls sich vor, wie Sie gleich aufstehen werden und zu arbeiten beginnen.
- Nun öffnen Sie die Augen, stehen auf, begeben sich an Ihren Arbeitsplatz und beginnen mit den imaginierten Tätigkeiten.

Sie sind sicherlich verblüfft, wie gut diese Methode klappt? Kein Wunder, da Sie die erforderlichen Tätigkeiten bereits in Ihrer Vorstellung durchgeführt haben. Also hat Ihr Körper oder Ihre Leib-Seele-Einheit bereits ein klares Handlungskonzept entwickelt, das nun im Gehirn vorhanden ist und letztlich nur noch abgerufen und in die Realhandlung umgesetzt werden muss. Das ist ähnlich wie bei dem bereits beschriebenen Mentaltraining für komplexe Handlungsweisen beim Sport oder in der Musik. Durch die Imaginationen geben wir dem Körper klare Handlungsanweisungen, die wir später nur noch befolgen müssen.

Sie werden erstaunt sein, wie effektiv diese Methode ist. Tatsächlich fällt Ihnen nun der Anfang oder die gesamte Arbeitsphase wesentlich leichter. Wenn Sie dann einmal begonnen haben, werden Sie von sich aus weiterarbeiten können.

4.16 Bilder der Zuversicht: Sicherheit entsteht im Kopf

Wie bereits öfter erwähnt, produzieren wir ganz ungewollt Fantasien, also Gedanken und Bilder. Das können Bilder vom letzten Urlaub, vom anstehenden Abendessen, von der Prüfung sein. Aus Ihrer Erfahrung wissen Sie jedoch, dass es nicht nur »bunte Bilder« sind, sondern meist komplexe Szenen, verbunden mit den dazugehörenden Gerüchen, Körperempfindungen und Gefühlen. Gerade bei größeren Ausarbeitungen und Prüfungsvorbereitungen können leicht Negativfantasien eintreten, die immer stärker werden und dann unser reales Handeln blockieren können.

Mitunter haben wir Gedanken, die uns daran hindern, etwas zu beginnen, weil wir uns die Tätigkeit nicht so recht zutrauen, wir Angst davor haben, sie zu beginnen. Dadurch blockieren wir uns bereits durch diese Gedanken dabei, positive Perspektiven zu entwickeln und einfach wie früher relativ unbekümmert mit der Arbeit anzufangen.

> Wenn Sie sich Ihre Gedanken vor Beginn einer Tätigkeit in Ihre Erinnerung rufen, so stellen sie fest, dass die Gedanken *vorher* meist wesentlich negativer sind.
>
> Sobald Sie jedoch die geplante Handlung durchgeführt haben, merken Sie *danach* erleichternd, dass es eigentlich gar nicht so schlimm war.

Das ist oft typisch bei derartigen Befürchtungen: In unserer Fantasie übertreiben wir mitunter so sehr, dass wir nur noch Ablehnungsargumente haben und uns dabei blockieren, so etwas Abscheuliches anzufangen. Sobald Sie jedoch gehandelt und das vermeintlich Unangenehme erledigt haben, merken Sie relativ schnell, dass es gar nicht so schlimm war. Mitunter ärgern Sie sich dann sogar, dass Sie die Tätigkeit so lange vor sich her geschoben haben. Wenn Sie sie gleich erledigt hätten, so hätten Sie sich viele Angstfantasien und damit psychischen Stress sparen können.

> Nachdem Sie öfter den Vergleich eingetragen haben, werden Sie mit der Zeit merken, welch positiver Einfluss auf Ihre Einstellungen und Handlungen (= Ausarbeitungen, Lernen) eingetreten ist:
> - Ihre Bewertungen *vor der Handlung* haben sich verbessert.
> - Ihre Einstellung zur bevorstehenden Handlung wurde positiver; Sie sehen weniger Hindernisse, sind zuversichtlicher.
> - Sie beginnen Ihre Tätigkeit zügiger.
> - Sie sind bei der Arbeit motivierter.

Mit dieser Erfahrung können Sie sich leichter und mit mehr Zuversicht auch an größere Arbeitsprojekte begeben.

Falls Sie den Arbeitsberg zurzeit als sehr groß erleben, dann versuchen Sie folgende Überlegungen:

- Unterteilen Sie den Berg in mehrere überschaubare Portionen
- Erinnern Sie sich an vergleichbare Projekte, die Sie bislang erfolgreich abgeschlossen haben (vergleiche Kap. 3.8).
- Stellen Sie sich nun konkret vor, wie Sie nachher die Arbeit aktiv beginnen werden (vergleiche Kap. 3.10).

4.17 Psychohygiene: Einschlafen mit Schäfchenzählen?

Wir alle kennen den Ratschlag, bei Einschlafproblemen Schäfchen zu zählen. Zahlreiche Bilderwitze befassen sich damit. Einige sind begeistert davon und andere ... Was ist eigentlich wahr daran? Was können Sie tun, wenn Sie Einschlafprobleme haben? Bevor Sie hier zur vermeintlichen Allmacht der Innenbilder greifen, sollten Sie analysieren, wodurch die Schlafprobleme entstanden sind. Falls Sorgen oder Probleme Sie bedrücken, so sollten sie möglichst bald beseitigt werden.

> Schlafmittel und Alkoholkonsum helfen nur anfangs, verändern jedoch die Schlaftiefe beträchtlich. Die Nebenwirkungen des Katers sind dann sicherlich arbeitshinderlich.
> Zu langes und spätes Lernen bewirkt Schlafprobleme.
> Mindestens eine halbe Stunde vor dem Schlafengehen sollte das Lernen beendet werden. Dann bitte nur noch mit Entspannendem beschäftigen.
> Bei starken Sorgen hilft der Gedankenstopp (Kap. 4.18) und die Übung »Der rote Ballon« (Kap. 4.20). Es wird dadurch jedoch keine Lösung erreicht.
> Bei Schlafstörungen helfen oft körperliche Betätigungen am Abend.

Bewährte Hausmittel

Bei starker geistiger Belastung treten zwar Abgespanntheit und Erschöpfung auf, sie behindern jedoch das Einschlafen. Ausgewogene körperliche Betätigung (Sport, Holzhacken, Joggen, Abendspaziergang etc.) führt hier zu einer gesunden Ermüdung und zu erholsamem Schlaf. Auch alte Hausmittelchen sind eventuell nicht zu verachten, wie Baldrian, entsprechende Tees etc. Nebenwirkungen sind hier bei sachgemäßer Anwendung nicht zu beobachten. Das bekannte Glas warmer Milch mit Honig lässt uns mit dem »Glückshormon« Serotonin besser schlafen. Warme Fuß- und Ganzbäder (mit oder ohne entsprechende Essenzen) haben ebenfalls entspannende und schlafbahnende Wirkung. Die Temperatur darf nicht zu hoch und die Badedauer nicht zu lang sein, sonst wird das Gegenteil erreicht.

Einschlafrituale

Überprüfen Sie, ob Sie ihre abendliche Arbeitsphase angemessen abgeschlossen haben – so wie in es in den Kapiteln 3.8 und 3.9 empfohlen wird.

Gleichmaß für die innere Uhr
Führen Sie einen möglichst gleichen Rhythmus von Aufsteh- und Zubettgehzeit ein. Dadurch kann sich Ihre ganze Leib-Seele-Einheit auf einen konstanten Schlaf-Wach-Rhythmus einstellen. Ihre »innere biologische Uhr« läuft dann zuverlässiger.

Entwickeln Sie Rituale für den Ausklang des Tages

Dazu gehört, sich mindestens 30 Minuten vor dem Einschlafen etwas Schönes, Entspannendes zu gönnen, wie z. B. einen Krimi, einen Roman, einen Comic lesen, Musik hören, eine kleine Zeichnung oder Bastelei erstellen usw.

Genießen Sie auch Ihr Lieblingsgetränk, jedoch Vorsicht bei Alkohol, der das Kurzzeitgedächtnis beeinträchtigt. Die dann folgenden Tätigkeiten wie Ausziehen, Zähneputzen usw. sollten Sie ebenfalls bewusst als Teil dieses Zubettgehrituals durchführen.

Für Ihren Körper und Ihre Seele werden diese gewohnten wiederkehrenden Tätigkeiten zu Auslösereizen für das Einschlafen und begünstigen es dadurch. Wenn Sie dann im Bett liegen, lassen Sie nur schöne Bilder des Tages oder der Vergangenheit emporkommen.

Schäfchenzählen ist eine Imaginationsmethode mit Autosuggestion

Konzentrieren Sie sich auf das möglichst plastische Bild der Tiere, die nun langsam vorbeiziehen. Dabei wird das Zählen wahrscheinlich gar nicht erforderlich sein. Es erfolgt eine Einengung der Wahrnehmung, gleichzeitig tritt durch die langsam gehenden Schafe, die sich alle ähnlich sehen, Monotonie ein. Das sind Faktoren, die Sie von der Einleitung der Hypnose kennen.

> Wenn Sie wollen, können Sie zum Einschlafen auch die gewohnte Einleitung zur Autohypnose und ein geeignetes Ruhebild benutzen.
> Nehmen Sie dann ein *besonderes Ruhebild*, das Sie *nur zum Einschlafen* benutzen.
> Benutzen Sie besondere Autosuggestionen.

Die ausgewählten Schlafsuggestionen sollten möglichst nicht Schlafformulierungen enthalten, da man sonst die Aufmerksamkeit zu stark darauf richtet und so erst recht nicht schlafen kann. Benutzen Sie lieber Entspannungsformulierungen wie: »Ich genieße es, am abendlichen Strand zu liegen, der untergehenden Sonne zuzusehen, in den dunkler werdenden Himmel zu sehen … ich merke, wie mein Körper angenehm locker ist, angenehm schwerer wird …«

Letztlich sollten Sie das Wachbleiben mit Nichtbeachtung strafen: Je mehr Sie das Wachliegen beobachten, umso mehr ärgern Sie sich darüber und werden immer wacher.

> Wenn Ihnen das Einschlafen gleichgültig ist, dann werden Sie gelassener, entspannter – und Sie schlafen leichter ein.

Abbau von Hindernissen

Mit unseren Gedanken und Vorstellungen können wir uns so blockieren, dass uns einfachste Lösungen kaum noch einfallen. Diese Macht der Gedanken lernen Sie durch gezielte Übungen positiv zum Abbau von geistigen Hindernissen zu nutzen.

4.18 Gedankenstopp – Weglaufende Gedanken müssen angehalten werden

Bekannt ist das Beispiel von Paul Watzlawik, dem amerikanischen Kommunikationsforscher:

Ein Mann möchte ein Bild aufhängen, will sich dazu einen Hammer ausleihen. Als er nun in Gedanken durchgeht, wen im Hause er deswegen fragen könnte, bleibt nur eine von ihm wenig gelittene Person übrig. Unser Mann malt sich nun aus, was diese oft schnippische Person ihm sagen könnte, wenn er um einen Hammer fragt. Lauter unangenehme Antworten fallen ihm ein. Schließlich geht er resolut zur Wohnungstür dieser Person, klingelt. Als diese öffnet, schnauzt er sie an: »Behalten Sie Ihren blöden Hammer!«

Diese scheinbar skurrile Geschichte ist eine weise Beobachtung des Alltagslebens.

> Wenn wir negative Gefühle entwickeln, denken wir schnell und beharrlich weiter in dieser Richtung. Wir denken uns dann lebhaft in eine Situation ein, sodass wir vergessen, diese an der Realität zu überprüfen.
>
> Das führt zu einer Eskalation der Gedanken, da man Handlungsweisen einer anderen Person vorwegnimmt.
>
> Wir greifen schnell auf frühere Erfahrungen (mit anderen oder mit uns) zurück und übertragen sie auf die gegenwärtige Situation. Auch die Vorurteile gegenüber uns selbst übersteigern wir schnell.

Besonders in unklaren oder angstbesetzten Situationen können Selbstzweifel aufkommen. Wenn man sich nicht an den realen Gegebenheiten prüft, so können schnell z. B. Minderwertigkeitsgefühle auftreten. Dies kann so weit kommen, dass man sich bereits als Versager (durchgefallen, blamiert) erlebt, ohne dass dafür schon reale Anhaltspunkte vorliegen. Manch einer bewirkt durch diese sich selbst erfüllende Prophezeiung seine Depressionen.

Übung Gedankenstopp

Mitunter verfolgen uns Gedanken, Ideen oder Betrübnisse, die wir im Moment nicht auflösen können. Die Gedanken kreisen immer weiter und beeinträchtigen uns dann schließlich so stark, dass wir nicht mehr anderes denken können, im Schlaf gestört sind usw. In solchen Fällen müssen Sie sich autoritär strikt weitere dieser Gedanken verbieten. Sobald nur der Anfang eines dieser Gedanken einsetzt, schlagen Sie mit der flachen Hand auf den Tisch und sagen »Nein«. Das mag sich albern anhören, aber es hilft – vorausgesetzt, Sie sind konsequent und führen diese Unterbrechung stets und gleich bei Gedankenbeginn durch.

> **Unterbrechen Sie eine Kette negativer Gedanken möglichst früh, also bereits beim allerersten Anzeichen.**
> Am besten gelingt die Unterbrechung durch körperliche Aktivitäten (z. B. Aufräumen, Abstauben, Bücherraussuchen etc.). Die Gedankenunterbrechung muss sehr konsequent erfolgen, also immer und sofort.
> Trifft das wirklich zu, was Sie imaginieren?
> Überprüfen Sie bitte, ob Sie sich mit Ihren Vorstellungen, Gedanken und Gefühlen in etwas hineinsteigern, das nicht mehr der Realität entspricht.
> Holen Sie sich dazu die Meinung außen Stehender ein.

Bei diesen Problemen sollte man dennoch überlegen, ob nicht zusätzlich andere Personen hilfreich sein können, um Lösungswege zu finden. Da im vorliegenden Fall immer die Prüfung an der Realität wichtig ist, bitten Sie also Freunde, Studienkollegen (natürlich auch Freundinnen und Studienkolleginnen), Ihr Wissen zu überprüfen, die Ausarbeitung durchzulesen etc.

Sie erhalten dadurch klare Rückmeldungen über Ihren Leistungsstand und Ihre Leistungskapazität und über den Realitätsgehalt Ihrer Gedanken oder Befürchtungen. Sie werden feststellen, dass Sie Ihre Gedanken durch den Gedankenstopp immer besser lenken können.

> *Sie* merken, dass *Sie allein* bestimmen, Macht über Ihre Gedanken zu haben. *Sie lenken* Ihre Gedanken.

Falls Sie stärkere Probleme mit solchen unangenehmen Gedankenverfolgungen haben, verwenden Sie besonders die beiden letzten Merkpunkte für Ihre Autosuggestionen.

4.19 Negative Bilder: Von keinem russischen Bären

Ein russisches Sprichwort lautet: »Stell dich vor eine Wand und denke an keinen Bären.« Probieren Sie es aus.

Woran haben Sie gedacht? Dass Sie an keinen Bären denken, warum Sie an keinen Bären denken sollen usw., und schon war das Tier plastisch in Ihrer Fantasie.

In der psychotherapeutischen Arbeit mit Hypnose werden oft Suggestionen benutzt. Dabei ist es eine wesentliche Regel, dass nur *positive* Formulierungen benutzt werden sollen. Wenn der Therapeut suggerieren würde: »Sie haben *keine* Angst«, erwähnt er durch die Verneinung genau das, was abgebaut werden soll: die Angst. Hört der Patient dieses Wort, so steigt in ihm das Angstprogramm hoch, das Herz klopft schneller etc.

Hier passiert Gleiches, wie oben beschrieben: Durch die Nennung eines unangenehmen Begriffes wird das damit verbundene negative Gesamtprogramm aktiviert.

Beispiel aus der Erziehung

Sagen wir einem Kind, dass es *nicht* schmatzen soll, wird es gutwillig dem zustimmen, aber nach kurzer Zeit weiterschmatzen. Durch die Verneinung hat es keine Zielorientierung erhalten.

Wenn wir diesem Kind nun sagen, dass es beim Essen weniger auf den Löffel nehmen und dann beim Kauen die Lippen verschließen soll, hat es eine klare Handlungsanweisung, der es relativ schnell und erfolgreich nachkommen kann. Wenn die obige Bäreninstruktion positiv lautet: »Stellen Sie sich eine grüne Wiese vor«, so wird auch das in Gedanken realisiert, was gewünscht wurde. Der Angstpatient wird die Suggestion erhalten: »Sie sind in der Prüfung ganz entspannt und gelassen« – und entsprechend hat er die Möglichkeit, sein Entspannungsgesamtprogramm wachzurufen.

> Die hohe Kunst der richtigen Suggestionen besteht somit in *positiven* Formulierungen.
> Positive Formulierungen visieren präzise und direkt das angestrebte Ziel an.
> Wenden auch Sie für sich positive Formulierungen und positive Suggestionen an.

Einige Beispiele für positive Umformulierungen

negativ	positiv
Ich habe *keine* Angst.	Ich bin entspannt. Ich bin selbstsicher. Ich weiß die Antwort. Ich bin ruhig. Ich bin gut vorbereitet.
Ich bleibe *nicht* festhängen. Ich bleibe *nicht* stecken. Ich bekomme *keine* Blockade.	Ich weiß eine Antwort. Ich komme weiter. Mir fällt genug ein. Mein Denken bleibt immer geordnet und ruhig.
Ich bin *nicht* aufgeregt.	Ich bin ruhig. Ich bin gelassen. Ich bin entspannt.

> Beobachten Sie deshalb genau, ob Sie häufiger negative Formulierungen verwenden. Suchen Sie lieber nach positiven Formulierungen.
> Bemerken Sie, wie Sie sich durch positive Formulierungen und positives Denken auch positiver verhalten können!

Manches mag Ihnen dabei etwas gekünstelt vorkommen, aber Sie haben durch das bejahende Vorgehen tatsächlich andere Möglichkeiten für sich eröffnet. Wahrscheinlich ist diese Denkweise ungewohnt, weil die eigene Erziehung konträr verlief. Kindererziehung wird leider sehr viel mit Negationen und Verboten gestaltet. Dadurch kennen die Kinder nur die Negation, es werden also keinerlei Handlungsmodelle vorgegeben, die sie als angemessene Alternative benutzen können.

Sie sehen, dass es sich bei der Anwendung positiver Formulierungen nicht um eine beschönigende Spielerei handelt.

Positive Gedanken und Suggestionen geben eine klare Zielorientierung.

4.20 Abfallimaginationen: Gedankenschrott beseitigen

Mitunter gibt es Gedanken, die uns nahezu verfolgen, deren zugrunde liegende Probleme wir jedoch zurzeit kaum oder gar nicht lösen können. Diese Gedanken können uns so absorbieren, dass sie unsere Lern- und Arbeitsfähigkeit, ja sogar unsere Lebensqualität beeinträchtigen.

Beispiele: Der Gedanke an eine frühere unangenehme Begebenheit kann uns immer noch peinlich sein, wir können sie jedoch auch nach einer Entschuldigung nicht ungeschehen machen. Dazu gehört ebenfalls der stete Ärger über eine Person oder über Sachverhalte, die nicht änderbar sind. Auch in der Zukunft liegende Probleme können in der Gegenwart beeinträchtigen, obwohl sie noch gar nicht lösbar sind.

Die nachfolgend vorgeschlagene Übung der Imagination und Selbsthypnose wurde vom amerikanischen Psychologen Walch (1976) entwickelt und bietet eine hervorragende Möglichkeit an, diese Gedanken abzuschalten.

Der rote Ballon
Bitte stellen Sie sich nun Ihr Problem oder die Person vor, mit der keine sinnvollen Lösungen möglich sind ...

Nun steht neben Ihnen eine große Kiste ... In diese stopfen Sie nun das Problem.

Falls es groß ist, können Sie nachstopfen. Auch eine Person können Sie da reingeben und dabei etwas nachhelfen ...

Wenn sie drin ist, nehmen Sie den Deckel, legen ihn fest drauf und nageln oder schrauben die Kiste zu ... Sie merken nun deutlich, wie Sie immer zufriedener hämmern oder schrauben ... Nun sehen Sie neben sich. Da ist ein riesiger roter Ballon festgebunden ... Das Seil befestigen Sie ganz fest an der Kiste ... und lassen es nun los ...

Der Ballon erhebt sich, spannt das Seil straff und hebt die Kiste mit ihrem Inhalt hoch ... steigt immer weiter auf, immer höher ... und die Kiste mit ihrem Inhalt wird immer kleiner und kleiner ...

Sie spüren das deutlich ... Ihre Befreiung nimmt immer mehr und mehr zu ... Der Ballon wird immer kleiner und wird dann mit seiner Last weit fortgetragen ... weit über den Horizont hinweg ...

Und Sie spüren dabei Ihre Befreiung ... und können tief und entspannt durchatmen.

Es ist immer wieder sehr beeindruckend, wie schnell diese Imaginationen wirken – wie schnell also Entspannung und innere Ruhe einkehren. In zahlreichen Therapiesitzungen erlebten Klientinnen und Klienten diese befreienden Wirkungen häufig sehr verblüfft, aber mit großer Freude. Während Sie mit dem Gedankenstopp ständig auftretende Gedanken abbrechen, sorgen Sie mit dieser Übung zusätzlich für Ihre innere Ausgeglichenheit und Ruhe.

Als weitere Abfallimaginationen können Sie z. B. verwenden:

• Schreiben Sie das Problem auf einen Zettel und verbrennen ihn dann.
• Stecken Sie das Problem in eine Waschmaschine, und beobachten Sie genüsslich, wie es im Seifenschaum farblos wird und durch den Schleudergang herausfliegt und letztlich weggespült wird.

4.21 Positive Bilder: Der Erfolgreiche

In den alten Zeiten der Entdecker segelte man mit winzigen Booten unter räumlich und hygienisch schlechten Bedingungen neugierig um die Welt. Wenn die Segelschiffe dann in die Flautengebiete kamen, lagen sie mit schlaffen Segeln mitten im Meer still. Nach einigen Tagen des passiven Abwartens konnte schnell eine Meuterei ausbrechen, da die Mannschaft in der glühenden Sonne hoffnungslos geworden war. Die Matrosen fühlten sich ausgeliefert, machtlos. Was tat der Kapitän? Er ließ mehrere Ruderboote vor dem Schiff festmachen und befahl den Matrosen, kräftig zu rudern. Dies hatte den Vorteil, dass das Schiff nun etwas Fahrt machte. Das gab Hoffnung, da man etwas vorwärts gekommen war. Tatsächlich konnten sie dann die Annäherung an eine Wolke bewirken und damit in die rettende Thermik gelangen.

Wesentlich war, dass die Mannschaft merkte, durch eigenen Einsatz die Rettung bewirken zu können. Sie war erfolgreich durch eigenes Handeln – trotz äußerer Widrigkeiten.

> Während des Lernens oder Arbeitens können Flauten entstehen.
> Das ist normal.
> Sie können selbst positive Veränderungen bewirken.
> Mit Ihrer Aktivität rudern Sie aus der Flaute hinaus.

Das stimmt tatsächlich. Wenn man ein Tief hat, helfen am wenigsten Klagen, Resignieren, Abwarten, Zögern. Sobald Sie sich zur Aktivität entschlossen haben, wird es weitergehen.

> Manchmal gelingt es nicht sofort, aktiv zu sein.
> Benutzen Sie dann aktive Innenbilder.

Vorschläge für aktive Innenbilder

Bitte stellen Sie sich diese Szenen ganz plastisch vor.

> **Auf großer Fahrt**
> Sie sind Sir Francis Drake (1540–1596), der Pirat der Meere, der berühmte und verwegene Kapitän, der die Welt umsegelte. Auf diesen monatelangen Seereisen geraten Sie in die windstillen Rossbreiten. Ihr Schiff liegt bereits seit mehreren Tagen bewegungslos, die Mannschaft wird unzufrieden.
> Sie befehlen Ihrer Mannschaft, die Boote auszubringen, vorn am Schiff festzutäuen und zu rudern. Sie spornen die Matrosen an, fordern ihren Einsatz ... und langsam nähern Sie sich einer Wolke ... langsam bauschen sich die Segel auf, langsam nimmt das Schiff Fahrt auf. Die Mannschaft ist begeistert und feiert Sie als guten Kapitän. Sie sind der erfolgreiche Kapitän und können volle Fahrt und volle Leistung aufnehmen.

> **Ein Frosch ist im Eimer**
> Ein Kuhstall. Warm und etwas strenger Geruch.
> Das Muhen der Kühe und das Klirren ihrer Ketten sind deutlich zu hören.

In einer Ecke des Stalles steht ein Eimer. Er ist halb gefüllt mit Milch. Ein Frosch macht einen Ausflug, kommt in den Stall gehüpft. Er schaut sich alles an und springt vor lauter Neugier in den Eimer. Plumpst in die Milch. Als er wieder rauswill, ist der Rand zu hoch. So paddelt er. Er schwimmt die ganze Nacht durch, paddelt. Am nächsten Morgen sitzt er auf einem Butterklumpen – und kann weghüpfen. Er nimmt seine Wanderschaft wieder auf.

Meist können derlei Gleichnisse sehr zutreffen, mitunter nur bedingt helfen. Falls sie nicht helfen, nehmen Sie positive Bilder aus Ihrer eigenen Vergangenheit.

Stellen Sie sich ganz plastisch Szenen vor, in denen Sie erfolgreich waren. Nehmen Sie anfangs Szenen aus dem erfolgreichen Freizeitbereich (Erfolge im Sport etc.):

Stellen Sie sich vor, wie Sie sich damals anstrengten, bis Sie schließlich Ihren Erfolg erreichten. Nehmen Sie ganz deutlich dieses Erfolgsgefühl in Ihrem Kopf und in Ihrem Brustkorb wahr. Bemerken Sie, wie Sie sich freuen und stolz auf sich sind.

Bemerken Sie auch, dass andere Personen Ihnen ihre Bewunderung und Anerkennung zeigen.

Sie haben Ihr Ziel erreicht.

Konzentrieren Sie sich in dieser Szene deutlich auf die angenehmen Gefühle. Halten Sie diese Gefühle fest, und genießen Sie diese. Das schafft Selbstvertrauen!

Wenn Sie mit der Zeit Übung im Umgang mit diesen angenehmen Gefühlen haben, dann wählen Sie eine einfache Aufgabenstellung aus Ihrem Arbeitsbereich aus, die zurzeit blockiert ist.

Stellen Sie sich nun vor, wie Sie mit Ruhe und Selbstvertrauen arbeiten und immer mehr an Kompetenz erwerben. Da Sie die Tätigkeit bereits im Kopf ausführen können, werden Sie in der Realsituation dann schon wesentlich geübter sein. Sie wird Ihnen dann leichter fallen. Der Erfolg ist Ihnen also sicher.

Werden Sie bitte bereits für kleine Erfolge sensibel und verstärken sich dafür. Mit der Zeit werden Sie dann zunehmend schwierigere Aufgaben bearbeiten können.

Kursteil 5

Ratschläge für die Prüfungsvorbereitung und den Prüfungstag

In Prüfungen wird das in einer längeren Lernperiode angeeignete Können schriftlich, mündlich oder praktisch in einem engen Zeitbereich abgerufen.

Da man Prüfungen meist nur einmal absolviert, ist man relativ leicht verunsichert, welche Inhalte in der Prüfung wohl angesprochen werden. Gleichzeitig entstehen dazu Fantasien, wie man darauf reagieren wird. Entsprechend können leicht Angstfantasien aufkommen. Aber Sie haben in Kapitel 4 zahlreiche Methoden kennen gelernt, die Sie in solchen Fantasieminuten hilfreich anwenden können.

Da ich viele Kandidaten in der Phase der Prüfungsvorbereitung und in Prüfungen erfolgreich begleitet habe, gebe ich auch hier die in dieser Zeit erprobten Methoden an Sie weiter.

5.1 Einige Wochen vor der Prüfung – Planungen bis zum Tag X

Noch viele Wochen bis zur Prüfung – viel Raum für eine gute Langzeitplanung! Termine für mündliche Prüfungen, Klausuren oder Examensarbeiten sind stets langfristig bekannt. Also können wir diesen einkalkulierbaren Zeitraum für die Vorbereitungen sinnvoll nutzen. Da durch die Prüfung per se Stress erzeugt wird, sollten wir potenzielle zusätzliche Belastungsfaktoren wir Vorbereitung und Zeitplanung der Prüfung optimal gestalten. Auf diese Weise reduzieren wir nicht nur unnötige Anspannungen, Belastungen und Sorgen, sondern schaffen uns ein angenehmes Lernklima. In einem solchen Klima können wir in Ruhe, aber zügig und konzentriert arbeiten.

Die nachfolgende Zeit- und Arbeitsplanung dient primär der Stressreduktion und damit der Leistungsoptimierung. Vergewissern Sie sich, ob Sie die erforderlichen formalen Voraussetzungen für die Prüfung erfüllt haben, wie z. B. absolvierte Praktika, Seminarscheine, Bewertungspunkte, Termine für Anmeldefristen, Vorgespräch mit Lehrer, Dozent oder Professor.

Verschaffen Sie sich möglichst bald einen Überblick darüber, welche Fächer und Sachgebiete für die Prüfung oder Klausur erforderlich sind.

> **Stellen Sie fest, welche Arbeitsmittel benötigt werden.**
> Welche Bücher, Artikel, Veröffentlichungen müssen gelesen sein?
> Stellen Sie eine Literaturliste für jedes Fach auf.
> Beschaffen Sie sich die relevanten Arbeitsmittel so früh wie möglich. (Also Bücher bestellen, Skripten beschaffen, kopieren, Werkmaterialien besorgen etc.)
> Tauschen Sie sich mit früheren Examensabsolventen aus.
> Ergänzen oder kürzen Sie ihre Vorbereitungen entsprechend.
> Bringen Sie in Erfahrung, welche Lern- und Arbeitszeiten (Tage, Wochen) für die einzelnen Fächer voraussichtlich benötigt werden.

Mit dieser Checkliste in der geistigen Tasche können Sie nun ruhig und gezielt vorgehen. Vermeidbare Pannen können kaum noch auftreten. Falls dennoch Anspannung entsteht, werden Sie werden ihr viel gelassener begegnen. Ein Teil der hohen Kunst des guten Managements besteht darin, stets Übersicht zu haben und so Herr oder Herrin der Situation zu bleiben.

Also werden Sie Ihren Zeitplan ebenfalls geschickt und langfristig anlegen. Falls Sie in mehreren Fächern zu unterschiedlichen Zeitpunkten geprüft werden, dann sollten Sie sich für jedes Fach die nachfolgend empfohlene Planung aufstellen – natürlich zeitlich versetzt bzw. nach Bedarf überlappend. An einem Tag muss dann eventuell für mehrere Fächer geplant werden.

Die Langzeitplanung

Erinnern Sie sich: Verteiltes Lernen mit Wiederholungen hat sehr hohe Lerneffektivität.

> Teilen Sie die zur Verfügung stehenden Wochen so ein, dass Sie den Stoff mindestens dreimal bearbeiten können:
> 1. Lernen: Aneignungsphase
> 2. Wiederholen und ergänzen: Vertiefungsphase
> 3. Schlusswiederholung: Überprüfungsphase
> 4. (eventuell Sicherheitsabfrage: Sicherheitsphase)

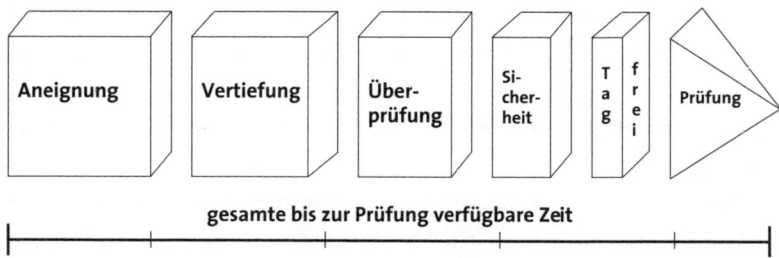

Abb. 10: Zeitabfolge und Umfang der einzelnen Vorbereitungsphasen

1. Aneignungsphase

In einem Plan wird festgelegt, wie viele Tage oder Wochen für die einzelnen Fächer erforderlich sein werden. Es steht viel Zeit zur Verfügung. Es werden alle Inhalte und Fächer einmal gründlich durchgearbeitet.

Nun werden Aktenordner gefüllt, Karteien angelegt.

Halten Sie schriftlich fest, welche Inhalte (Formeln, Theorien etc.) oder Artikel Ihnen noch schwierig erscheinen.

Halten Sie sich Halb- und Ganztage z. B. am Wochenende zur Erholung frei, planen Sie bei einer langen Lernphase freie Tage oder Ihren möglichen Urlaub mit ein.

> In der Aneignungsphase haben Sie den Großteil der Lerninhalte bearbeitet und weitgehend verstanden.
>
> Erstellen Sie in dieser Phase laufend eine Liste der Inhalte, die für Sie besonders schwierig sind.
>
> Holen sie Zusatzinformationen zu den schwierigen Inhalten ein; befragen Sie Freunde, Freundinnen, Mitlernende.

2. Vertiefungsphase

Die nun folgende Lernphase ist um einiges kürzer. Sie dient zur Wiederholung und Vertiefung. Da Sie nun alle Inhalte durchgearbeitet haben, fällt es Ihnen leichter, Zusammenhänge zu sehen, Querverbindungen herzustellen und kritische Gegenüberstellungen vorzunehmen.

Die Vertiefungsphase kann anfangs oft eine Frustphase sei. Bei der nun anstehenden Wiederholung wird uns mitunter deutlich, wie groß unsere Lücken (noch) sind. Das ist ganz normal, da das viele Wissen reaktiviert werden muss und nach jedem Lernen der Vergessensprozess einsetzt.

Bewahren Sie Ruhe. Sie sollten zuversichtlich weiterarbeiten. Bleiben Sie am Ball, und achten Sie nun besonders auf Ihre Vermeidungsstrategien.

Die zeitliche Stoffeinteilung erfolgt nun ähnlich wie in der Vorphase, ist nur komprimierter.

Benutzen Sie Ihre früher angelegte Schwierigkeitenliste, und arbeiten Sie sie ab. Falls erforderlich, erstellen Sie eine komprimierte, neue Liste für die nächste Lernphase.

> Durch die Vertiefungsphase werden die erarbeiteten Lerninhalte zunehmend stabiler im Gedächtnis integriert.

3. Überprüfungsphase

Planen Sie nun wieder die zeitliche Reihenfolge und Lerndauer in diesem Zeitraum ein. Die besonders gut beherrschten Fächer bedürfen nun nur einer kurzen Sicherheitsüberprüfung. In diesem Arbeitsblock werden wenige Tage vor der Prüfung die einzelnen Inhalte nochmals wiederholt und vertieft oder nur noch überprüft. Es erfolgt das letzte Aufpolieren.

> Denken Sie an die gewohnten Lernmethoden:
> • Umschaltpausen
> • Abspeicherpausen
> • Entspannungsübungen.

4. Sicherheitsüberprüfung

Wenn Sie bislang eine gute Planung aufstellten und befolgten, müsste der Lernstoff gut verfügbar sein. Falls Sie nun doch noch kurz vor der Prüfung Lerninhalte nachsehen wollen, dann bitte nur noch zu Ihrer Beruhigung.

5. Der freie Tag

Den eingeplanten freien Tag direkt vor der Prüfung können Sie bei Bedarf für diese abschließende Sicherheitsüberprüfung nutzen. Diesen Tag sollten Sie jedoch besonders zur Entspannung verwenden (siehe dazu Kap. 5.5).

5.2 Lerne ohne Klage – dank der Jokertage

Der bislang erstellte Plan berücksichtigt noch nicht mögliche größere Lernhindernisse, Pausen und unvorhergesehene Ereignisse.

> Da unser gesamtes Lernsystem möglichst viel an Sicherheit bieten soll, planen Sie Freiräume für Unvorhergesehenes ein.

Diese nicht absehbaren Ereignisse können sein: Erkrankung, verzögerte Buchlieferung, Arbeitsgruppe verändert sich, Lernprobleme, Auto gibt den Geist auf usw.

> Planen Sie deshalb feste *Jokertage* ein.
> Das sind frei verfügbare Tage in den einzelnen Lernabschnitten, die zwar terminlich festgelegt sind, jedoch inhaltlich nach Bedarf gefüllt werden können.

Falls es also einmal Verzögerungen geben sollte, dann können Sie auf die Zeitreserve der Jokertage zurückgreifen. Ihre Planungen bleiben dadurch weiterhin bestehen. Es entsteht kein Stress.

> Jokertage geben Sicherheit und Zuversicht.

Der Zeitplan kann dadurch bestimmt eingehalten werden. Benutzen Sie für Ihre Planungen den Vordruck für die Langzeitplanung in Anhang E.

Die in der jeweiligen Lernphase nicht aufgebrauchten Jokertage sollten Sie mit gutem Gewissen als Belohnungsbonus für die Freizeit verwenden.

5.3 Die Wochen und Tage gut planen

Der Wochenplan

Um lange und oft mehrwöchige Lernphasen sinnvoll im Detail zu überwachen, sollten Sie nun aus dem Gesamtplan jeweils für die anstehende Woche einen Wochenplan erstellen.

Im Wochenplan sollten enthalten sein:

Arbeitseinheiten

1. vorgegebene feste Termine: Seminare, Vorlesungen, Schulstunden
2. Verteilung der einzelnen Lernfächer
3. Zeiten in der Lerngruppe.

Freizeitblöcke

4. feststehende Freizeittermine, z. B. für Sport
5. sonstige Verpflichtungen, Vereinbarungen (Elternbesuch, Treffen mit Freund, Freundin).

Jokerzeiten für alle Fälle.

Auf diese Weise haben Sie sich einen Überblick für mehrere Tage verschafft, der Ihnen Orientierung gibt. Da Sie vieles Vorhersehbare einigermaßen eingeplant haben, können Sie kaum in Zeitnot geraten. Sie werden auch hier wieder Sicherheit durch die Jokerzeiten erhalten, die als Pufferzone Pannen kompensieren sollen.

Überprüfen Sie bitte Ihre Freizeitblöcke:

- Gibt die Freizeitplanung ausreichende Möglichkeiten für Erholung, Entspannung und private Verpflichtungen?
- Haben die Freizeitwünsche ein Übergewicht, sodass das Lernen oder die Arbeit dadurch beeinträchtigt wird?

Da Sie so vieles so gut und perfekt geplant haben, sollte nun der allerletzte Schliff nicht fehlen. Es mag sich zwanghaft anhören, ist jedoch gerade bei umfangreichen Lerntätigkeiten unerlässlich, auch jeden Tag zeitlich und inhaltlich zu planen.

Der Tagesplan

1. Arbeitsbeginn festlegen
2. Festtermine beachten
3. Reihenfolge der einzelnen Tätigkeiten festlegen
4. Pausen planen
5. Freizeit einplanen.

Der Vordruck für den Wochenplan befindet sich in Anhang E.

5.4 Was wäre, wenn …?

Unsere Fantasien und Tagträume sind oft angenehm und werden deshalb von uns manchmal ganz gern geträumt. Mitunter können wir uns dadurch zur Entspannung in eine Traumwelt begeben. Mitunter wird unsere Angstwelt überstark, und die Fantasie fabriziert Panikgefühle.

Es kommt aber auch vor, dass wir uns mit unseren Gedanken oder Innenbildern an der Realität vorbeimogeln und es vermeiden, uns ihr zu stellen. Dadurch wird natürlich überhaupt nichts besser, denn wir kennen ja unser Problem.

> Stellen Sie sich die Frage, was passieren würde, falls Sie in der Prüfung Pech haben sollten.
> Stellen Sie fest, welche Möglichkeiten Sie dann dennoch weiterhin haben werden.

Sie werden sich also kurz mit der unerwünschten Realität auseinander setzen und merken, dass es für Sie auch hier mehrere Möglichkeiten gibt, z. B. die der Wiederholung.

> Sie merken, dass es Ihnen Sicherheit und Zuversicht gibt, wenn Sie Ihre Auffangmöglichkeiten kennen.

Selbst bei meinen schwierigen Fällen konnte ich feststellen, dass sie stets gute Lösungsmöglichkeiten parat hatten. Nun schalten Sie bitte um. Da Sie sich in Sicherheit wissen, können Sie beruhigt weiterlernen.

5.5 Der Tag vor der Prüfung

Je näher der Tag X der Prüfung rückt, umso angespannter wird man. Man ist nun voll gestopft mit Topwissen und kann es noch nicht loswerden. Das ist Stress und Frustration. Gleichzeitig steigen die Ängste auf bezüglich dessen, was man vielleicht alles nicht wissen könnte, was man am besten nicht gefragt werden möchte etc. Viele reagieren dann mit abergläubischem Verhalten, um ihr Prüfungsglück zu befragen, wie: »Wenn es in den nächsten fünf Minuten an der Tür klingelt, dann werde ich die Prüfung bestehen.«

Das ist ein deutliches Zeichen dafür, dass wir uns in einem instabilen Zustand befinden; während wir bislang alles aktiv angehen konnten, warten wir nun passiv auf ein Ereignis. Wir sind diesem quasi ausgeliefert.

> **Machen Sie sich deutlich, dass Sie sich optimal vorbereitet haben.**
> Wenden Sie eventuell Gedankenstopp an.
> Lassen Sie sich nicht von den Panikattacken der angstgebeutelten anderen Lernenden beeindrucken.
> Führen Sie Ihre Entspannungssitzungen besonders gezielt durch.

Der Tag *vor* der Prüfung sollte nur für die Entspannung genutzt werden.
Viele Lernende machen den Fehler, bis zur letzten Minute zu lernen. Das ist meist ein angstbeflügeltes Vermeiden von Anspannung. Ein Lernzuwachs wird nun kaum noch erfolgen. Im Gegenteil: Es kommt zu stressbedingten Lernblockaden. Zusätzlich vergeudet man nur Energien, die man besser in der Prüfung einsetzen sollte.

> Die Entspannung am Tag vor der Prüfung dient der Bereitstellung der Energie.
> Die Entspannung dient auch zur Integration des Lernmaterials.
> Tun Sie also einiges für Ihre Lust und Laune: Kinobesuch, Schwimmen, Reiten, Spazierengehen etc. – je nach Ihrem Bedarf.

Der Vorcheck zur Sicherheit

Spätestens am Tag vor der Prüfung sollten die erforderlichen technischen Vorkehrungen geprüft und geregelt werden:

- Sind ausreichend Schreibgeräte vorhanden?
- Erlaubte Hilfsmittel zusammenstellen.
- Unerlaubte Hilfsmittel auf Sicherheit prüfen.
- Termine und Zeiten nochmals überprüfen.
- Ist Verlass auf das gewählte Verkehrsmittel?
- Ist eine Absicherung für den Wecker erforderlich?

> Planen Sie für längere Prüfungen leichte Mahlzeiten ein.

Ein Apfel oder Butterbrot ist nicht nur eine gute Gelegenheit zum Abschalten. Diese Mahlzeiten verhindern das Sinken des Blutzuckerspiegels, sind also sehr wichtig für die Konzentrationsfähigkeit.

Nehmen Sie ausreichend Wasser mit, um Ihre Flüssigkeitsversorgung und damit Ihre Leistungsfähigkeit zu optimieren.

Bitte keine Experimente mit Medikamenten, Drogen etc.

Auch wenn Sie trotz aller Vorbereitung nervös sein sollten, eventuell nicht schlafen können, so ist das recht normal. Verzichten Sie aber auf jeden Fall auf diverse Medikamente zur Beruhigung oder Aktivierung. Auf Medikamente muss man unter Kontrolle eingestellt werden; unter Stress können sie gefährliche Nebenwirkungen ergeben.

> **Sie sind gut vorbereitet.**

Treffen Sie Ihre Planungen für den nächsten Tag, und genießen Sie Ihren freien Tag.

5.6 Der Prüfungstag

Heute können Sie allen beweisen, dass Sie fit wie ein Turnschuh sind, auch wenn Sie sich vielleicht gerade anders fühlen. Da Sie wahrscheinlich viel zu früh aufgestanden sind, können Sie noch kurz in Ihre Unterlagen schauen, falls Sie dies beruhigt.

Seien Sie so früh am Prüfungsort, dass Sie sich in Ruhe an die Umgebung gewöhnen können. Falls Sie zu früh dort sind, machen Sie sich unnötig kribbelig. Die Nervosität anderer Leute ist uninteressant, besonders ihre Panikberichte.

> **Einige Hinweise zum Verhalten in der schriftlichen Prüfung**
> 1. Sie können alles gelassen auf sich zukommen lassen.
> 2. Versuchen Sie, einen Zeitplan aufzustellen.

Einige Hinweise zum Verhalten in der schriftlichen Prüfung

1. Sie können alles gelassen auf sich zukommen lassen.
2. Versuchen Sie, einen Zeitplan aufzustellen.
3. Jede neue Frage ruhig und genau aufnehmen.
4. Eine kurze Suchpause einlegen, dann erst antworten.
5. Bei langen Prüfungen zwischendurch kurze Erholungspausen (2–5 Minuten) einlegen (Selbsthypnose!).
6. Zeit zum Überprüfen und Korrigieren einplanen.
7. Nicht an einer schwierigen Aufgabe festbeißen.

Tipps für die mündliche Prüfung

Wenn Sie eine Frage gestellt bekommen, machen Sie eine kurze Denkpause. Bei zu spontanen Antworten kann man sich leicht verhaspeln, die Sätze verdrehen. Diese Denkpause können Sie gut durch Floskeln überbrücken wie »Ich denke gerade nach über … Ich will ganz genau antworten, deshalb überdenke ich Ihre Frage nochmals.« Sie bleiben dadurch weiterhin aktiv, also für den Prüfer als Gesprächspartner greifbar. Bei komplexen Fragen sollten Sie anfangs erst grundlegende, abklärende Antworten geben, damit Sie die Frage einordnen, aber auch sich warm denken können.

Falls Sie Angst vor einer Denkblockade haben sollten (»Mir fällt nichts ein. Mein Kopf ist leer. Ich sehe bestimmt blöde aus. Ich kann nicht mehr denken …«), so müssen Sie diese Gedanken sofort stoppen und auf Ruhe umschalten, indem Sie Ihr Handgelenk berühren – so wie in Kapitel 4.5 erlernt. Gleichzeitig sollten Sie einfach durch Sprechen handeln – so wie gerade oben vorgeschlagen. Dadurch entsteht keine Pause, Sie bleiben handlungsfähig, bleiben Herrin oder Herr der Situation, und die Antwort wird Ihnen relativ schnell einfallen.

Verlassen Sie sich auf Ihre Sicherheit!

5.7 Der schöne Tag danach

Da Sie so lange auf die Prüfung vorbereitet wurden, sollen Sie nun auch informiert werden, was danach passieren kann, besonders nach Abschlussexamina.

Wenn man sehr lange angespannt und unter Stress war, also auf ein Ziel hinarbeitete, kann es durchaus vorkommen, dass man danach gar nicht mehr so richtig froh ist. Das schockiert einen (oder die Mitmenschen), da man ja alles glücklich überstanden hat. Dieses Verhalten ist als Entlastungsdepression bekannt; es passiert also hier etwas durchaus »Normales«. Kurze Zeit später ist dann wieder alles im Lot.

> So, nun genießen Sie die hoffentlich lange freie Zeit nach der Prüfung – und hoffentlich kommt die nächste dann nicht ganz so schnell.

Falls Sie wieder zu lernen oder geistig zu arbeiten haben, dann denken Sie an diesen Kurs und wenden ihn an.

Anhang A

Checkliste zur wiederholten Kontrolle

Zu Ihrer eigenen Sicherheit sollten Sie regelmäßig Ihr Lernverhalten überprüfen. Reflektieren Sie bitte mit den einzelnen Fragen des folgenden Fragebogens, wie gut Sie die wesentlichen Aspekte des Lernens berücksichtigen.

Gehen Sie die Liste bitte eine Woche nach der Bearbeitung des jeweiligen Kursteils durch.

Nach ungefähr drei Wochen sollten Sie sich mit allen Fragen überprüfen.

Tragen Sie bitte in der obersten Reihe jeweils die Beurteilungstermine ein.

In die Kästchen hinter jeder Frage tragen Sie nun in der Spalte passend zum Befragungstermin Ihre Eigenbewertung ein.

Geben Sie sich folgende Punkte: 1 = kann ich gut, 2 = kann ich mittel, 3 = kann ich schlecht.

Checkliste zur wiederholten Lernkontrolle					
Beurteilungstermine					
Regeln der Lerngrundlagen					
1. Verstärkung beachtet					
2. Vermeidungsverhalten abbauen					
3. Differenzierung Freizeit- und Arbeitsbereich					
4. Ergonomie des Arbeitsplatzes?					
5. richtige Ernährung					
6. Leistungsprofil des Tages berücksichtigt					
7. Materialsammlungen angemessen					
8. Gliederungen berücksichtigt					
9. Tipps für den PC genutzt					

Methoden und Techniken zum besseren Lernen und Behalten					
10.	Arbeitsplanung berücksichtigt				
11.	Lernmotor warm laufen lassen				
12.	Einteilung in Lernportionen				
13.	Lernbremsen beachtet				
14.	verteilt lernen anstatt massiert				
15.	Pausen geplant, eingehalten				
16.	positiven Lernabschluss beachtet				
17.	Abschlussrituale der Lerneinheit				
18.	nächste Lerneinheit vorbereitet				
19.	SQ3R-Methode angewandt				
20.	Vokabel-Lern-Kartei angelegt				
Methoden der Selbsthypnose und Autosuggestion					
21.	Hypnose zur Entspannung				
22.	Vorbereitung des Lernens				
23.	Zeit beim Abspeichern beachtet				
24.	Bilder der Zuversicht angewandt				
25.	Kurzform der Entspannung geübt				
26.	Psychohygiene beim Einschlafen				
Prüfungsvorbereitungspläne					
27.	Langzeitplan zum Lernen aufgestellt				
28.	Jokertage eingeplant				
29.	Wochenplan aufgestellt + eingehalten				
30.	weiterhin Autohypnose geübt				

Anhang B

Das Wichtigste nochmals in Kürze

Teilen Sie das Lernen inhaltlich und zeitlich ein, indem Sie Folgendes berücksichtigen:

1. **Überblick**
   Der Lernpensum insgesamt betrachten und dadurch Überblick über die Inhalte und Anforderungen gewinnen.

2. **Zeitplanung**
   Für die einzelnen Arbeiten angemessene Reihenfolge und Bearbeitungszeit einplanen.

3. **Anwärmphase**
   Mit leichtem Lernstoff beginnen und dann Schwierigkeitsstufe steigen. Ermüdungen beachten.

4. **Abwechslung**
   Unterschiedliche Inhalte und Tätigkeiten abwechseln.

5. **Aufnahmekanäle**
   Unterschiedliche Aufnahmekanäle erkennen, nutzen und abwechseln.

6. **Verteiltes Lernen**
   Wiederholungen zeitlich verteilen, mit Pausen dazwischen.

7. **Lernportionen**
   Den gesamten Lernumfang in möglichst optimale (7) Pakete unterteilen.

8. **Lernpositionen berücksichtigen**
   Anfang und Ende einer Lerneinheit werden besser behalten.

9. **Hemmfaktoren beachten**
   Lernbeeinträchtigende Faktoren wie Ähnlichkeit, Emotion berücksichtigen.

10. **Pausen planen**

    Kleine und große Pausen stets planen und einhalten.

11. **Selbstverstärkung**

    Eigenlob und Eigenverstärkung einplanen.

12. **Erfolg**

    Das Lernen mit einem positiven Ereignis = Erfolg beenden.

13. **Vorplanen**

    Am Ende der Arbeit die nächste Einheit grob vorplanen.

14. **Lernkarteien anlegen**

    Je nach Lernstoff eine spezielle Kartei anlegen und danach wiederholen.

15. **Imaginationen nutzen**

    Die zahlreichen förderlichen Imaginationen und Suggestionen beim Lernen nutzen.

SQ3R-Methode

Survey: erforschen, Überblick gewinnen
Titel, Autor, Inhaltsverzeichnis, Kapitelüberschrift lesen.

Question: Fragen stellen
Was weiß ich bislang zu: Autor, Themen, Inhalt, Bereiche?

Read: Lesen des Textes
Text langsam und aufmerksam durchlesen, Unterstreichungen.

Recite: Zusammenfassen der wichtigsten Inhalte
Wichtigste Begriffe, Inhalte etc. selbst formulieren.

Review: Nacherzählen, Wiederholen des gesamten Textes
Inhalt mit eigenen Worten nacherzählen, Kritik, Querverbindungen erwähnen.

Kalender für Aktivitäten: Lernen, Arbeit, Organisation, Haushalt, Freizeit

Aufzeichnung der geplanten Tätigkeiten für die Woche vom _____ bis _____

Zeiten	Montag	Dienstag	Mittwoch	Donnerstag	Freitag	Samstag	Sonntag
8.00							
9.00							
10.00							
11.00							
12.00							
13.00							
14.00							
15.00							
16.00							
17.00							
18.00							
19.00							
20.00							
21.00							
22.00							
23.00							

Kalender für Klausur- und Examensplanung

Termin: _____ Uhrzeit: _____

Aneignungsphase ___ Wochen von ___ bis ___	Vertiefung ___ Wochen von ___ bis ___	Überprüfung ___ Wochen von ___ bis ___	Sicherheit
J	J	J	
O	O	O	
K	K	K	
E	E	E	
R	R	R	
T	T	T	
A	A	A	
G	G	G	

Literatur

Barden, F. (1967): Remembering. Cambridge (University Press).

Bates, W. (1999): Rechtes Sehen ohne Brille. Heilung fehlerhaften Sehens durch Behandlung ohne Brille. Bietigheim (Rohm).

Bredenkamp, J. (1998): Lernen, Erinnern, Vergessen. München (C. H. Beck).

Bruhn, H. et al. (2005): Musikpsychologie. Reinbek (Rowohlt).

Clases, C. (2003): Das Erinnern einer anderen Zukunft. Münster (Waxmann).

Deckers. L. (2005): Motivation – Biological, Psychological, and Environmental. Boston (Pearson).

Ebbinghaus, H. (1885): Über das Gedächtnis: Untersuchungen zur experimentellen Psychologie. Darmstadt (Wissenschaftliche Buchgesellschaft).

Fehrmann, S. (2002): Die Psyche isst mit. Wie sich Ernährung und Psyche beeinflussen. München (Foitzick).

Fromm, E. a. S. Kahn (1990): Self-Hypnosis. New York (The Guilford Press).

Gemoll, W. (1997): Griechisch-Deutsches Schul- und Handwörterbuch. München (Ouldenburg)

Kanfer, F. H., H. Reinecker u. D. Schmelzer (1991): Selbstmanagement-Therapie. Berlin: (Springer).

Kehr, H. (2004): Motivation und Volition. Göttingen (Hogrefe).

Kempermann, G. u. F. H. Gage (1999): Neue Nervenzellen im erwachsenen Gehirn. *Spektrum der Wissenschaft* 7: 32–38.

Kirsch, I., A. Capafons, E. Cardena-Buelna a. S. Amigö (eds.) (1999): Clinical Hypnosis and Self-Regulation. Cogntitive-behavioral perspectives.Washington (American Psychological Association).

Kossak, H.-C. (1990): Verhaltenstherapeutische Selbstkontrollmethoden unter Hypnose. *Verhaltenstherapie und psychosoziale Praxis* 22(2): 199–224.

Kossak, H.-C. (1992a): Behavior therapy and hypnosis: Methods of selfmanagement. In: W. Bongartz, B. Bonganz a. V. Gheorghiu (eds.): Hypnosis: 175 years alter Mesmer. Recent Developments in Theory and Application. Proceedings of the 5th European Congress of Hypnosis in Psychotherapy and Psychosomatic Medicine. Konstanz (Universitätsverlag Konstanz), S. 189–199.

Kossak, H.-C. (1992b): Verhaltenstherapeutische Selbstkontrolle durch Hypnose bei schulischen Lern- und Leistungsstörungen – Fallbericht. *Experimentelle und Klinische Hypnose* 8 (1): 23–42.

Kossak, H.-C. (2001): Hypnose in der Kinder- und Jugendlichenverhaltenstherapie. In M. Borg-Laufs (Hrsg.): Lehrbuch der Verhaltenstherapie mit Kindern und Jugendlichen. Tübingen (dgvt), S. 727-767.

Kossak, H.-C. (2004a): Hypnose. Ein Lehrbuch für Psychotherapeuten und Ärzte. Weinheim (Beltz/Psychologie Verlags Union).

Kossak, H.-C. (2004b): Hypnose. In: D. Vaitl u. F. Petermann (Hrsg.): Handbuch der Entspannungsverfahren. München (Psychologie Verlags Union), S. 125–142.

Kossak, H.-C. (2005a): Hypnose. In: M. Linden u. M. Hautzinger (Hrsg.): Verhaltenstherapiemanual. Berlin (Springer), S. 187–193.

Kossak, H.-C. (2005b): Verhaltenstherapie – Hypnose in der Kinder- und Jugendlichenverhaltenstherapie. In: M. Borg-Laufs (Hrsg.): Lehrbuch der Verhaltenstherapie mit Kindern und Jugendlichen. Tübingen (dgvt), S. 727–767.

Kotre, J. (1995): Der Strom der Erinnerung. Wie das Gedächtnis Lebensgeschichten schreibt. München (dtv).

Langner-Geissler, T. et al. (1991): Pinwand, Flipchart, Tafel. Basel (Beltz).

Lazarus, A. A. (1978): Verhaltenstherapie im Übergang. München (Ernst Reinhardt).

Lefrancois, G. (1986): Psychologie des Lernens. Berlin (Springer).

Maddox, H. (1967): How to study. London (Pan Books).

Mandl, H. u. H. F. Friedrich (Hrgs.) (2006): Handbuch Lernstrategien. Göttingen (Hogrefe).

Mietzel, G. (1998): Pädagogische Psychologie des Lernens und Lehrens. Göttingen (Hogrefe).

Molitor-Lübbert, S. (1998): Schreiben und Lernen im Lichte der neuen Medien und Informationstechnologie In: H. G. Klinzing (Hrsg.): Neue Lernverfahren. Zweite Festschrift für Walther Ziefreund aus Anlass seiner Emeritierung. Tübingen (dgvt), S. 205–221.

Pfister, E. (2006): Arbeitsphysiologie. Institut für Arbeitsmedizin und Hygiene.Otto-von-Guericke-Universität Magdeburg. (Vorlesung).

Porter, K. u. J. Foster (1988): Mentales Training. Der moderne Weg zur sportlichen Leistung. (München (BLV).

Reinecker, H., M. Borg-Laufs, U. Ehlert, D. Schulte, H. Sorgatz, u. H. Vogel (Hrsg.) (1998): Lehrbuch der Verhaltenstherapie. Tübingen (dgvt).

Robinson, F. (1961): Effective study. New York (Row & Harper).

Roth, G. (2001): Fühlen, Denken, Handeln. Wie das Gehirn unser Verhalten steuert. Frankfurt a.M. (Suhrkamp).

Roth, H.: (1970): Pädagogische Psychologie des Lehrens und Lernens. Hannover (Schroedel).

Schmitz, J., S. Lehrl, U. Schröder, u. G. Wagner (2003): Einfluss von Dehydration auf die kognitive Leistungsfähigkeit im Rahmen der Rosbacher Trinkstudie (RTS). (Poster für den Wissenschaftlichen Kongress der Deutschen Gesellschaft für Ernährung e. V., Potsdam, 2003.)

Siepmann, G. u. K. Salzberg-Ludwig (2001): ÿ. In: C. Hofmann, I. Brachet, V. Moser u. E. von Stechow (Hrsg.): Zeit und Eigenzeit als Dimensionen der Sonderpädagogik. Luzern (Edition SZH, SPC), S. 131–140.

Spektrum der Wissenschaft. Sonderheft »Gedächtnis«, Spezial Nr. 2002/1

Spitzer, M. (2002): Lernen. Heidelberg (Spektrum).

Squire, L. u. E. Kandel (1999): Gedächtnis. Die Natur des Erinnerns. Cover: Gedächtnis. Heidelberg (Spektrum).

Stanton, H. E. (1994): Die Kraft der Phantasie aktiv nutzen. München (Quintessenz).

Stiefels, M. (1545): Deutsche Arithmetika.

Süllwold, F. (1964): Das unmittelbare Behalten und seine denkpsychologische Bedeutung, Göttingen (Hogrefe).

Ulmer, H.-V. (1985): Arbeitspsychologie. In: G. Reichel, H. M. Bolt, T. Hettinger, F. Selenka, H.-V. Ulmer u. W. T. Ulmer (Hrsg.): Grundlagen der Arbeitsmedizin. Göttingen (Kohlhammer), S. 1–113.

Vereinigung der Metall-Berufsgenossenschaften (Hrsg.): Mensch und Arbeitsplatz. Ausgabe 2003.

Walch, S. L. (1976): The red balloon technique of hypnotherapy: A clinical note. *International Journal of Clinical and Experimental Hypnosis* 241: 10–12.

Watzlawik, P. (1976): Wie wirklich ist die Wirklichkeit? Wahn, Täuschung, Verstehen. München/Zürich (Piper).

Weidenmann, B. (1991): Lernen mit Bildmedien. (Mit den Augen lernen, Bd. 1). Basel (Beltz).

Weinert, F. E. (1995): Psychologie des Lernens und der Instruktion. Göttingen (Hogrefe).

Welzer, H. (2002): Das kommunikative Gedächtnis: Eine Theorie der Erinnerung. München (Beck).

Über den Autor

Hans-Christian Kossak, Dr. phil., ist Klinischer Fachpsychologe (BDP), Psychologischer Psychotherapeut, Kinder- und Jugendlichenpsychotherapeut, Supervisor und Ausbilder (BDP, dgvt, GwG, DGH, ISH). Bis zu seiner Pensionierung war er Leiter der katholischen Beratungsstelle für Erziehungs- und Familienfragen in Bochum und der von ihm gegründeten Kinderhilfeambulanz. Hans-Christian Kossak gilt als »Vater« der Methodenkombination von Verhaltenstherapie und moderner Hypnose und als Mitinitiator der »imaginativen Wende« in der Verhaltenstherapie. Zu seinen vielen Veröffentlichungen zählen das Standardwerk *Hypnose – Lehrbuch für Psychotherapeuten und Ärzte*. Hans-Christian Kossak ist bekennender Comic-Leser.